Gertrud Beck/Gerold Scholz
Beobachten im Schulalltag

Gertrud Beck/Gerold Scholz

# Beobachten im Schulalltag

## Ein Studien- und Praxisbuch

Gedruckt auf chlorfrei gebleichtem Papier
ohne Dioxinbelastung der Gewässer.

Die Deutsche Bibliothek – CIP-Einheitsaufnahme

**Beck, Gertrud:**
Beobachten im Schulalltag: ein Studien- und Praxisbuch /
Gertrud Beck/Gerold Scholz. – Frankfurt am Main:
Cornelsen Scriptor, 1995
   ISBN 3-589-21052-4
NE: Scholz, Gerold:

| 5. | 4. | 3. | 2. | 1. | Die letzten Ziffern bezeichnen |
|----|----|----|----|----|--------------------------------|
| 99 | 98 | 97 | 96 | 95 | Zahl und Jahr des Drucks. |

© 1995 Cornelsen Verlag Scriptor GmbH & Co., Frankfurt am Main
Redaktion: Marion Clausen, Gleichen (Etzenborn)
Herstellung: Hans Reichert, Bad Soden
Umschlaggestaltung: Studio Lochmann, Frankfurt am Main
Fotos von den Autoren
Zeichnung auf S. 48: aus: Bergedorfer Kopiervorlagen 63, Heiner Müller,
Sachrechenpuzzles 3./4. Schuljahr, Illustration von Simone Schmitz,
Verlag Sigrid Persen, Horneburg, 4. Aufl. 1994
Zeichnung auf S. 67: (c) by K. Thienemanns Verlag, Stuttgart-Wien.
Satz: FROMM Verlagsservice GmbH, Selters/Ts.
Druck und Bindung: Clausen & Bosse, Leck
Printed in Germany
ISBN 3-589-21052-4
Bestellnummer 210524

# Inhalt

# Vorbemerkung

Dieses Buch wäre nicht zustande gekommen ohne Christina Walter. Es war ihre Idee, eine Grundschulklasse über vier Jahre hinweg von einem Forscherteam beobachten zu lassen. Wir danken ihr und Jürgen Eilers, dem Leiter der Grundschule und Mathematiklehrer der Klasse, vor allem dafür, daß wir die Untersuchung durchführen durften, von der nachfolgend berichtet wird. Es war für sie nicht immer ganz leicht, uns und vor allem unsere Protokolle zu ertragen.

Unser Dank gilt auch den Kindern dieser Klasse (und ihren Eltern), die uns sehr bald als zugehörig akzeptierten und uns vier Jahre lang an ihrem Leben teilnehmen ließen. Nach einer ersten Veröffentlichung beschwerten sie sich zunächst, daß wir ihre Namen verändert hatten. Ein Mädchen erklärte das aber so: ,,Sie wollen uns nicht verpetzen." Und das tun wir auch nicht, auch wenn wir manches mitteilen, was nicht einmal die Lehrerin mitbekommen hat.

Danken möchten wir auch Sandra Kurth, die als Studentin und später als Referendarin in der Klasse gearbeitet hat, sowie Elisabeth Bergmann, Claudia Helldörfer und Stefanie Diemerling. Alle vier haben direkt und indirekt zu diesem Buch beigetragen. Elisabeth Bergmann und Claudia Helldörfer sortierten die vielen Photos und begleiteten die Klasse auf einer Klassenfahrt. Ihre Examensarbeit über die Fahrt ermöglichte uns einen weiteren Einblick in das soziale Leben der Klasse. Das Kapitel ,,Der Kleinste in der Klasse" beruht weitgehend auf den Überlegungen der Examensarbeit von Stefanie Diemerling.

Frankfurt am Main, Mai 1995                             Gertrud Beck
                                                        Gerold Scholz

# Einleitung

Das Buch wendet sich an Männer und Frauen, die Kinder erziehen, unterrichten oder über Erziehungs- und Unterrichtssituationen nachdenken. Sei es als Lehrer oder Lehrerin, Referendar oder Referendarin, Student oder Studentin, Forscher oder Forscherin in der Schule.[1] Wir verstehen Beobachtung und Selbstbeobachtung als pädagogische Aufgaben. Die Methode, die wir vorstellen, eignet sich auch für Erziehungswissenschaftlerinnen, die eine qualitative Unterrichtsforschung anstreben, denn die Beobachtungssituation, auf die wir uns beziehen, ist der Alltag in einer Schulklasse.

Das Buch enthält vier verschiedene Ebenen der Betrachtung, die zum Teil in den einzelnen Kapiteln integriert sind, zum Teil eigenständig dargestellt werden:

1. Wir beschreiben Szenen aus einer Grundschulklasse.

2. Wir interpretieren diese Szenen aus unserer Sicht.

3. Wir stellen Verbindungen her zu pädagogischen oder didaktischen Theorien und formulieren aus diesem Zusammenhang heraus Fragen an die Leserin, die dazu dienen sollen, sich der eigenen Praxis beziehungsweise des eigenen Standpunktes zu der dargestellten Situation oder Position bewußt zu werden.

4. Wir diskutieren einige uns wichtig erscheinende Fragen der Fallmethode, vor allem jene, die mit methodischen Problemen der Beziehung von Beobachtung und Selbstbeobachtung zusammenhängen.

Den Hintergrund dieses Buches bildet eine Fallstudie, die wir in einer Grundschulklasse durchgeführt haben. Wir besuchten ab 1989 vier Jahre lang regelmäßig an einem Tag pro Woche die Grundschulklasse von Christina Walter in einer Kleinstadt bei Frankfurt am Main. Auch der Mathematiklehrer Jürgen Eilers und Sandra Kurth, die zunächst als Studentin, später als Referendarin in der Klasse arbeitete, ließen uns in ihrem Unterricht forschen. Die Beobachtung begann kurz vor dem 1. Schultag und wurde fortgesetzt, bis die Klasse die Grundschule verlassen hat.

Wir beobachteten zu zweit in der Klasse und hatten als Focus jeweils ein Kind und die Situation, in der es sich befand, sowie darüber hinaus den offiziellen Unterrichtsverlauf, wie er von der Lehrerin initiiert wurde.

---

1) Wir schreiben im folgenden „Lehrerinnen", wenn Lehrer und Lehrerinnen gemeint sind, da überwiegend Frauen unterrichten.

Wir entschieden uns dafür, sechs Kinder genauer zu beobachten. In der Klasse suchten wir uns spontan eines der ausgewählten Kinder aus. Wir setzten uns in seine Nähe, das heißt häufig mit an den Tisch oder an den Rand des Gruppentisches. Wir verständigten uns untereinander, wer welches Kind für diesen Tag ausgewählt hatte. Während die Kinder arbeiteten oder spielten, schrieben wir mit. Dies führte häufig zu Fragen der Kinder, was wir denn aufschreiben würden. Sofern es sie selbst betraf, lasen wir ihnen dann auch Teile vor. Häufig forderten uns auch Kinder auf, etwas aufzuschreiben. Manchmal wollten sie damit Mitschüler necken. Wenn das Kind, das wir beobachteten, seinen Platz wechselte, gingen wir je nach Situation mit. Gelegentlich schien es uns auch angebracht, an unserem Platz sitzen zu bleiben. Wir verhielten uns einerseits so, daß die Kinder uns nicht als zusätzliche Lehrer beziehungsweise Lehrerin auffaßten. Andererseits sprachen wir mit ihnen, antworteten auf ihre Fragen oder halfen auch bei Aufgaben und anderen Problemen.

In unseren handschriftlichen, während der Beobachtung entstandenen Aufzeichnungen hielten wir auch gerade solche Situationen fest, in die wir involviert waren. Besonders wichtig waren uns dabei Situationen, in denen wir den Eindruck hatten, daß sich ein Kind deshalb in einer bestimmten Weise verhielt, weil wir dabei waren und das Kind das Gefühl hatte, beobachtet zu werden. Wir saßen also an verschiedenen Orten im Klassenraum, setzten uns auch mit in den Stuhlkreis oder gingen mit in den Garten und schrieben so viel auf, wie wir wahrnehmen und aufschreiben konnten. Manchmal nutzten wir auch ein Tonbandgerät, und selten machten wir Videoaufnahmen.

Diese handschriftlichen Protokolle wurden von uns am nächsten Tag in den Computer geschrieben. Es war wichtig, dies an dem der Beobachtung folgenden Tag zu tun, da sich nur so die handschriftlichen Texte, die manchmal nur aus Merksätzen und Stichwörtern bestanden, aus der noch frischen Erinnerung mit Inhalt füllen ließen. So sind insgesamt etwa dreihundert Protokolle entstanden. Die Protokolle eines Tages tauschten wir eine Woche später aus und gaben sie auch den beteiligten Lehrerinnen. Am Ende des Unterrichtstages saßen wir regelmäßig mit diesen drei unterrichtenden Lehrerinnen und Lehrern zusammen und besprachen einzelne Ereignisse des Schultages beziehungsweise unsere Protokolle. Bei dieser Gelegenheit wurden auch die Fotos interpretiert, die wir gemacht hatten. Es gab in den Gesprächen manchmal unterschiedliche Einschätzungen von Situationen beziehungsweise dem Verhalten einzelner Kinder, es gab aber nie einen Konflikt zwischen den Lehrenden in der Klasse und uns.

Die abgedruckten Szenen sind Auszüge aus den Protokollen dieser Langzeitstudie.

Folgende Merkmale kennzeichnen dieses Buch in – soweit uns bekannt – bisher einmaliger Weise:

1.: Die beschriebenen Szenen beziehen sich auf eine reale Klasse und handeln von konkreten Kindern und Erwachsenen. Die Ereignisse fanden tatsächlich statt. Sie sind nicht erfunden, aber durch unser eigenes Erleben der Situation gefiltert. Alle Protokollausschnitte sind Teile dieser Fallstudie.

2.: Die Orientierung am Alltag und der Versuch, Lehrerinnen aktuell eine Hilfestellung für den täglichen Unterricht zu geben, unterscheiden dieses Buch von forschungsorientierten Publikationen, die die Probleme von Fallstudien vor allem unter forschungsmethodischen Gesichtspunkten diskutieren.

3.: Im Unterschied zu vielen veröffentlichten Fallstudien ist unsere Studie eine Langzeitstudie. Wir waren nicht gelegentlich in der Klasse, sondern regelmäßig über einen langen Zeitraum hinweg. Die regelmäßige langandauernde Anwesenheit führte dazu, daß wir den Status der ,,Fremden" verloren und die Geschichte der Klasse zu einem Teil unserer eigenen Biographie wurde.

4.: Die Orientierung daran, Beobachten mit Selbstbeobachten zu verknüpfen, unterscheidet dieses Buch aber auch von jenen praxisorientierten Büchern, die Beobachtung ausschließlich als Mittel zur Bewertung und Beurteilung von Kindern diskutieren. Hier steht allein das Kind beziehungsweise seine Leistung im Mittelpunkt, und der Beobachter macht sich in der Regel nicht selbst zum Gegenstand seiner Analyse. Gleiches gilt für bestimmte Modelle der Diagnose von Problemen von Kindern, in denen nicht die Wechselbeziehung des Kindes mit seiner Umwelt betrachtet wird, sondern allein die Verhaltensweisen und die Person des Kindes.

Wir beschreiben Beobachtung und Selbstbeobachtung als ständiges Moment pädagogischen Handelns und Reflektierens, weil sie im Alltagshandeln von Lehrerinnen untrennbar ineinander verwoben sind.

Aus diesem Grund sind die im Buch folgenden – optisch hervorgehobenen – Fragen und Aufgaben für Lehrerinnen formuliert. Sie sollen ihnen helfen, ihren Schulalltag zu beobachten und zu reflektieren. Das bedeutet gelegentlich, daß Referendarinnen und Praktikantinnen diese Fragen für sich umformulieren müßten, um sie auf ihre Situation anwenden zu können. Gleiches gilt für Feldforscherinnen in der Schule.

Wir geben die Protokolle mit dem Entstehungsdatum an. Die einzelnen Angaben beziehen sich auf die folgenden Schuljahre:

1. Schuljahr: 21.08.1989 bis 06.07.1990

2. Schuljahr: 20.08.1990 bis 28.06.1991

3. Schuljahr: 16.08.1991 bis 12.06.1992

4. Schuljahr: 07.08.1992 bis 23.07.1993

# 1. Der Blick auf die Klasse und sich selbst

## 1.1 Beobachten ist Teil der Arbeit von Lehrerinnen

Die Beobachtung der Vorgänge, der geäußerten Worte, der Gesichter, der Bewegungen usw. in einer Schulklasse gehört zu den kaum beschriebenen, aber wesentlichen Tätigkeiten jeder Lehrerin. Beobachten bildet einen der fortlaufenden Handlungsstränge im Unterricht. Man spricht oder tut etwas und beobachtet gleichzeitig: die gesamte Situation und einzelne Schülerinnen beziehungsweise Schüler. Andere Stränge sind die Vergewisserung über die Inhaltsaspekte des Unterrichts, zum Beispiel die Kontrolle der eigenen Sätze oder Handlungen und die Beachtung des organisatorischen Rahmens, des Zeitablaufs oder der Uhrzeit.

Man beobachtet fast automatisch einfach deshalb, weil die jeweils folgende Handlung von einer Interpretation der Wirkung der vorhergegangenen Handlung auf die Schülerinnen und Schüler mitbestimmt wird. Eine Grundintention jeder Lehrerin besteht darin, verstanden zu werden, gewissermaßen mit dem, was man sagt oder tut, ,,anzukommen". Um dies kontrollieren zu können, beobachtet man die Reaktionen der Schülerinnen und Schüler. Denn an ihnen erkennt man die Wirkung der eigenen Handlung.

Gleichzeitig die Rahmenbedingungen, die eigenen Handlungen und die Klasse zu beobachten macht eine der größten Schwierigkeiten im Lernprozeß für Studentinnen und Referendarinnen aus. So erkennen viele Anfängerinnen zum Beispiel nicht, daß sie ihre Klasse überfordern oder unterfordern, daß die Kinder schon längst nicht mehr stillsitzen können, obwohl sie sich bemühen usw.

Protokollieren läßt sich das Beobachten der Lehrerin nicht, es läßt sich nur aus ihren Handlungen erschließen. Die folgende Szene gibt nur einen kleinen Teil der Beobachtungen der Lehrerin in den geschilderten vier Minuten in einer ersten Klasse wieder:

06.10.1989

*Die Kinder sollten Äpfel mitbringen. Die Lehrerin will ihnen zeigen, wie man sie schneidet. Daraus soll Apfelsalat werden. Zunächst aber soll die Umrißzeichnung eines Apfels mit Farbe bestempelt werden.*

*8.45 Uhr: Lehrerin: „Hat es schon geklingelt? Jetzt müßt ihr euch auf den Platz setzen. Anne, ich geb dir mal ein Kittelchen. Zieh dir noch den Kittel an. Nimm für jede Farbe einen Pinsel. Willst du auch mitmachen? Den ganzen Apfel voll stempeln. Willst du erst mal die Jacke ausziehen. Jochen, setz dich neben Anne. Salia und Nina, setzt euch endlich auf einen Platz." Die Lehrerin malt mehrere Schablonen. Zu Anne: „Nicht so, nicht so. Das ist nicht richtig. Guck mal, so wie bei der Loni [2]." Der Umriß des Apfels soll gestempelt werden. Anne hatte ihn gemalt.*

*Die Lehrerin steht an der Tür und sagt zu den Kindern: „Ich geb euch jetzt noch mal einen schönen Apfel. Sucht euch einen aus."*

*Lehrerin: „Jetzt geht ihn (den Apfel) erst einmal waschen. Salia, kommst du mal zu mir. Ich möchte nicht, daß du die anderen ärgerst. Laß den Hannes in Ruhe."*

Die Lehrerin orientierte sich an der Uhrzeit. Sie beobachtete, daß die Kinder noch nicht auf ihren Unterricht eingestellt waren; sie sah, daß Anne sich schmutzig zu machen drohte und daß sie die gestellte Aufgabe nicht vollständig verstanden hat. Nebenbei stellte sie fest, daß Jochen neben ihr stand und nicht recht wußte, was er machen sollte („Willst du auch mitmachen?"). Ihr Satz „Willst du erst mal die Jacke ausziehen" war vermutlich eine Reaktion darauf, daß Jochen noch zögerte. Während sie sich um Anne und Jochen kümmerte, bekam sie mit, daß Salia und Nina noch in der Klasse herumliefen.

> **Vervollständigen Sie die Interpretation: Auf welche Beobachtungen lassen sich die weiteren Handlungen und Sätze der Lehrerin in der Szene zurückführen?**

Einige Zeit nach dieser Szene heißt es im Protokoll:

*Die Lehrerin hat einen Moment Ruhe. Sie guckt den Jungen zu, die auf dem Boden spielen, sowie Ayse und Özgül.*

In der ersten Szene war die Beobachtung untrennbarer Teil der eigenen Handlungen. In der zweiten Szene konnte sich die Lehrerin durchaus vom Geschehen distanzieren und aus der Distanz heraus die Vorgänge in ihrer Klasse beobachten. Was sie beobachtete, mußte sich nicht unmittelbar in Handlungen niederschlagen. In der ersten Szene geschahen Beobachtung und darauf reagierende Handlung fast gleichzeitig. Die Wahrnehmung, daß sich Anne beim Stempeln schmutzig machen könnte, muß der Lehrerin nicht bewußt gewesen sein. Ebensowenig die, daß Jochen nicht recht wußte, was er machen sollte. Die Lehrerin reagierte hier wahrscheinlich eher auf eine Körperhaltung des Jungen,

---

2)  Loni ist eine Ente aus dem Leselehrgang. Sie war zuvor von den Kindern gestempelt worden.

die sie ganzheitlich wahrnahm und die sie wahrscheinlich nicht im einzelnen hätte beschreiben können.

In der zweiten Szene war die Lehrerin handlungsentlastet. Sie konnte sich vielleicht an den Kindern freuen oder sich ihre Gedanken über sie machen. Es lassen sich also vielfältige Formen von Beobachtung in einer Schulklasse finden. In der folgenden Szene beobachtet die Lehrerin zwar auch aus einer gewissen Distanz heraus ihre Schülerinnen und Schüler, aber mit der Absicht, aus den Beobachtungen unmittelbar Folgen für die eigene Handlung zu gewinnen. Die Distanz erlaubt der Lehrerin allerdings, eine gewisse Zeitspanne zwischen Beobachtung und Handlung zu legen.

*Alle sitzen im Kreis. Die Lehrerin schaut herum und wartet und sagt dann: „Ihr seid zu laut!"*

Sie beobachtete die Situation unter der Frage, ob die Kinder von allein ruhig werden würden oder ob sie, die Lehrerin, einen entsprechenden Hinweis geben müßte.

Im Schulalltagsgeschehen sind Beobachtungen der Lehrerin fast immer auf Handlungen hin orientiert. Die entspannte Situation, in der sie den Kindern zuschaute, wird sie vielleicht als „Pause" erlebt haben. Wir meinen, daß man sich als Lehrerin häufig solche Gelegenheiten arrangieren sollte, in denen man Kinder beobachtet, ohne selbst unmittelbar handeln zu müssen. Denn durch diese Beobachtungen lassen sich Zusammenhänge erkennen, die in der Hektik des Handelns verlorengehen. Wir haben als Forscher beziehungsweise Forscherin die Erfahrung gemacht, wie schwer es ist, gleichzeitig zu handeln und zu beobachten. Wir hatten Mühe, nachträglich etwas aufzuschreiben, was über Anekdoten hinausging, wenn wir mit einer Gruppe von Kindern gearbeitet haben.

Beobachtung fällt leichter, wenn man von dem Druck entlastet ist, unmittelbar handeln zu müssen. Diese Entlastung können Sie sich auch als Lehrerin verschaffen. Die Anlässe dazu sind dann gegeben, wenn sich die Lehrerin selbst aus dem Mittelpunkt des Geschehens an den Rand der Vorgänge stellt, wenn sie den Kindern Gelegenheit gibt, miteinander zu sprechen und zu handeln.

Anlässe für Beobachtungen:

- Freiarbeit,
- Stillarbeit,
- Klassenfahrt,
- Wanderung,
- Pause,
- Erzählen im Kreis,
- Bastel- und Malsituationen.

Eine grundsätzlich viel zu wenig genutzte Möglichkeit zu Beobachtungen besteht dann, wenn eine Kollegin in Ihrer Klasse unterrichtet.

> Versuchen Sie Ihren Unterricht so zu planen, daß Sie sich Beobachtungsmöglichkeiten verschaffen. Bitten Sie eine in Ihrer Klasse unterrichtende Kollegin darum, in ihrer Stunde hospitieren zu dürfen.

## 1.2 Beobachtungsmotive

Für Studentinnen und Referendarinnen ist die Beobachtung Teil der Aufgaben in der Ausbildung. Für ausgebildete Lehrerinnen mit einigen Jahren Praxis und Routine entsteht die Beobachtungsabsicht unserer Erfahrung nach häufig zunächst aus einem diffusen Gefühl: Der Unterricht klappt mehr oder weniger, Eltern und Kinder sind im großen und ganzen zufrieden, ebenso das Kollegium. Dennoch wird man selbst unzufrieden, weil man den Eindruck hat, in der Routine zu erstarren, Probleme nicht mehr wahrzunehmen und neuen Situationen auszuweichen, statt sie als Herausforderung anzunehmen.

Das Motiv, die Klasse und sich selbst zu beobachten, liegt hier in der Wahrnehmung der eigenen Person. Man empfindet die Situation als Problem und verfolgt die Absicht, dieses Problem zu lösen. Entsprechend findet sich in der einschlägigen Literatur auch als erstes der Vorschlag, das Problem zu definieren, mit dem man sich beschäftigen möchte. So schreiben Altrichter/Posch:

,,Der erste Schritt eines Forschungsprozesses besteht im Finden und Formulieren eines geeigneten Ausgangspunktes für das Vorhaben, auf das man sich einlassen will."[3]

Aus unserer Sicht stellt sich die Frage, ob sich das diffuse Gefühl des Unbehagens tatsächlich so leicht in eine Problemdefinition verwandeln läßt, ob nicht vielmehr die Unbestimmtheit der Problemdefinition kein Hindernis, sondern ein Vorzug für die eigene Beobachtung sein kann. Es gibt sicherlich Situationen, in denen sich ein Problem identifizieren läßt, aber das angedeutete diffuse Gefühl des Unbehagens läßt sich nicht an einzelnen Szenen festmachen. Hinter dieser Annahme steht auch ein anderes Konzept des Handelns von Lehrerinnen.

Wir denken, daß – auch unabhängig von einem konkreten Problem – das Nachdenken über das eigene Handeln zu den Berufsaufgaben von Lehrerinnen gehört. Die Engländerin Jean McNiff beschreibt dies als einen Selbstlernpro-

---

3) Altrichter/Posch 1994, S.41.

zeß. Auch dieser Selbstlernprozeß hat seinen Ausgangspunkt sicher in der Differenz zwischen Praxis und eigenen Wertvorstellungen. Irgend etwas im Unterricht ist nicht so, wie man es gern hätte. Es wäre nun möglich, eine andere Kollegin in den Unterricht zu holen. Sie könnte den Unterricht beobachten, mit den Schülern sprechen und der Lehrerin die Ergebnisse ihrer Gespräche und Beobachtungen mitteilen. Dies ist aus praktischen Gründen oft nicht möglich. Deshalb organisiert Jean McNiff so etwas wie ein selbständiges kleines Forschungsprojekt und nennt dies: ,,Teaching as Learning"[4].

Mit Hilfe dieses Konzeptes versucht eine Lehrerin sich durch Beobachtung die eigenen Handlungen und Theorien bewußt zu machen. Habitualisierte Umgangsweisen, eingeübte Handlungs- und Deutungsmuster sollen durch Beobachtung ans Licht gehoben werden: ,,Damit man weiß, was man weiß." Wissen ist in pädagogischen Prozessen nicht etwas, was man nachschlagen kann. Im Lexikon läßt sich nachschauen, wie hoch der Eiffelturm ist; aber kein pädagogischer Ratgeber kann einer Lehrerin sagen, wie sie sich in einer bestimmten Situation zu verhalten hat. Dafür gibt es zwei Gründe. Der erste liegt darin begründet, daß Unterricht ein hochkomplexes Geschehen ist. Der zweite Grund ergibt sich aus der Tatsache, daß pädagogisches Handeln an die Person des Handelnden geknüpft ist und mitbestimmt wird von der Person, der dieses Handeln gilt. Pädagogisches Lexikonwissen wird erst handlungsrelevant, wenn es gewissermaßen in der Person des Lehrenden verankert ist. Pädagogisches Wissen ist ein kreativer Akt, der, in der Kenntnis der eigenen Person und der Situation, das Schon-immer-Gewußte kreativ überspringt. Es ist nicht abgeschlossen, sondern schreitet spiralförmig voran. Es ist dialektisch, weiß um die Einheit der Widersprüche und die Spannung von Qualität und Quantität.[5]

Das Beobachtungsmotiv ist also die Differenz zwischen wahrgenommener Praxis und den eigenen Ziel- beziehungsweise Wertvorstellungen; gewissermaßen die Differenz zwischen ,,Ist" und ,,Soll". Daraus ergibt sich der Versuch, sich sowohl über die Frage klar zu werden, was ,,ist", wie über die, worin die eigenen Zielvorstellungen bestehen. Allerdings werden beide nicht auf zwei Seiten Papier geschrieben und miteinander verglichen. Vielmehr wird die Beziehung zwischen ,,Ist" und ,,Soll" in der Praxis beobachtet. Die Frage lautet: Welche Ziele habe ich in einer bestimmten Situation verfolgen wollen, und was ist tatsächlich geschehen? So werden einzelne Situationen auf darin enthaltene Muster beobachtet. Wenn eine Differenz zwischen Ist und Soll in einer Situation feststellbar ist, so läßt sich eine Lösung ausdenken, anwenden und evaluieren. Dabei verändern sich sowohl die Ideen, also die Sollvorstellungen, wie die Praxis. Im nächsten Schritt wird der Zirkel wiederholt.

---

4)  McNiff 1993.
5)  Vgl. McNiff 1993, S. 28.

Wissenschaftliche Deutungen von Handlungen werden in diesem Modell unter der Frage herangezogen, ob sie helfen können, die Anwendung bestimmer Muster zu erklären. Sie werden nicht dazu benötigt, selbst ein Erklärungsmuster für Handlungen zu liefern.

„Teaching as Learning" ist eine pädagogische und keine psychologische Methode. Sie fragt nicht nach den individuellen Motiven bei einem selbst und nicht nach den biographischen Gründen des Verhaltens eines Kindes. Ihr Gegenstand ist vielmehr die Situation, in der Kind und Lehrerin interagieren. „Teaching as Learning" ist eine Methode, die sich auf den Fall richtet.

Beobachtung und Selbstbeobachtung in dem hier vorgetragenen Sinne machen die eigene Praxis zum Fall. Die Besonderheit dieses Falles besteht darin, daß der Beobachter zugleich darin handelt. Das eigene Handeln zum Fall zu machen bedeutet, die Situation nicht als selbstverständlich zu nehmen, sondern als „frag-würdig". Es bedeutet, das Schon-immer-Gewußte losgelöst von den schon immer vorhandenen Erklärungsmustern in einer gewissen Weise „objektiv" zu betrachten; zumindest neugierig und offen für neue Deutungen.

Das Beobachtungsmotiv in unserem Konzept ist also kein identifizierbares Problem, sondern die – eigentlich nicht problematische – fortdauernde Differenz zwischen eigenem Wollen und Handeln. Es setzt nur eine Haltung voraus, die die Bereitschaft enthält, in der Differenz die Aufgabe zu sehen, sich selbst zu verändern. Mehr über Kinder und über ihren Unterricht zu erfahren, waren auch die Gründe der Lehrerin, die die Tür ihrer Grundschulklasse für unser Forschungsprojekt öffnete.

Ein Teil dieses Selbstlernprozesses wird an der folgenden Szene aus einem Gespräch mit der Lehrerin deutlich. Wir hatten sie nach den Regeln gefragt, die ihr in der Klasse wichtig waren. Eine betraf den Umgang mit Materialien.

*Also ich denke, in der Klasse davor war ich rigider und habe auch auf manche Äußerlichkeiten mehr Wert gelegt. Jetzt denke ich, wenn ein Kind keine Schere hat, soll es halt mal gucken, ob auf meinem Schreibtisch eine liegt. Das heißt, ich selbst bin auch großzügiger mit meinem Material umgegangen, ich hab ein Paket Stifte hingelegt und gesagt, wenn mal einer keinen Stift hat, geht er hin und holt sich einen Stift. Das hab ich früher nicht so gemacht, weil ich immer dachte, jeder muß auch wirklich auf seine Stifte achtgeben. Das können die einfach noch nicht am Anfang, und wenn sie mir das zurücklegen, bin ich damit zufrieden.*

*Ich sage schon mal, wenn ich dir das leihe, will ich's auch wieder zurückhaben. Aber ich bin in dem Bereich großzügiger geworden, und in zunehmendem Maße konnten es die Kinder auch werden. Also, zu sagen, na gut, wenn du dein Mäppchen vergessen hast, dann frag doch den Markus, ob er dir mal einen Stift leiht. Ich habe daraus keine Haupt- und Staatsaktion mehr gemacht. Und das, denk ich, wird oft in Schulen gemacht, daß man die Kinder darauf dressiert, nur ihre Sachen zu* benutzen. *Und wenn ich sage, okay, wenn mal einer keinen Radiergummi hat, helfen wir uns, dann hat das ein Stück weit Vorbildfunktion. Und da, denk ich, hab ich ein Stück weit gelernt, selbst nicht auf solche Äußerlichkeiten so einen Wert zu legen. Ich möchte schon, daß jedes Kind seinen Ranzen und seine Sachen in Ordnung hat, aber ich möchte auch, daß sie lernen, sich gegenseitig zu helfen.*

> **Was machen Sie in der Schulklasse, in der sie jetzt unterrichten, anders als in der vorigen Klasse?**

## 1.3 Beobachtungen sind Ergebnis einer Auswahl

Das Ineinander der verschiedenen Ebenen des beruflichen Handelns von Lehrerinnen wird im allgemeinen als Praxis verstanden. Durch Unterrichten, durch Üben, durch Veränderungen der eigenen Handlungen stellt sich so etwas wie Routine ein, nämlich als spontane „richtige" Reaktion in einer Situation. Anfängerinnen erscheint diese Routine häufig als die Summe einer Anzahl von Regeln, die es einzuhalten gilt. Viele Lehrerinnen definieren ihre eigene Praxis als Gegenbegriff zu dem, was sie Theorie nennen. Aus dieser Sicht erscheinen ihnen Theorien häufig praxislos und ihre Praxis wiederum als frei von Theorien. Es gibt – auch erziehungswissenschaftliche – Theoretiker, die ihre wissenschaftlichen Ergebnisse losgelöst von praktischen Bezügen verstehen. Aus unserer Sicht basieren wissenschaftliche Theorien auf einem lebensweltlichen Bezug und sind Routinen beruflichen Handelns von Lehrerinnen nicht frei von theoretischen Annahmen. Aus dieser Prämisse begründen wir auch die Notwendigkeit des Zusammenhanges von Beobachtung und Selbstbeobachtung.

Was kann „Selbstbeobachtung" heißen? Wir verstehen darunter, daß man die Klasse beobachtet und daraus Schlüsse auf das eigene Handeln ziehen kann. Denn bei der Beschreibung des eigenen Handelns geht es ja nicht um eine Paraphrasierung, also Umschreibung der Tätigkeiten, sondern um den Versuch, die Ursachen für das eigene Handeln zu finden. Ein Moment dieser Ursachen liegt in der Situation: In unterschiedlichen Situationen handelt man unterschiedlich. Lehrerinnen stellen sich zum Beispiel auf eine bestimmte Klasse ein. Ein anderes Moment liegt in der Person der Lehrerin, ihren Erfahrungen als Schülerin, in dem, was man persönliche Eigenschaften nennen kann usw. Ein weiteres Moment findet sich in pädagogischen Theorien, die häufig als nicht bewußtes Wissen in Situationen zur Anwendung gelangen. „Zu wissen, was man weiß" meint also, sich der eigenen Theorien bewußt zu werden. Selbstbeobachtung meint, über die Beobachtung der Kinder zu den Grundlagen des eigenen Verhaltens zu gelangen.

Dies ist ein komplexes Feld, von dem wir in diesem Kapitel einige Faktoren vorstellen.

In Auseinandersetzungen zwischen einem Kind und seiner Lehrerin, in der das Kind abstreitet, das getan zu haben, wofür es nun zur Rechenschaft gezogen wird, hört man häufig den Satz der Lehrerin: ,,Ich habe es doch gesehen." Das mag in vielen Fällen auch stimmen, aber es fragt sich, ob man alles gesehen hat, was zu der Situation gehört, und ob man das gleiche gesehen hat, was ein anderer Beobachter gesehen hätte. Vieles spricht dafür, daß dies in den meisten Situationen nicht der Fall ist. Ernst Martin und Uwe Wawrinowski schreiben:

,,Beobachtungen werden vom Beobachtenden ,gemacht': Sie fallen ihm nicht als fertige Abbildungen der Wirklichkeit in den Schoß. Jeder Beobachter ist vielmehr an bestimmten Problemen interessiert; durch seine Einstellungen wird der Beobachtungsinhalt strukturiert und durch seine sozial-emotionale Situation mit bestimmt."[6]

Wir nennen dies: Wahrnehmungseinstellung. Eine bestimmte Einstellung fördert bestimmte Wahrnehmungen und diese wiederum bestimmte Einstellungen.

Wir können dies am eigenen Beispiel demonstrieren. Wir, Gertrud Beck und Gerold Scholz, haben zu zweit zur selben Zeit in derselben Klasse gesessen, beobachtet und mitgeschrieben. Bei manchen Protokollen könnte eine Leserin meinen, wir würden zwei verschiedene Klassen beschreiben. Wir haben uns tatsächlich zumeist auf unterschiedliche Gruppen von Kindern konzentriert. Dann, wenn diese Gruppen etwas gemeinsam taten, hatten wir gewissermaßen denselben Realitätsausschnitt als Gegenstand unserer Beobachtung. Um eine solche Situation handelt es sich in den beiden folgenden Protokollen.

Sie beschreiben den Beginn des ersten Schultages unserer Beobachtungsklasse am 29. August 1989.

### 29.08.1989

*Die Kinder kommen – mit (oft) beiden Elternteilen und manchmal Großeltern – zur ersten Tür. Hier wird photographiert. Kinder aus der 2. Klasse kommen und geben den Erstkläßlern einen selbstgemachten Maikäfer, der sich mit einer Wäscheklammer anstecken läßt. (Dies ist zugleich Begrüßung und Kennzeichnung.) Die Zweitkläßler sind zum einen noch übereifrig, zum anderen schüchtern. Als Begrüßung klappt es nicht so recht, weil sie zum Teil auf die Kleinen losstürmen und zum anderen Teil ihnen den Maikäfer wortlos in die Hand drücken. Im Eingangsflur hängen große Plakate, auf denen steht, welches Kind in welche Klasse gehört. Die Eltern lesen diese Listen, die Kinder bleiben im Hintergrund. Hier treffen sich auch*

---

6)   Martin/Wawrinowski 1991, S. 9.

schon ältere Schulkinder mit den Neuen, Geschwister vor allem, manchmal auch Freunde.

Die dritte Station ist der Schulhof. Für alle Erstkläßler sind Stühle zu einem großen „U" aufgestellt. Sie setzen sich auf die Stühle, die Eltern stehen dahinter. Es sind auch einige andere Schulkinder da. Letztere betonen durch ihr Turnen auf den Geräten, die auf dem Schulhof stehen, wie sehr sie zu dieser Schule gehören. Die Erstkläßler sitzen stocksteif im Rund und reden auch kaum miteinander. Als alle versammelt sind, hält der Schulleiter eine kurze Ansprache: „Wir freuen uns, daß ihr da seid." Er sagt, daß in der Schule einiges so sein wird wie im Kindergarten, einiges anders: Lesen und Schreiben und Rechnen lernen. An die Eltern: Hoffnung auf gute Zusammenarbeit. Dann gibt es zwei Vorführungen. Kinder der 2. Klasse singen ein Lied und spielen ein kurzes Stück vor. Schließlich werden die Klassenlehrerinnen vorgestellt. Da bisher nach den Vorführungen geklatscht wurde, klatschen die Kinder bei jeder Lehrerin auch. Die nächste Station ist der Klassenraum, zu dem die Eltern die Kinder begleiten, kurz reingucken sollen und dann wieder gehen.

## 29.08.1989

Am 29.08.1989 bin ich um 9.30 Uhr in der Schule. Auf dem Schulhof ist die Aufnahmefeier vorbereitet: Zwischen den Klettergerüsten stehen Tische, Bänke und Kästen mit Getränken für die Eltern, Tische mit Malutensilien und ein großer Sitzkreis. Eine Kollegin übt noch mit dem 2. Schuljahr.

Die Lehrerin und die Studentin zeigen uns stolz die fertig vorbereitete Klasse: Alle Ecken sind eingerichtet und mit Material ausgestattet, die Wände mit farbigem Papier bestückt (blau und gelb, grün und rot), an einer Leine hängen bunte Luftballons, auf dem Fensterbrett stehen verschiedene Handpuppen, es gibt eine Schreibmaschine, und auf jedem Platz steht eine Klappfigur aus weißer Pappe.

Zurück auf den Schulhof: Vor dem Eingang der Schule treffen die ersten Kinder und Eltern ein. Die Kinder alle mit einer großen Schultüte (kleinere Geschwister oft mit einer kleinen Tüte). Mischung zwischen gespannter Erwartung und Nervosität. Die Kinder sind relativ ernst und sehr brav. Ein Junge ist ohne Eltern da, aber mit anderen Kindern zusammen. Viele ältere Schüler der Schule warten schon auf bestimmte Schulanfänger (jüngere Geschwister etwa).

Allmählich beginnt die Menge durchs Schultor in den Hof zu strömen. Hier warten Kinder des 2. Schuljahres mit einem selbstgebastelten Marienkäfer (auf einer Holzwäscheklammer aufgeklebt) zum Anstecken. Aber irgendwie klappt es nicht so ganz, daß die Zweitkläßler die Anfänger zum Sitzkreis geleiten. Teilweise bummeln die Eltern mit den Kindern einfach weiter, bis sie die Sache mit dem Sitzkreis sehen und verstehen, teilweise bleiben viele einfach auf dem Hof stehen, teilweise führen Zweitkläßler die Anfänger mehr oder weniger heftig zum Sitzkreis.

*Viele Tüten sind inzwischen in die Hände der Eltern gewandert. Es wird aus allen Winkeln fotografiert und gefilmt. Es bilden sich Gruppen und Grüppchen von Erwachsenen, die sich gegenseitig kennen und begrüßen. Der Sitzkreis füllt sich allmählich mit Anfängern, einige davon mit Tüte. Einige Schulranzen (bunte leuchtende Farben) stehen vor den Füßen. Die Kinder sitzen meist relativ steif und harren der Dinge. Einige winken Eltern oder Bekannten zu und umgekehrt. Viele Erwachsene bilden stehend einen Kreis um die sitzenden Kinder.*

*Für die nun Nachkommenden wird es immer schwieriger, zum Sitzkreis zu kommen und sich einen Platz zu ergattern. Ich beobachte die ersten Versuche, bei den Erwachsenen zu bleiben und den Schritt in den Sitzkreis der Kinder zu vermeiden. Aus Gesprächsfetzen entnehme ich, daß auch Erzieherinnen der abgebenden Kindergärten vorhanden sind. Die Lehrerin rennt, noch das Mikrofon zu holen, das der Schulleiter im Lehrerzimmer deponiert hat, damit es nicht zum Spielobjekt wird. Während dieser Zeit versuchen die Lehrerinnen und Lehrer der beteiligten 2. und 4. Schuljahre, ihre Küken beieinanderzuhalten.*

*Einige der größeren Kinder sitzen demonstrativ auf den Spielgeräten: Das ist unser Spielplatz, wir kennen uns hier aus, wissen, wo die besten Plätze sind, und die gehören uns.*

*Dann beginnt ein zweites Schuljahr mit einem Lied über die 7 Zwerge: Erst wird es gesungen, dann zur Musik vom Band getanzt. Applaus. Der Schulleiter begrüßt per Mikrofon die Kinder und die Eltern, heißt sie willkommen und erklärt, wie es weitergeht. Nach einer kleinen Aufführung eines anderen zweiten Schuljahres sollen die Kinder in ihre Klassen, die Klassenlehrerinnen werden vorgestellt. (Durch große Aushänge am Eingang hatten alle schon ersehen, wer zu wem kommt.) In der halben Stunde, die die Kinder mit ihren Lehrerinnen in der Klasse bleiben, können die Eltern auf dem Schulhof etwas essen und trinken. Anschließend kann auf dem Schulhof auf vorbereiteten großen Blättern gemalt werden, und die 4. Klassen haben etwas zu essen für die Kleinen vorbereitet (diesmal: Pudding). Es folgt ein kleines Spiel über die Mäuse, die tanzen, weil die Katze schläft, und weglaufen, sobald die Katze wach wird.*

*Dann erfolgt die Aufforderung, in die Klassenräume zu gehen.*

> **Was vermuten Sie: Welches der beiden Protokolle stammt von Gertrud Beck und welches von Gerold Scholz? Wo sehen Sie Übereinstimmungen in den Protokollen und wo liegen abweichende Beobachtungen vor? Welches Beobachtungsinteresse mag jeweils die beiden Protokolle geleitet haben?**

Die Qualität erziehungswissenschaftlicher Forschung wird weitgehend davon bestimmt, ob sich die Forschenden der Vorannahmen, die in ihr Forschungsprojekt eingehen, bewußt sind und ob sie diese zum Gegenstand ihrer Reflexion machen oder nicht. (Wir glauben, wie gesagt, nicht, daß sie sich eliminieren lassen: Um so wichtiger ist ihre Beachtung.) Denn es ist einleuchtend, daß die aus den Beobachtungen gezogenen Folgerungen von diesen Vorannahmen bestimmt werden. Es spielt zum Beispiel eine Rolle, ob man an Unterschieden zwischen Menschen interessiert ist, oder daran, was allen Menschen gleich ist; ob man an Menschen interessiert ist oder an Institutionen, an Situationen oder Entwicklungen, an der Beschreibung möglichst konkreter Einzelheiten oder der Generierung von Verallgemeinerungen usw.

Dies gilt auch für Lehrerinnen: Weil aus den Wahrnehmungen Folgerungen gezogen werden, die sich in der Berufspraxis in Verhalten gegenüber Kindern ausdrücken, ist es wichtig, sich bewußt zu sein, daß die eigenen Wahrnehmungen immer nur einen Teil der Wirklichkeit erfassen.

Dies gilt für alle Wahrnehmungen der Sinne. Menschen hören im Unterschied zu vielen Tieren nur in einem bestimmten Frequenzbereich, riechen weniger als etwa ein Hund, sehen anders und anderes als ein Falke usw. Das Sehfeld ist räumlich begrenzt; und alle Sinne sind abhängig von der Aufmerksamkeit auf bestimmte Wahrnehmungen. Das Rauschen der Blätter wird uns erst bewußt, wenn wir darauf aufmerksam werden und genau hinhören. Diese naturgegebene Auswahl, die unsere Wahrnehmung vornimmt, ist nur ein Aspekt der Tatsache, daß die Wahrnehmung kein Abbild der Wirklichkeit ist. Ein weiterer Aspekt liegt darin, daß die Wahrnehmung davon bestimmt wird, welches Verhältnis wir zu dem haben, was wir wahrnehmen. Man kann auch sagen, welche Voreinstellungen wir gegenüber dem Wahrzunehmenden haben.

Unterrichtssituationen, die der einen Lehrerin als „normal" erscheinen, werden einer anderen vielleicht zu unruhig vorkommen.

Um es an unserer handlungsentlasteten Forschersituation zu illustrieren:

Wir beobachteten Situationen und damit eine Fülle von Handlungen, Gesprächen, Körperhaltungen, Hilfen, Streitigkeiten, Lenkungsversuchen und nicht zuletzt Lehr- und Lernprozessen. Wir fühlten uns in die Situation eingeschlossen. Das heißt: Wir können nicht über das sprechen, was wir beobachteten, ohne uns selbst einzubeziehen. Das rührt daher, daß viel mehr passierte, als wir wahrnehmen und aufschreiben konnten.

Unsere Selektion der Phänomene wiederum ergab sich weitgehend aus unserem Vorwissen, unseren Forschungsinteressen, unseren theoretischen Ansätzen und mehr oder weniger bewußten Vorurteilen. Wir haben in der Klasse gesessen und gleichzeitig aufgeschrieben, was wir wahrgenommen haben. Die so entstandenen Protokolle heißen in der Wissenschaft „Feldforschungsprotokolle". Sie sind eine Art Tagebücher, in denen wir aufgeschrieben haben, was wir beobachteten und auch welche Ideen und Gedanken uns dabei eingefallen sind. Die so entstandenen Texte kann man als unsere sprachlich formulierten Eindrücke der Situationen bezeichnen.

# 2. Der Blick auf einzelne Kinder

## 2.1 Der erste Eindruck

Hermann Schmitz schreibt über „Eindrücke":

„Den für die Wahrnehmung primär relevanten Situationstyp bilden die *Eindrücke*; sie sind die Situationen, die in einem Augenblick ganz zum Vorschein kommen. Beispiele auffälliger Eindrücke sind der frische Eindruck, den man von einem Menschen hat oder beim Betreten eines mehr oder weniger aufgeräumten Zimmers oder in einer eigentümlichen Naturstimmung, oder die Eindrücke, die man auf einer Reise sammelt. Solche Eindrücke sind vielsagend, ohne daß man alles, was sie zu sagen haben, einzeln herausholen könnte; das verdanken sie dem chaotisch-mannigfaltigen Hof ihrer Bedeutsamkeit, in dem Sachverhalte, Programme und Probleme, die zu satzförmigem Sagen herausfordern, gleichsam lauern.

Bezeichnend ist dafür der Anblick eines fesselnden Porträts, das dem Betrachter einen bestimmten Eindruck macht, von dem er nicht loskommt. Er hat dann mehr verstanden, als er sagen kann, und gerade das gibt dem Eindruck die fesselnde Kraft, weil die erst ganzheitlich erfaßten, im Hof der Bedeutsamkeit binnendiffus eingeschlossenen Sachverhalte, Programme und Probleme zur Explikation drängen und sich dem Gefesselten gleichsam auf die Zunge legen wie ein Wort, das nicht gleich einfallen will. Ähnlich ist es beim gekonnten Umgang mit einem etwas undurchsichtigen Menschen. Man lernt ihn zu ‚nehmen‘, während noch ganz dürftig ist, was man von ihm zu sagen weiß. Man lernt es, weil der Eindruck ein Bescheidwissen gibt, das über das Formulierenkönnen hinausgeht. (…) Eindrücke sind die natürlichen Einheiten der Wahrnehmung."[7]

Unter „Eindruck" verstehen wir verarbeitete Wahrnehmungen. Alle Eindrücke enthalten ein Vor-Urteil.

Um Ihnen einen „Eindruck" über die Wirksamkeit von „Eindrücken" zu geben, stellen wir Ihnen einige Kinder der Klasse vor sowie einige Texte über diese Kinder. Die Photos zeigen die Paßbilder einiger Kinder. Die Aufnahmen entstanden im 2. Schuljahr.

---

[7] Schmitz 1994, S. 6 f.

**Schreiben Sie Ihre spontanen Eindrücke von den abgebildeten Kindern auf.**

Die folgende Skala stammt aus einem Experiment mit einer Gruppe von Studentinnen. Sie waren gebeten worden, zu den Photos der einzelnen Kinder Einschätzungen abzugeben. Daraus ergab sich die folgende Liste der den Kindern zugeschriebenen Eigenschaften:

Hannes: ordentlich, angepaßt, stolz, passiv, skeptisch, angestrengt, ernst, abwartend, ehrlich, ernst, still, zurückhaltend, zuverlässig, selbständig.

Sandra: spontan, unbekümmert, aufgeschlossen, offen, redegewandt, freudig, aufgeweckt, natürlich, selbstbewußt.

Nina: aufgeschlossen, charmant, gelassen, stolz, fotogen, skeptisch.

Özgül: angepaßt, ordentlich, passiv, ambivalent, schüchtern, skeptisch, unsicher, angestrengt, ängstlich, aufgeregt, ernst, zwiespältig, scheu, sensibel, unsicher, zurückhaltend, angespannt, ernst, gehemmt.

> **Welche Sammlung von Adjektiven paßt Ihrer Meinung nach zu welchem Kind?**

Wir haben Ihnen einige der Kinder vorgestellt, die Sie auch in den weiteren Szenen finden werden. Damit haben wir in gewisser Weise jene Situation wiederholt, die Sie vorfinden, wenn Sie einer neuen Schulklasse gegenüberstehen. Was Sie zunächst von den Jungen und Mädchen wahrnehmen, ist das Äußere: die Größe, die Körpergestalt, die Haarfarbe, die Art zu stehen, zu gehen, zu lachen usw. Man kann wohl auch davon ausgehen, daß die Kinder sich bei der ersten Begegnung möglichst so darstellen, wie sie sein möchten oder glauben, sein zu sollen. Die Situation der Einschulung, des Anfangs, der ersten Begegnung ist insofern keine Alltagssituation. Allen Beteiligten, auch den Kindern, ist die Besonderheit der Situation bewußt. Dieser Unterschied zwischen bewußter Darstellung und Alltag findet sich auch in den Photos. Sie sind gestellt. Das heißt, die Kinder wurden aufgefordert, sich für ein Photo hinzustellen – anders gesagt: sich dar-zu-stellen.

Wir interpretieren als Betrachter Annahmen über Eigenschaften einer Person in das Bild der Person. Auch in der ersten, bloß leiblichen Begegnung bilden wir uns sehr schnell und sehr grundsätzlich eine Meinung von einer anderen Person. Diese Meinung ist sicher sowohl ein Urteil wie ein Vorurteil. Mit „Urteil" meinen wir, daß sich ein vorbewußtes Wissen der einen Person über die andere Person in der Begegnung herausbildet. Damit ist nicht gesagt, daß diese Begegnung zu einem objektiven Urteil führt, vielmehr nur, daß in der ersten Begegnung eine Bestimmung der Beziehung zwischen Beobachter und beobachtetem Menschen festgelegt wird. Dies gilt für die Lehrerin, die sich beim Anblick der Kinder von ihnen ein Bild macht, wie für die Kinder, die zum erstenmal ihrer Lehrerin gegenüberstehen. Im Laufe der Zeit wird sich bei den meisten Menschen herausstellen, daß der jeweils andere doch anders ist, als man es sich zunächst gedacht hat. In diesem Sinne ist das erste Urteil ein Vor-Urteil. Die Beurteilung eines Photos enthält deshalb zwei Aussagen. Zum einen ist sie interpretierbar als Aussage über den photographierten Menschen; zum anderen läßt die Interpretation Rückschlüsse auf den Interpreten zu.

> **Vergleichen Sie Ihre Notizen mit den folgenden Beschreibungen.**

Auf die folgenden Charakterisierungen konnten sich die Klassenlehrerin, der Mathematiklehrer, die mitunterrichtende Studentin sowie wir beiden Forscher einigen. Sie entstanden am Anfang des 1. Schuljahres kurz vor den Herbstferien. Sie geben also unseren Eindruck nach drei Monaten wieder.

## Hannes

*Hannes arbeitet toll mit und versucht seine Aufgabe so gut wie möglich zu erledigen. Er ist ausgeglichen und lebendig. Er hat bei den Schreibübungen zum Beispiel noch etwas Schwierigkeiten und macht sie auch nicht so gerne von alleine. Er spielt gerne mit den Klassenfiguren, und überhaupt ist er verspielt, was nicht negativ gemeint ist. Er ist traurig, daß sein Freund und Sitznachbar Jochen in die Vorklasse geht. Er verarbeitet viele Erfahrungen spielerisch. Hannes hat einen großen Bruder. Der Vater ist gestorben. Er wohnt in einer Umgebung mit vielen Kindern und spielt viel mit diesen. Er denkt assoziativ, ist kreativ, ausgeglichen und vernünftig. Er begegnet Erwachsenen auf gleicher Ebene. Ist überall akzeptiert, hat aber keine engen Beziehungen. Hannes ist der „klassische Klassensprecher".*

## Sandra

*Sandra ist lebendig. Sie sagt, was sie denkt, und ist auch kokett bis frech. Ein typisches Mädchen, in Benjamin verliebt. Sie braucht länger für die Aufgaben, weil sie mitbekommen muß, was sonst noch passiert und weil alles schön und genau werden soll. Wenn sie etwas nicht machen will, läßt sie sich nicht vom Gegenteil überzeugen. Ist ein kleines Biest, das sich Freiräume schafft und alles im Griff hat. Sie hilft gern. Kann sich in den Mittelpunkt stellen. Sie ist geradeaus und hintenher-um. Freundin von Salia, beide gehen immer zusammen zur Toilette.*

## Özgül

*Özgül ist sehr lebendig und unruhig. Sie kann ihren Mund nicht halten und plappert immer dazwischen. Im Kreis schafft sie es nur schwer, nicht vorzusagen oder rein-zurufen. Sie bastelt auch gerne und ausdauernd. Durch die Vorklassen ist sie an schulisches Treiben gewöhnt. Sie organisiert einen Teil der Kinder, vor allem die Jungen. Ist sprunghaft, leicht verwahrlost. Die Eltern scheinen sich wenig um sie zu kümmern. Sie hat einen kleinen Bruder, um den sie sich kümmert (kümmern muß).*

## Nina

*Nina ist noch sehr verspielt und hält sich gerne in der Spielecke auf. Sie kann ihr eigenes Lernen noch nicht so gut organisieren. Man muß sie oft an Aufgaben erinnern oder sie dazu auffordern. Obwohl sie die 1. Klasse wiederholt, kommt sie schwer mit der zu erledigenden Arbeit zurecht (Arbeiten aus dem Wochenplan). Sie hat Schwierigkeiten im kognitiven Bereich. Lebt in einer „Traumwelt". Gehört zu den Mädchen, die eine Gruppe bilden und darin bestimmte Inhalte (Liebesleben) miteinander teilen. Sie sprechen viel miteinander. Sie ärgert gerne Jan zusammen mit Özgül. Sie hat eine kleine Schwester.*

Versuchen Sie die Texte den Photos zuzuordnen. Welche der Kinder sind den Interpreten mehr und welche weniger sympathisch? Welche Aussagen sind beschreibend, welche sind wertend? Welche Gründe für das angegebene Verhalten des Kindes werden genannt? Welche Kinder sind Ihnen sympathisch? Wie schätzen Sie die schulischen Leistungen der Kinder am Ende des 4. Schuljahres ein?

Die letzte von uns gestellte Frage nach der schulischen Leistung der Kinder am Ende des 4. Schuljahres ist eigentlich nicht zulässig. Aussagen über die Schulleistung eines Kindes aufgrund eines Photos sind ebensowenig vertretbar wie Prognosen über die Schullaufbahn am Beginn der Schulzeit. Wir wissen, daß vielfach Eltern und Lehrerinnen bewußt oder unbewußt solche Einschätzungen vornehmen. Dies bewirkt, was Psychologen Pygmalion-Effekt nennen: eine sich selbst erfüllende Prophezeihung. Die Lehrerin, die aufgrund einer ersten Begegnung mit einem Kind zu dem Urteil gelangt, daß dieses Kind die schulischen Anforderungen nicht erfüllen wird, wird mehr oder minder unbewußt alle positiven Lernerfolge des Kindes unberücksichtigt lassen und aus der großen Zahl der tatsächlichen Interaktionen mit dem Kind nur jene bewußt wahrnehmen, die ihr vorgefaßtes Urteil bestätigen. Gleiches gilt auch umgekehrt bei einem positiv gefaßten Vorurteil.

Wir bilden uns zu Beginn jeder Beziehung ein Urteil über den anderen Menschen. Dies ist Tatsache und insoweit auch berechtigt, wenn man berücksichtigt, daß dieses Urteil auch immer ein Urteil über sich selbst ist. Eine Aufgabe der Beobachtung des Kindes besteht in der Veränderung des eigenen Urteils. Eine Möglichkeit dazu ist die, andere Menschen zu fragen beziehungsweise eine andere Perspektive einzunehmen.

Die folgenden Beschreibungen entstanden am Ende der Grundschule im Rückblick auf die Beobachtungen während der Grundschulzeit der Kinder. Verfaßt wurden sie von Gertrud Beck.

## A

*Sein Vater war drei Wochen vor seiner Geburt gestorben. Und der ältere Bruder mußte diesen Verlust fast zeitgleich mit seiner Einschulung verkraften und hatte darauf mit großen Schulschwierigkeiten reagiert. A selbst ist ein sozial sehr sicheres Kind, lebhaft, neugierig, aber auch sehr anpassungsfähig. Eigentlich hätte er wohl keine Angst vor der Schule. Aber er hat auch die negativen Reaktionen seines Bruders auf die Schule erlebt, und nun ist seine Haltung ein ganzes Stück weit ambivalent. Seine Erwartung scheint zu sein: Ich will was lernen, ich will Freunde haben, aber Schule scheint auch was Schlimmes zu sein.*

B

*Durch ihren Besuch der Vorklasse fühlt sie sich im Schulgelände relativ sicher, weiß, was sie kann und will. Sie ist zu Hause die älteste. Die Mutter hat gerade angefangen, arbeiten zu gehen. B muß also häufig für sich selbst und auch den jüngeren Bruder sorgen oder sich selbst und den Bruder organisieren. Sie ist sehr selbständig. Aber soviel neue Anforderungen könnten für sie zuviel werden.*

C

*C bezieht offensichtlich einen Teil ihres Selbstbewußtseins aus ihrem Aussehen, ihrer Kleidung und ihrem sozialen Vermögen. C fällt durch ihr freundliches und prosoziales Verhalten auf, sie reagiert nicht auf Konkurrenzstreitereien und ist häufig hilfsbereit.*

D

*D ist zierlich, adrett, trug am Anfang eine starke Brille, später Kontaktlinsen, kleinstes Mädchen, aber etwas größer als der kleinste Junge, fiel im Unterricht weder durch Zwischenrufe und Widerspruch, noch durch Lebhaftigkeit und Ideen auf, war anfangs in ihrem Verhalten sehr kleinkindhaft (Suche nach Körperkontakt: auf Schoß setzen), war sehr früh in Beziehungsprobleme verwickelt (Versuch der Beziehung zu einem Jungen scheiterte fast immer, wurde aber immer erneuert; Beziehungen zu einigen Mädchen waren über lange Zeit durch Eifersüchteleien gekennzeichnet), hat eine jüngere Schwester und liebt Meerschweinchen, steht unter relativ starken Leistungserwartungen der Eltern, vor allem der Mutter.*

> **Vergleichen Sie diese Beschreibungen mit denen von Seite 28. Was hat sich bei den einzelnen Kindern verändert, wo scheinen sie gleich geblieben zu sein? Worin sehen Sie den Unterschied in den Perspektiven der beiden Beschreibungen?**

Es gibt die moralische Anforderung an Lehrerinnen, alle Kinder gleich zu behandeln. Tatsache ist, daß jedem Menschen einige sympathischer und andere weniger sympathisch sind. Auch wenn man zu Recht von einer Lehrerin erwarten kann, daß sie kein Kind zum Beispiel wegen seiner Rotznase diskriminiert, so ist kaum anzunehmen, daß solche Gefühle keine Bedeutung haben. Wir denken, daß es helfen kann, sich die eigenen Gefühle gegenüber den Kindern bewußt zu machen.

> Welche der Kinder Ihrer Klasse sind Ihnen unsympathisch beziehungsweise sympathisch? Versuchen Sie die Gründe dafür aufzuschreiben. Beobachten Sie diese Kinder daraufhin, ob sie die von Ihnen formulierten Verhaltensweisen tatsächlich zeigen.

Schließlich haben Kinder ein Bild von sich selbst: Davon, wie sie sind und wie sie sein sollen und sein möchten. Dies vermischt sich sicherlich und ist dennoch Ausdruck der je spezifischen Persönlichkeit des Kindes.

Im 4. Schuljahr schrieben alle Kinder im Rahmen eines Projektes einen kurzen Text. Sie erfanden für sich einen „Indianer-Namen", also einen Namen, den sie sich gewählt hatten unter der Annahme, als Indianerkind geboren zu sein. Sie erzählten, wie sie zu diesem Namen gekommen waren.

> Im folgenden Text finden Sie wiederum die Geschichten der oben abgebildeten Kinder. Können Sie sie zuordnen?

## Kleine Wolke

*Hallo, ich heiße Kleine Wolke. Ich möchte euch erzählen, wie ich meinen Namen erhielt. Es war Morgen, mein Papa ist weggeritten, und ich kam auf die Welt. Mein Papa kam zurück und sah mich. Meine Eltern wußten nicht, wie sie mich nennen sollten. Einen Tag später wußten meine Eltern immer noch nicht meinen Namen. Dann holte mein Vater den Medizinmann und sagte ihm alles. Der Medizinmann wollte mit und wollte mich anschauen. Und er sah, wie winzig klein ich war. Er kam aus dem Zelt raus und wußte immer noch keinen Namen für mich. Auf einmal kam eine kleine Wolke vom Himmel und der Medizinmann sagte: „Kleines Mädchen und kleine Wolke." Dann sagte er: „Ich weiß einen Namen. Kleine Wolke soll sie heißen." Und alle waren einverstanden, sie feierten ein Fest.*

## Gelber Mond

*Ich heiße Gelber Mond, weil ich in der Nacht geboren bin, und meine Mutter hat gesagt: „Ich nenne mein Kind gelber Mond!" Weil der Mond so gelb war, deswegen heiße ich so. Und wenn ich groß bin, werde ich mich über diesen Namen freuen und viele Freundinnen haben, und sie haben bestimmt auch so einen schönen Namen. Ende.*

### Hängendes Blatt

*Ich bin im Herbst geboren. Mein Stamm hat unter einem alten vertrockneten Baum (gelagert). Er hatte nur ein paar Blätter, und die waren schon kaputt. Als mein Vater vor unserem Tipi stand und noch einen Namen für mich suchte, da kam ein kleiner Windstoß und wehte ein Blatt vom Baum. Das flog meinem Vater an sein langes Haar und hing von seinem Haar runter. Da fiel ihm mein Name ein. Sie nannten mich „Hängendes Blatt".*

### Sommer im Regen

*Warum heiße ich Sommer im Regen? Als ich geboren worden bin, hat es nur noch geregnet. Und meine Mutter wollte, daß es Sommer wird. Und plötzlich hat es geregnet und noch die Sonne geschienen. Meine Mutter wußte nicht, wie sie mich nennen sollte. Da hat mein Vater gesagt: „Wir nennen unsere Tochter Sommer im Regen." Da waren meine Mutter und mein Vater sehr froh, daß ich einen Namen gekriegt habe. Das war die Geschichte.*

> **Lassen Sie Ihre Kinder einmal im Rahmen eines ähnlichen Projektes solch einen Text schreiben – und zwar anonym. Versuchen Sie dann herauszufinden, von wem welcher Text stammt.**

## 2.2 Was kann man von einem Kind wissen?

Was man von einem Kind wissen kann, ergibt sich, so kann man zunächst sagen, aus dem, was sich von dem Kind beobachten läßt. Die Beobachtung hat die Aufgabe, den sogenannten „ersten Eindruck" zu überprüfen. Überprüft wird also nicht das Kind, obwohl es im Zentrum der Beobachtung steht, sondern das eigene Urteil. Burkhard Müller nennt Anamnese einen „aufmerksamen Umgang mit Nichtwissen"[8], der dazu führen soll zu verhindern, „einen Fall nach Schema F zu behandeln."[9] Nun beobachtet man sich nicht selbst, sondern das Kind. Die Selbstbeobachtung ist Ergebnis der Reflexion der eigenen Wahrnehmungen. Diese Wahrnehmungen sind abhängig von dem Kind und den eigenen Wahrnehmungseinstellungen. So ist weder das Kind noch der Beobachter Gegenstand der Beobachtung, sondern die Beziehung zwischen Kind und Beobachter. Anamnese heißt dann: Sich über die Beziehung zu dem Kind in

---

8)   Müller 1993, S. 56.
9)   Müller 1993, S. 88.

dem Sinne bewußt zu werden, daß die eigenen Urteile auf die darin enthaltenen Vor-Urteile überprüft werden.

Die Frage, was man von einem Kind wissen kann, hat ihre Bedeutung aus der Aufgabe der Lehrerin, auf einzelne Kinder einzugehen. Sie ist ja nicht nur für die Klasse verantwortlich, sondern für jedes einzelne Kind. Daß Kinder unterschiedlich sind, ist heute in der Grundschule eine Binsenweisheit. Mit dieser Feststellung verbunden ist allerdings ein Konzept, das jenseits aller Banalität liegt. Es beschreibt die Aufgabe, diese unterschiedlichen Kinder auch individuell unterschiedlich wahrzunehmen und entsprechend differenziert mit ihnen umzugehen. Von daher stellt sich die Frage, was man über ein Kind weiß beziehungsweise was man über ein Kind überhaupt wissen kann. Als Lehrerin interessieren natürlich nicht alle Arten von Informationen, sondern nur jene, die sich als pädagogisches Wissen bezeichnen lassen. Gemeint ist damit, was man von einem Kind wissen kann, um pädagogisch mit ihm umgehen zu können.

Wir meinen, daß dieses pädagogische Wissen über das Kind vor allem aus dem Umgang mit dem Kind entstehen kann. Das Wissen über das Kind resultiert also aus Situationen mit dem Kind. Diese Situationen sind Ko-Konstruktionen von Kind und Lehrerin. Damit ist gemeint, daß die Situation von beiden, von der Lehrerin wie dem Kind, geschaffen wurde. Unser Wissen über das Kind besteht also aus Interpretationen von Situationen. Aus den Handlungen des Kindes gelangen wir zu Interpretationen seiner Eigenschaften, seiner Fähigkeiten, seiner Persönlichkeit. Bei diesen Interpretationen wird häufig die Tatsache vernachlässigt, daß die Situation ja nicht nur von dem Kind, sondern auch von der die Situation interpretierenden Lehrerin geschaffen wurde. Wir Erwachsenen neigen dazu, unsere Sicht der Welt in das Kind hineinzuprojizieren, und dazu, dem Kind Eigenschaften, die wahrscheinlich nur in der Situation mit uns auftreten, als konstante Eigenschaften zuzurechnen, gewissermaßen als Persönlichkeitsmerkmale.

Die Frage zu stellen, was man über ein Kind weiß, bedeutet, eine Anamnese vorzunehmen. Wenn man Anamnese als ,,aufmerksamen Umgang mit Nichtwissen" beschreibt, dann geht es darum, das, was man schon zu wissen glaubt, in Frage zu stellen. Im Fortgang der Anamnese verändert sich mit dem Wissen über das Kind das Urteil über das Kind. Der erste Eindruck, den wir von dem Kind haben, oder die erste Ursachenerklärung für sein Verhalten werden verändert. Die Anamnese verändert die Lehrerin.

Dieser Veränderungsprozeß ist prinzipiell nie abgeschlossen. Der erste Eindruck ist notwendig, aber ebenso notwendig falsch, denn jedes Kind ist in einer Weise chaotisch-mannigfaltig, daß es nicht auf eines oder wenige Grundmuster reduzierbar ist.

Am Beispiel Ninas, eines Mädchens unserer Klasse, inszenieren wir den Prozeß einer Anamnese, und wir bitten Sie, diesen Prozeß in bezug auf eines Ihrer Kinder parallel durchzuführen.

Wir haben Nina als Beispiel gewählt, weil sich mit ihrer Schulbiographie eine Frage verbindet, die für Nina lebensbedeutsam war und die nicht leicht zu beantworten ist. Nina wechselte am Ende der Grundschulzeit in die Sonderschule. Die Frage ist: warum?

> **Wählen Sie eines Ihrer Kinder aus und formulieren Sie die Frage, die Sie in bezug auf das Kind bewegt, das Sie sich ausgesucht haben.**

Wir beginnen gewissermaßen mit dem Ende des Anamneseprozesses und kommen dann auf seinen Anfang zurück. Im Frühjahr 1993 wurde Nina von der benachbarten Sonderschule getestet. In einem Gespräch mit Ninas Eltern, der Lehrerin und Gerold Scholz beschreibt der Sonderschullehrer sein Ergebnis.

**30.04.1993**

*Gespräch in der Sonderschule. Herr G. hat Nina getestet. Er hebt Ninas soziale Fähigkeiten hervor und betont, daß es ihm Spaß gemacht habe, mit ihr zu arbeiten. Nina sei ein typisches Sonderschulkind. Ihr Leistungsrückstand betrage etwa eineinhalb Jahre. Als Problem wird herausgestellt, daß Nina im Sprachlichen durchaus in die 5. Klasse aufgenommen werden kann, in Mathematik aber im Niveau zwischen 2. und 3. Klasse sei: „Wo sollen wir sie nun aufnehmen?"*

> **Bevor Sie weiterlesen, denken Sie bitte über die Aussagen von Herrn G. nach. Was kann er meinen mit „typisches Sonderschulkind"? Was halten Sie in bezug auf das von Ihnen gewählte Kind für typisch?**

Die Aussage von Herrn G. läßt sich durch einen Test stützen, den eine uns bekannte Sonderschullehrerin mit Nina durchgeführt hat. In einem weitgehend sprachfreien Test hatte Nina Sonderschulniveau erreicht. Schließlich war sie schon einmal zurückgestellt worden. Nina wiederholte das 1. Schuljahr. Wir möchten hier an den Eindruck erinnern, der sich nach einigen Wochen Unterricht ergeben hatte. Auf den Text hatten sich Lehrerin, Mathematiklehrer, eine Studentin und wir Beobachter einigen können. Dies war unser erster Eindruck.

**Nina**

*Nina ist noch sehr verspielt und hält sich gerne in der Spielecke auf. Sie kann ihr eigenes Lernen noch nicht so gut organisieren. Man muß sie oft an Aufgaben erinnern oder sie dazu auffordern. Obwohl sie die 1. Klasse wiederholt, kommt sie schwer mit der zu erledigenden Arbeit zurecht (Arbeiten aus dem Wochenplan). Sie hat Schwierigkeiten im kognitiven Bereich. Lebt in einer „Traumwelt". Gehört zu den Mädchen, die eine Gruppe bilden und darin bestimmte Inhalte (Liebesleben) miteinander teilen. Sie sprechen viel miteinander. Sie ärgert gerne Jan zusammen mit Özgül. Sie hat eine kleine Schwester.*

Wenn man die Aussagen des Sonderschullehrers hinzunimmt, so lassen sich holzschnittartig unter anderem die folgenden Hypothesen über Nina aufstellen:

1. Nina ist verspielt.
2. Nina arbeitet nicht kontinuierlich.
3. Nina erledigt einen Teil der Arbeiten nicht.
4. Nina versteht abstrakte Zusammenhänge nicht.
5. Nina hat einen Leistungsrückstand von zwei Jahren, vor allem in Mathematik.
6. Nina ist ein Kind mit prosozialen Verhaltensweisen.

> **Stellen Sie bitte für Ihr Kind eine Liste solcher Aussagen zusammen.**

Wir werden nun den einzelnen Hypothesen nachgehen.

## 1. Nina ist verspielt.

**19.01.1990**

*Jenni streichelt mit der Ente Nina, nachdem Nina Jenni mit dem Raben gestreichelt hat. Jenni sitzt auf Ninas Schoß.*

**30.08.1991**

*Nina spielt mit ihren Haaren und kaut auf der Halskette.*

**26.03.1993**

*Nina zieht an Annes Haarsträhnen und streicht ihr über den Rücken.*

**02.04.1993**

*Die Lehrerin beginnt vorzulesen. Nina und Anne flüstern miteinander. Nina streicht über Annes Haare. Anne streicht über Ninas Rücken.*

Es lassen sich viele ähnliche Szenen finden. Nina spielte gerne, sie war häufig bei den Als-ob-Spielen der Mädchen dabei.

**15.03.1990**

*Benjamin malt weiter, Benedikt schneidet Dinosaurier aus, Nina und Salia spielen erst mit Puppen und dann „Familie". Dabei sind nun Salia, Nina und Jenni. Salia räumt auf: Tisch, Stühle, Kinderbett und Puppenwagen werden im Raum verteilt. Salia: „Hier wäre der Schuhschrank." Die Kinder ziehen die Schuhe aus und stellen sie in den Schrank. Salia bestimmt das Spiel. Die Mädchen decken den Tisch. Nina nimmt die Puppe auf den Arm und macht Babygeräusche. Dann wird gegessen. Dünne Holzstäbe sind Spaghetti. Salia ist die Mutter. Nina geht mit der „Kleinen" spazieren.*

*Jenni will wieder essen, Salia nicht. Nina: „Ich mach jetzt den Fernseher an. Ihr müßt Fernsehen gucken." Jenni und Salia kommen fernsehen. Nina spricht durch den Fernseher: „Hallo liebe Gäste, sie sehen jetzt ... sehen Sie die ... " Jenni macht den Fernseher aus. Es wird gekocht. Dazu Zwiebeln geschält, indem mit einem Holzstab an Holzwürfeln geschält wird. Nina holt mehr von den Holzstäbchen aus der Ecke* der Jungen: „Ich hab sie geklaut, sind Zwiebeln, die geschält werden." Nina kommt mit grünen Hölzern. Salia: „Nein, nicht, wir haben schon so viel." Nina: „Ist Salat." Salia will nicht. Jenni: „Ist Salat" und damit ins Spiel aufgenommen. Es gibt 2 Kannen, in einer ist Kaffee, in der anderen Cola. Tatsächlich sind beide natürlich leer. Jenni fragt: „Ist das Cola?" Da es Kaffee ist, nimmt sie die andere Kanne und gießt die Flüssigkeit in ihre Tasse.

Jan kommt. Salia: „Du kannst mitspielen, aber du bist dann der Papa." Jan will nicht. Salia holt ihn mit Gewalt. Er flieht, obwohl er wählen darf zwischen den Rollen „Papa" und „Ninas Verlobter". Jan läuft zunächst weg und kommt dann wieder und guckt durch den Vorhang. Ole kommt, auch er will nicht mitspielen. Die Lehrerin ruft: „Aufräumen!"

Nina und Salia rangeln sich in Freundschaft.

> Ist der Ausdruck „verspielt" angemessen? Oder kann man sagen, daß Nina die körperliche Nähe eines anderen Kindes wichtig ist, daß sie darin so etwas wie Geborgenheit sucht und findet?

## 2. Nina arbeitet nicht kontinuierlich.

### 16.03.1990

Die Klasse arbeitet mit Ton. Nina will eine Katze machen. Knetet wieder: „Och, ist das doof." Ninas Ton bricht auseinander. Hannes baut ein Tier für Katrin. Jenni formt „Dinosauriereier".

An einer fertigen Kugel versucht Nina einen Schwanz anzubringen. Das geht nicht. Nina hat 2 Kugeln, hält sie aneinander, will den Kopf mit dem Rumpf verbinden. Das geht nicht. Sie drückt den Kopf platt und drückt mit der schmalen Seite gegen den Rumpf. Fährt an der Nahtstelle mit nassen Fingern entlang.

Ayse zeigt ihren Drachen. Ganz toll. Hat sie allein gemacht – sagt sie. Ich schlage Nina vor, Ayse zu fragen, wie sie es gemacht hat. Das greift Nina auf. Ayse knetet für Nina. Nina erschreckt sich über den Ton an ihren Händen und wäscht ihre Hände sauber. Ayse versucht aus dem Rumpf den Schwanz rauszuziehen. Nina: „Was ist denn das?" Nina hilft Jenni Kugeln drehen.

Ayse will weg, weil es nicht geht. Nina: „Du sollst aber jetzt bei mir machen." Läßt Ayse sitzen und guckt in der Klasse rum.

> Was könnte der Grund dafür sein, daß Nina aufhört zu arbeiten?

Ähnliche Szenen wiederholten sich. Nina ließ andere für sich arbeiten. Wenn eine Schwierigkeit auftauchte, verlor sie leicht die Lust. Sie hatte keine Ausdauer, wartete auf die Frühstückspause, war häufig müde und lenkte oft das Gespräch am Tisch auf die Fernsehsendungen des vergangenen Tages.

## 04.05.1990

*Nina hat heute ihre Wollfäden rechts am Haar, gestern links. Sie sind farblich auf die Kleidung abgestimmt.*

*Die Lehrerin weist Nina und Ayse zurecht, die dauernd schwätzen.*

*Die Klasse hat Bohnen in Blumentöpfe gepflanzt und soll nun das Ensemble abmalen.*

*Pit: „Erst mal ich den Topf." Er malt einen kleinen Topf. Auch Nina fängt mit dem Topf an. Nina zu Jan: „Jetzt mußt du nur noch die schwarze Erde malen." Jan: „Es ist braun, schwarz wird's, wenn es naß ist." Ayse: „Brauchst du vielleicht ne Brille zum Sehen?" Ich merke jetzt erst, daß da ein Problem besteht: Was soll man malen – den Topf oder die Erde? Da das Bild ein Profilbild werden muß, wegen der Pflanzen, kann man eigentlich nur den Topf malen. Mehrere Kinder malen aber wohl Röntgenbilder, das heißt, sie versuchen Topf und Erde zu erfassen.*

*Nina malt noch an ihrem Blumentopf. Sie malt ein paar Striche, guckt dann rum und träumt auch. Nina: „Ich hab im Mai Geburtstag." Jan: „Juni ist noch viel weiter." Der Anlaß dieses Gespräches ist die Notwendigkeit, das Datum auf das Blatt zu schreiben. Damit wird eine Zuordnung von Wachsen und Zeitpunkt hergestellt. Zunächst für die Pflanzen. Nina überträgt dies auf sich.*

*Jan, Pit, Ayse sind fertig. Nina hat den Topf halb angemalt. Sie erzählt: „Mein kleiner Bruder heißt auch Frank. Ich wollte ihn Lukas nennen. Meine Lieblingsfarbe ist blau. Pit, was für eine Telefonnummer hast du?" Pit nennt eine Zahlenreihe, wobei man nicht weiß, ob sie stimmt oder ob er Quatsch erzählt.*

*Die Lehrerin schickt Nina an einen Einzeltisch: „Ich möchte nämlich, daß du noch fertig wirst. Die schwätzt nämlich ..." Nina malt zunächst (1 Minute) hintereinander – guckt dann aber wieder herum.*

*Lehrerin: „Kannst du malen, ohne deine Pflanze zu sehen?" Nina: „Ich hab doch von hier geschaut."*

*Lehrerin: „Nina, bist du fertig?" Nina: „Noch nicht." Lehrerin: „Na, schnell." Nina hat nach wie vor Schwierigkeiten mit ihrem Stift.*

*Lehrerin: „Nina, jetzt bist du fertig. Noch Namen und Datum draufschreiben." Nina kommt zurück an den Tisch und seufzt. Sie hat keinen Bleistift. Holt sich einen von Anne und schreibt „Mai". Spricht dann „Mai" vor sich hin – und läßt sich ablenken.*

*Fragt Pit: „Was müssen wir denn noch schreiben?" Nina guckt an die Tafel, wegen der Überschrift, dann zu Said, der an der anderen Tafel steht und schreibt, dann zu Pit, dann malt sie weiter am Topf.*

*Auf ihrem Blatt steht jetzt „Mai B". Dann schreibt sie weiter „Blumen", steckt ihr Hemd in die Hose und bringt den Topf weg.*

*Sie schreibt „rote". Macht hinter „rote" einen Punkt: „rote." Das ist der i-Punkt von „weiße", das leicht versetzt unter „rote" an der Tafel steht. Ich frage Nina, wozu der Punkt an der Tafel gehört. Sie weiß „zum i". Sucht ein Radiergummi.*

*Nina ist nun fertig. Sie hat „weiße" so wie an der Tafel leicht versetzt unter „rote" geschrieben, damit es auf ihrem Blatt mit dem i-Punkt stimmt.*

Deutlich wird: In mancherlei Hinsicht war die Aufgabenstellung nicht klar. Dies betrifft das Malen sowie den für eine Erstkläßlerin ungenauen Tafelanschrieb. Denn noch schrieben die Kinder kaum ab, sondern malten vor allem die Buchstaben ab. Nina hatte theoretisch drei Möglichkeiten, um zurechtzukommen. Sie konnte die Lehrerin fragen, sie konnte andere Kinder fragen, sie konnte selbst versuchen, die in der Aufgabe enthaltene Struktur zu erkennen. Nina tendierte dazu, die anderen Kinder zu fragen. Dies führte in den meisten Anforderungen zu einem befriedigenden Ergebnis. Nicht jedoch im Mathematikunterricht, weil dort nur eine richtige Lösung gefragt ist.

## 03.05.1990

*Nina hat einen Wollfaden in eine Haarspange geklemmt. Beim bisherigen Rechnen hat sie sich nicht beteiligt. Nun geht sie schnell hin und holt ein Arbeitsblatt. Das Arbeitsblatt ist für sich allein nicht zu verstehen. Der Mathelehrer erklärt es nicht frontal, sondern einzeln an den Tischen.*

*Nina guckt von Ayse ab, rechnet aber auch selbst. Sie nennt Ayse ihr falsches Ergebnis $3 + 7 = 12$. Ayse rechnet: „Dann sind das 10." Nina: „Dann hast du falsch gerechnet." Pit wird von Nina gefragt: „Gell, da kommt 3 hin?" (Die Aufgabe war: Wieviel plus 7 = 12.) Pit sagt erst „Ja", dann: „Da müssen 5 hin." Ayse meldet sich, will den Mathelehrer fragen: „Nina sagt, da müssen 3 hin, dann sind es aber erst 10." Nina guckt zu, sagt dann: „Da kommt ne 3 hin." Der Mathelehrer bestätigt Ayse.*

*Nina rechnet: $4 + 8 = 14$ und $7 + 5 = 14$. Sie guckt zu Pit. Ich mache sie auf den Fehler aufmerksam. Nina will nicht mit den Plättchen rechnen. Das Ergebnis muß aus dem Kopf kommen: „Muß man auch so können." Nina verbessert nicht, sondern wartet auf Ayse.*

*Hannes ist zu hören: „Ich hab ne Rechenallergie."*

*Nina gähnt mehrfach. Sie ist auch einfach müde.*

*Nina ist todmüde, beschäftigt sich mit der Eule (Plüschtier). Ob sie zuhört, ist nicht zu sagen.*

Ninas Müdigkeit verweist wahrscheinlich darauf, daß sie spät ins Bett gekommen war. Die didaktisch falsche These „Muß man auch so können" entstammte vielleicht den Lernvorstellungen ihrer Eltern oder den Vorerfahrungen im vorigen ersten Schuljahr. Bleiben wir bei dem, was sich aus dem Unterricht entnehmen läßt, so kann man feststellen, daß der Mathematiklehrer die Aufgaben nicht erklärt hatte. Die Tatsache, daß er Ayses Rechnung bestätigte, bedeutet nicht, daß er sie erläuterte. Vielmehr war es so, daß die Schülerinnen und Schüler eigentlich nicht rechneten, sondern rieten. Und der Lehrer bestätigte nur das richtig geratene Ergebnis.

> **Es ist in den Szenen deutlich, daß Nina mit manchen Aufgaben nicht zurechtkam. Aber: Kann man sagen, daß Ninas Schwierigkeiten auf eine unklare Aufgaben- und Hilfestellung durch ihre Lehrer zurückzuführen war? Wie schätzen Sie Ihre Klarheit gegenüber dem von Ihnen gewählten Kind ein?**

Es war nicht immer Nina, die nicht zurechtkam. In einer Reihe von Situationen half Nina anderen Kindern.

### 27.09.1991

*Özgül und Ayse beginnen ihren Wochenplan mit den Mathematikarbeitsblättern. Ayse rechnet an der Divisionsaufgabe 28 : 2 – ihre Antwort ist 7. Özgül hat schon aufgehört. Özgül: „Mach ich zu Hause." Ayse will auch einpacken und zu Hause arbeiten, obwohl ich ihr anbiete zu helfen. Nina kommt, um Ayse zu helfen. Ayse will erst nicht. Nina gibt ihr doch ein Blatt, mit allen Einmaleins-Aufgaben und Ergebnissen.*

*Nina: „So hab ich's nämlich auch gemacht, dann bist du schneller fertig." Ayse rechnet nun doch mit Ninas Blatt.*

### 28.06.1990

*Der Mathelehrer kommt etwas später. Er kündigt an: entweder die Blätter zu Ende rechnen oder mit ihm das „Lied vom Frosch" singen.*

*Nina holt Loni (eine große Plüschente) und die kleine Ente, gibt eine Sida, die kuschelt mit den Enten. Der Lehrer kommt an den Tisch. Sie sollen rechnen oder singen. Singh holt seinen Rechenordner und stellt seinen Fußballpokal auf den Tisch.*

*Nina holt ihre Plastikpferde aus der Tasche und stellt sie auf den Tisch.*

*Lukas, Hannes, Pit, Norbert, Özgül, Sida singen, Nina und Singh rechnen. Aufgabe 8 + 3 + 5 – 6. Nina hat als Ergebnis 10. Singh kam auf 22 und fragt: „Ist verkehrt?" Nina: „Du mußt zurückrechnen – ist minus." Singh zählt: „Scheiße, das stimmt." Singh rechnet mit den Fingern. Er rechnet erst alle Aufgaben und beginnt dann zu malen.*

*Nina hat eine Hälfte gerechnet und malt dann; rechnet danach weiter. Wer nicht singt, rechnet in Ruhe. Es ist eine angenehme Stimmung. Nina rechnet und singt gelegentlich halblaut mit. Sie rechnet schnell und sicher.*

*Singh und Nina malen noch. Nina zu Singh: „Soll ich dir helfen zu malen, ich bin jetzt fertig?" Singh: „Hast du ein Hellgrün?" Nina: „Mußt du Gelb nehmen und Grün darüber." Sie malt bei Singh mit auf dem Blatt.*

*Nina steht am Tisch und hilft Singh – steckt die Stifte wieder in die Mappe und sucht andere heraus. Nina zu Singh: „Mach!"*

Daß Nina Singh half, mag auch daran gelegen haben, daß sich beide für den Nachmittag verabredet hatten, als Versuch einer Freundschaft.

> **Nina rechnete und sang gelegentlich halblaut mit, und sie rechnete hier schnell und sicher. Ist dies damit zu erklären, daß in dieser Mathematikstunde eine schöne Atmosphäre vorhanden war?**

### 3. Nina erledigt einen Teil der Arbeiten nicht.

**15.11.1990**

*Die Lehrerin über Nina: „Die hat schon ne ganze Menge geschrieben, ganz viel hat sie schon aufgeschrieben."*

*Nina kommt und zeigt ihren langen Brief: „Guck und wieviel ich geschrieben habe."*

**08.02.1991**

*Die Studentin guckt sich die Hefte an. Nina hat alles gemacht. Klar ist bei allen die Selbstverständlichkeit der Erfüllung des Wochenplanes.*

**16.08.1991**

*Die Aufgabe lautete, während der Ferien ein Tagebuch zu schreiben.*

*Nina hat für jeden Tag eine Seite im Heft geschrieben. Das sind Berichte im Stil von „wir waren … wir haben … " usw.*

### 02.03.1991

*Die Lehrerin sagt, daß sie heute feiern möchte, aber erst noch mal gucken, „wieweit ihr mit der Arbeit seid. Einige Kinder nehmen den Wochenplan nicht ernst." Es gab zwei Aufgaben: Einmal den Text „Der Apfelwurm" abschreiben und zweitens das Gedicht „Der Räuber Timpetu" auswendig lernen. Die Lehrerin guckt sich die Hefte an: Lukas, Markus haben sich Mühe gegeben. Singh soll mit Stift oder mit Füller schreiben, aber nicht mit beidem. Die Lehrerin kritisiert auch die Handschrift. Nicht fertig oder das Heft nicht dabei haben: Ayse, Pit, Nina, Jan, Norbert, Singh. Ihre Namen werden an die Tafel geschrieben.*

### 30.08.1991

*Das Gedichtebuch und das Wochenplanheft sollen mit in den Kreis gebracht werden. Nina hat ihr Gedichteheft nicht dabei und geht zur Lehrerin und erzählt es ihr. Sie soll es in der Pause von zu Hause holen. Özgül versucht noch schnell einen Text in das Gedichteheft zu schreiben. Die Lehrerin merkt das aber und unterbindet es.*

### 27.11.1992

*Nina zeigt der Lehrerin ihr Heft. Lehrerin: „Nina, du hast hier auch wieder falsch abgeschrieben; das darf nicht passieren." Nina soll ohne Fehler noch einmal schreiben. Sie geht aber zurück ans Waschbecken und beginnt mit Sandra zu sprechen.*

### 04.12.1992

*Nina soll nochmal abschreiben; sie hat so geschmiert.*

Der Satz „Nina erledigt einen Teil ihrer Arbeiten nicht" stammt vom Anfang des 1. Schuljahres. Die Szenen zeigen jedoch, daß unsere Protokolle dies erst ab dem 2. Schuljahr verzeichnen. Die Kritik an Ninas Arbeiten häufte sich dann zunehmend im 3. und 4. Schuljahr. Dafür bieten sich eine Reihe von Erklärungen an.

Eine ist, daß wir nur einen Teil der Situationen mitbekommen haben. Eine andere, daß vor allem der Mathematikunterricht betroffen war. Eine dritte, daß sich Nina tatsächlich im Laufe der Jahre verändert hat. Eine vierte, daß wir aus wenigen Begebenheiten am Anfang ein Vorurteil gebildet hatten. Es könnte auch sein, daß Nina nicht häufiger als die anderen ihre Aufgaben nicht fertiggemacht hat. Schließlich ist es möglich, daß Nina einfach langsam war und in den höheren Schuljahren im Hinblick auf die weiterführende Schule ein größeres Maß an Exaktheit und Schnelligkeit gefordert war. Weitere Gründe lassen sich denken.

Es könnte auch sein, daß Nina mit den Aufgaben, in denen sie einen Sinn gesehen hat, beziehungsweise die sie ermutigt haben, recht gut zurechtgekommen ist und mit den anderen nicht.

Wenn Sie sich die Szenen noch einmal ansehen: Mit welchen Aufgaben scheint Nina Schwierigkeiten zu haben und mit welchen nicht? Wie ist das bei dem von Ihnen ausgesuchten Kind? Etwas fertig zu haben, heißt in der Schule: in einer bestimmten Zeit fertig zu werden. Wie gehen Sie mit langsamen, aber gründlichen Schülern um?

### 4. Nina versteht abstrakte Zusammenhänge nicht.

#### 17.01.1991

*Nina zu Özgül: „Was sollen wir denn machen?" Özgül: „Du sollst schreiben, wieviel Tage der Januar hat."*

*Ole und Nina haben gemeinsam einen Kalender. Als die Lehrerin sagt: „Gemeinsam angucken", umarmt Ole Nina. Nina schüttelt ihn ab.*

*Nina legt das Arbeitsblatt weg und beginnt mit dem Kalender. Ole ist an dem Blatt mit dem Photo. Nina fragt Ole, wie sie es machen soll. Der erklärt zunächst, Nina fragt nach; dann gibt Ole zu, daß er es auch nicht weiß. Salia: „Ihr sollt nicht schwätzen, ihr sollt lernen." Ole und Nina turteln miteinander. Ole beginnt piepsig zu sprechen und zu schauspielern. Erst mit Nina, dann auch zu mir.*

*Nina beginnt damit, das Wort „Januar" auf dem Kalender auszumalen. Die Lehrerin motiviert sie, das Arbeitsblatt anzufangen. Nina hat kaum Lust, schreibt die „31" Tage. Malt dann erst einmal Punkte neben die Linien auf dem Blatt, guckt Ole zu, dann Salia. Ole beginnt nun auch mit dem Arbeitsblatt. Beide versuchen, den Kalender aufzustellen. Das gelingt nicht, er fällt immer wieder um. Nina lehnt ihn gegen Oles Mappe. Aber die ist auch nicht stabil. Schließlich bleibt der Kalender liegen. Nina ist müde und lustlos. Sie wartet, bis Ole etwas geschrieben hat, guckt sich das an und zeigt ihm, wo er einen Fehler hat. Ole: „Herr Scholz, komm mal her." Es stellt sich heraus: Es geht um die Frage, wo die 31 hingeschrieben werden soll. Ich erkläre: vor „Tage". Ole radiert aus, was er geschrieben hat. Ole wirft mit Papierschnipsel, legt sie dann unter die Bank. Er grinst Nina an und ist gut aufgelegt. Nina schreibt „Februar" aus ihrem Schönschreibheft ab.*

*Nina packt ihr Schönschreibheft weg: „Ich weiß gar nicht, was wir machen sollen. Anne, hilfst du mir mal bitte." Anne tanzt rum. Die Lehrerin interveniert und schickt Anne weg: „Sonst werden die heute überhaupt nicht fertig." Nina schreibt: „März hat" und guckt rum.*

*Ich halte es nicht mehr aus und erkläre Nina und Ole den Kalender. In der Kopfzeile stehen waagerecht die Monate. Unter den Monaten sind senkrecht, von oben nach unten, die Tage aufgeführt. Unten ist ein schwarzer Strich, der das Monatsende angibt. Ole und Nina haben die graphische Ordnung des Kalenders – daß jeder Monat eine Spalte hat – nicht verstanden. Nina beginnt dann die Tage von oben bis unten zu zählen, um herauszubekommen, wie viele Tage der März hat. Sie merkt nicht, daß das Ergebnis bereits gedruckt ist und daß der letzte Tag des März gleichzeitig die Summe der Märztage bedeutet. Dazu noch: Sie hört zunächst beim 2. Tag auf, dann bei 12, sagt dann „48". Sie ist völlig unsicher und richtet sich nach meinem Gesichtsausdruck. Zählt dann bis nach unten: 31 Tage.*

*Bei April beginnt Nina wieder zu zählen: „1, 2, 3" und will bei 24 aufhören. Bei Mai fragt sie: „30 oder 31?" Die Lehrerin zu Benedikt: „Die letzte Zahl mußt du gucken." Benedikt kriegt es auch nicht hin. Ab dem Monat Juni hat Nina das System verstanden. Sie schreibt Jini statt Juni, ebenso Jili statt Juli. Sie soll aufhören und packt blitzschnell ein.*

Dies scheint eindeutig zu sein, und es ließen sich ähnliche Szenen darstellen. Die Symbolik des Kalenders war für Nina zunächst kaum durchschaubar.

**Spricht diese Szene für mangelnde Abstraktionsfähigkeit?**

Am Ende des 4. Schuljahres machte die Lehrerin einen – wie sie es nannte – „Crash-Kurs" in Grammatik. Die beste Schülerin war Nina.

### 23.06.1993

*Nina fragt Özgül: „Rot?" Özgül, mit fragendem Blick zu mir: „Adjektiv?" (Sicher ist sie nicht.) Nina wird immer sicherer. Es läuft das gleiche wie gestern bei der Mathearbeit: Wenn sie Fuß gefaßt hat, allmählich glaubt, daß sie es kann, wird sie immer sicherer und löst ohne weiteres Aufgaben, vor denen sie am Anfang vor lauter Angst kapitulierte. Nach ca. 7 Minuten ist sie fertig und geht mit dem Blatt zur Lehrerin.*

## 25.06.1993

*Lehrerin: „So. Jetzt brauchen wir einige Verben in der Grundform. Nina, sag mir mal ein Tuwort in der Grundform. Du hast nämlich die letzten Tage das so schön herausgefunden, vielleicht findest du es jetzt auch."*

*Nina: „Singen."*

*Lehrerin: „Bitte?"*

*Nina: „Singen."*

*Lehrerin: „Super. Ich wußte, daß du es kannst."*

## 02.07.1993

*Beim Gespräch erzählt die Lehrerin, daß Nina so gut die Grammatik beherrscht. Als Begründung: Sie hatte einen guten Anfang. Sie nannte die richtige Antwort, nachdem mehrere Kinder es nicht gewußt hatten.*

> **Welche Gründe kann es dafür geben, daß Nina die grammatischen Aufgaben versteht? Betrachten Sie die folgenden Szenen unter der Frage, ob der Anfang einer neuen Aufgabenstellung für Nina entscheidend ist?**

## 08.02.1991

*Mathematik. Der Mathelehrer sagt, die Kinder wollten von sich aus Malaufgaben rechnen. 6 x 7 = ? Norbert holt sich selbst das Rechenbrett. Er scheitert zunächst, läßt sich von mir helfen. Die Addition ist noch unklar. Er zieht zunächst zusammen: 6 + 6 = 12 + 12 = 24, aber dann muß er doch einzeln weiterzählen. Dazu schiebt er 42 Kugeln hintereinander, statt sieben Reihen zu 6 oder umgekehrt.*

*Salia kommt und erklärt Rebecca das Arbeitsblatt: „Du mußt immer Punkte machen, 1, 2, 3, 4, 5, 6, 7, 8, und da mußt du 6 Reihen machen." Nina: „Muß ich lauter 4 hier reinmachen? – Ne 6, ja?" Norbert zählt laut vor sich hin. Alle am Tisch sind sehr eifrig – auch Nina. Nina hat nun begriffen, daß sie erst die Zahl der Kästen zählen muß, um herauszubekommen, wie viele Kreise in jeden Kasten gehören. Im Bereich bis 20 kann Nina addieren, darüber hinaus wird gezählt. Ich laß mich auf Hilfe für Nina ein, da sie dauernd fragt.*

*Nina kann dann allein die Aufgabe 5 x 5 lösen.*

*Alle räumen ein. Nina macht noch weiter. Erst als Rebecca einräumt, legt Nina ihr Arbeitsblatt weg.*

Was bedeutet Anfang für Kinder?

Als wir nach dem 4. Schuljahr einige der Kinder besuchten, die nun jeweils im 5. Schuljahr in einer der weiterführenden Schulen waren, zeigten uns alle zuerst ihre Englischbücher. Nur in diesen ersten wenigen Wochen mit dem neuen Fach ließen auch die Lehrer diesen Eindruck bestehen, der besagt, daß sich mit der Fähigkeit, Englisch zu sprechen, neue Aspekte einer spannenden Welt eröffnen. Danach wurde nicht mehr nur gesprochen, sondern geschrieben, und von da an kam es nicht mehr darauf an, Englisch zu können, sondern bestimmte Wörter richtig schreiben zu können. Aus einer Fähigkeit zum Leben wurde eine Unterweisung in der Schule.

> Der vorhergehende Absatz enthält eine Spekulation: Wir haben nur den Anfang des Englischunterrichtes mitbekommen und den weiteren Verlauf nicht verfolgen können. Ist die Spekulation abwegig oder könnte man einen ähnlichen Zusammenhang auch für Ninas Erfahrungen mit dem Mathematikunterricht oder dem Deutschunterricht herstellen? Welche Beobachtungen machen Sie bei Ihrem Kind?

**5. Nina hat einen Leistungsrückstand von zwei Jahren, vor allem in Mathematik.**

15.03.1990

*Nina soll vorlesen. Katrin liest flüssig, Nina ganz gut – „Loni" wird als Wortbild erkannt, der Rest flüssig synthetisiert.*

Aus unseren Protokollen können wir rekonstruieren, daß Nina im Lesen zwar langsamer war als die meisten der anderen Kinder, daß sie aber flüssig, gut – und in ihrem Interessengebiet auch gern – gelesen hat. Beim Schreiben, vor allem beim Diktat, wechselte die Leistung sehr stark. Bei manchen Texten machte sie viele, bei anderen wenige Fehler. Dies war vermutlich abhängig von ihrer Fähigkeit, sich konzentrieren zu können. Bei selbst geschriebenen Texten entsprach ihre Leistung dem Durchschnitt der Klasse. Wie fast alle Kinder hatte sie Spaß daran, eigene phantasievolle Texte zu produzieren. In Mathematik war die Leistung allerdings von Beginn an und verstärkt nach Beginn der Benotung von Arbeiten zumeist „mangelhaft".

*Ihre Mutter sagte im Gespräch in der Sonderschule: „Sie kann sich auch nichts merken. Sie hat's nicht kapiert."*

Dies war nicht abwertend gemeint, vielmehr verständnisvoll. Nina war bei ihren Eltern geborgen. Dies bedeutete auch, daß sie an Nina keine Leistungsansprüche stellten, wenn sie meinten, diese würden das Mädchen überfordern. Der Satz ihrer Mutter war als Feststellung gemeint: Nina ist nun mal so, da kann man nichts ändern. Man könnte fast hinzufügen: Und wenn es so ist, dann ist es eben so. Nina wollte gern beliebt und eine gute Schülerin sein, aber auch wenn sie es nicht war, spielte dies in der Familie keine Rolle. Eine brauchbare Erklärung für Ninas Mathematikprobleme ist der Satz ihrer Mutter nicht.

Die Tatsache, daß Nina in den meisten Fächern die Anforderungen der Grundschule erfüllen konnte, mag auch an dem Verhalten ihrer Lehrerin gelegen haben. Sie hat sie in ihrem Selbstvertrauen bestärkt und ihr auch geholfen, vorhandene Hürden zu überwinden. Die Einbettung der schulischen Aufgaben in einen akzeptierenden Lebensraum, in dem Nina sich wohlfühlen konnte und in dem ihre Fähigkeiten anerkannt wurden, hat ihre Leistungsfähigkeit gestärkt. In bezug auf den Mathematikunterricht vermuten wir, daß irgendwann gewissermaßen ,,der Faden gerissen ist". Damit meinen wir, daß sowohl Nina wie ihr Lehrer davon überzeugt waren, daß sie es nicht mehr lernen wird.

An einer Szene läßt sich der Zusammenhang von Ninas Lebensstrategien mit den Mathematikproblemen verdeutlichen.

## 30.08.1991

*Das Arbeitsblatt enthält 12 Textaufgaben zum Einmaleins. Die untere Hälfte besteht aus einem Puzzle, wo die Ergebniszahlen in die Felder eingedruckt sind. Zum Beispiel: „Willi macht an 3 Tagen in der Woche einen Waldlauf von 9 km Länge."*

*Eigentlich sollen die Kinder nun 9 x 3 = 27 rechnen, das Puzzle aussuchen, das die Zahl 27 trägt, und es auf die entsprechende Stelle der Seite aufkleben.*

*Verschiedene Kinder verfolgen allerdings verschiedene Strategien.*

*Nina schneidet das Blatt erst in der Mitte durch. Pit sagt: „Braucht man nicht ausrechnen, muß man nur suchen, wo es hinkommt." Das wird ein wesentlicher Strang der weiteren Arbeit sein.*

*Pit liest den Text halblaut vor sich hin. Nina schneidet sorgsam erst mal die Ränder ab. Nina zu Pit: „Eh, hast du das Zelt gesehen, vorne?" Hat er nicht.*

*Lukas rechnet und legt die Puzzle auf die Aufgaben, ausgeschnitten, ohne aufzukleben. Er ist um 8.31 Uhr schon zu zwei Dritteln fertig.*

*Pit: „Guck mal, das kann man schon ausrechnen."*

*8.33 Uhr: Lukas ist fertig und klebt die Puzzleteile auf.*

| 1 Willi macht an 3 Tagen in der Woche einen Waldlauf von 9 km Länge. | 2 Im Speisesaal sind 5 Tische gedeckt. An jedem Tisch sitzen 6 Kinder. | 3 Ein Haus hat 4 Stockwerke. Jedes Stockwerk hat 7 Fenster. | 4 Sebastian schenkt jedem seiner 3 Freunde 7 Kastanien. |
|---|---|---|---|
| 5 Mutter kauft 4 Netze mit je 9 Apfelsinen. | 6 Annas Kaninchen bekommen jeden Tag 6 Karotten. Sie kauft für 7 Tage ein. | 7 Herr Schulze leitet 8 Flötenkurse. An jedem Kurs nehmen 3 Kinder teil. | 8 Rosi kauft sich 3 Päckchen Kaugummi. In jedem Päckchen sind 6 Kaugummis. |
| 9 Im Landschulheim gibt es 8 Schlafräume mit jeweils 6 Betten. | 10 Die Schüler und Schülerinnen sollen 5 Türme rechnen. Jeder Turm hat 9 Aufgaben. | 11 Stefan hat 5 Autotransporter. Auf jeden passen 3 Autos. | 12 Die Geisterbahn hat 9 Wagen. In jedem Wagen können 7 Personen sitzen. |

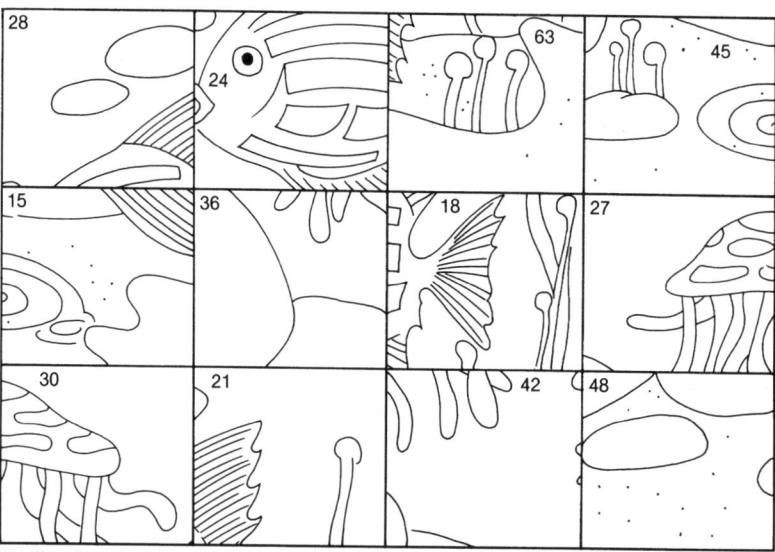

Heiner Müller: Sachrechenpuzzles — 3./4.Schuljahr
© Verlag Sigrid Persen, Horneburg / Niederelbe 1988

*Nina ist noch am Ausschneiden. Pit klebt das erste Puzzle auf. Özgül: „Herr Eilers, Eili, Eili – komm mal." Nina geht rum, schneidet weiter aus und legt die Puzzleteile auf der Tischplatte zurecht. Nina zum Mathelehrer: „Ich hab das ganze Bild schon raus." Mathelehrer: „Hast du gerechnet oder als Puzzle gemacht?" Markus: „Ich mach's nicht als Puzzle." Pit: „Hier kommt der Fisch und immer so weiter. Ich mach's nicht als Puzzle." Nina klebt wirklich nach der Form auf, ohne zu rechnen. Das heißt, sie schiebt die Puzzleteile so lange hin und her, bis sie aneinander passen. Pit rechnet schnell und richtig.*

*8.35 Uhr: Lukas packt ein.*

*Nina: „Herr Scholz, stimmt es?" Nina legt jetzt das Puzzle aus. 8.38 Uhr. Sie hat alle Teile hingelegt und sagt: „Ich hab's raus, Herr Eilers." Pit: „Du mußt erst mal kleben!" Nina: „Ich bin jedenfalls weiter als du." Dann wirft Nina Pit vor, von ihr abzugucken. Pit: „Voll die Kiki." (Meint: Ist ganz leicht.) Nina klebt um die Wette.*

*Ayse rechnet. Sie malt Striche auf einem Beiblatt. Also bei 5 x 3 malt sie fünfmal 3 Striche.*

*8.42 Uhr: Nina ist fertig. Sie geht ihr Blatt lochen. Lukas hilft Markus bei 3 x 6. Nina packt die Schere weg, hält Anne ihr Blatt vor die Nase.*

*Witzig finde ich, daß Pit das Gegenteil von dem tat, was er sagte. Er hat eine Tendenz, immer eine witzige Lösung zu finden. Nina schien nicht zu bemerken, daß ihre Arbeitsweise eigentlich nicht die intendierte war. Im übrigen wieder ein Lehrstück über Arbeitsblätter.*

Nina rechnete nicht, sondern suchte nach einer leichten Lösung für die gestellte Aufgabe. Die Art der Aufgabenstellung hat ihr dies auch ermöglicht. Da der Bezug zu ihrem Lebenszusammenhang fehlte, interessierte Nina auch vor allem, schnell genug fertig zu werden. Am Produkt konnte der Lehrer nicht mehr sehen, wie es entstanden war.

**Ist es möglich, daß die Ursachen für Ninas Mathematikprobleme in der Mathematikdidaktik und nicht in einer Rechenschwäche zu suchen sind? Können Sie sich einen Mathematikunterricht vorstellen, der Nina eher geholfen hätte? Wie sähe der angemessene Unterricht für Ihr Kind aus?**

## 6. Nina ist ein Kind mit prosozialen Verhaltensweisen.

### 15.03.1990

*Hannes hat Kakao umgekippt, auch auf Ninas Heft. Wischt mit nassem Lappen darüber, so daß die Farbe verwischt. Nina schimpft nicht, sondern lacht und zeigt anderen das Heft.*

### 22.01.1991

*Frank oder Norbert haben ein Glas umgeworfen. Nina: „Wer es war, räumt es wieder auf." Beide wollen nicht. Nina fragt Salia, wer es war. Salia weiß es nicht. Nina: „Ihr seid die Faulsten von allen."*

### 20.09.1991

*Sie gehen in die Leseecke. Da sind bereits Özgül und Nina mit dem Post-Spiel. Es gibt Streit um den verbleibenden Raum. Özgül: „Geht doch mal raus." Die Jungen bleiben, und der Platz reicht knapp. Hannes kommt dazu. Nina: „Könnt ihr nicht ein bißchen weiterrutschen?" Die Jungen tun das.*

### 06.12.1991

*Nina: „Können wir schon essen?" Sie war in den letzten Minuten herumgegangen, ich habe sie auch aus dem Auge verloren, und sie ist auch, wenn ich mich nicht irre, mit ihrem Buch nicht fertig. Dafür pfeift sie Norbert an: „Norbert, nun räum mal deinen Tisch auf." Auf dem Tisch liegen Mandarinen und Nüsse. Dann beschwert sich die Lehrerin, daß in dem Papierabfallbehälter auch Mandarinenschalen liegen. Nina nimmt sie weg. Ich vermute, obwohl sie sie nicht hineingetan hat.*

### 01.02.1992

*Nun geht es ums Aufräumen. Lehrerin: „Letztes Mal haben Ole und Markus die Küche ganz toll saubergemacht." Salia: „Diesmal machen's die Mädchen." Die Diskussion läuft auf eine gemischte Mannschaft hinaus. Ole und Markus wollen wieder saubermachen. Die Lehrerin sagt: „Also Ole und Markus und noch 2 Mädchen." Ole ruft: „Nina, Nina." Nun sind es Ole, Markus und Nina, und Nina darf sich noch ein Mädchen zum Mitsaubermachen aussuchen, sie nimmt Sandra.*

### 27.11.1992

*Die Lehrerin beginnt mit dem Satz: „Es gab Ärger mit dem Mathelehrer." Er hat sich beschwert, daß die Spiele herumgeflogen waren. Die Lehrerin droht, daß die Spiele in eine andere Klasse kommen, wenn diese Klasse nicht besser darauf aufpaßt. Lehrerin: „Nina hat so schön aufgeräumt." Nina: „Meral hat mir geholfen. Heute mach ich's wieder."*

### 09.07.1993

*Dann lobt die Lehrerin Nina, die die Gläser gewaschen hat. Sie hat sie mit nach Hause genommen und wieder mitgebracht. Lehrerin: „Nächstes Mal ist jemand anderes dran." Sandra und Özgül melden sich sofort.*

Nina war verträglich und nicht nachtragend. Sie übernahm Verantwortung für das Geschehen in der Klasse. Die Tatsache, daß sie sich vor allem im dritten und vierten Schuljahr um „Ordnung kümmerte", daß sie das Waschbecken saubermachte, darauf achtete, daß keine Obstschalen in den Papierkorb geworfen wurden, daß sie abwusch usw., läßt sich natürlich auch anders interpretieren. Sie suchte sich jene Gebiete aus, die sie beherrschte, und kompensierte so im Erledigen dieser Aufgaben ihre Schwierigkeiten in anderen Bereichen. Mit ihrem verantwortlichen Verhalten riskierte sie auch eine Rollenfestschreibung, die die Lehrerin skeptisch beobachtete. Sie sorgte gelegentlich auch dafür, daß Nina sich nicht auf diese Rolle festlegte. Gleichzeitig war es der Lehrerin angenehm, solch ein Kind in der Klasse zu haben.

Damit ist das Problem prosozialen Verhaltens im Zusammenhang mit kognitiver Leistungsschwäche angesprochen. Man kann zumindest den Verdacht äußern, daß ein „typisches Sonderschulkind" genau diese beiden Dispositionen mitbringt.

Dies betrifft nicht Ninas Lehrerin. Deren Verständnis von prosozialem Verhalten beruhte nicht auf Anpassung, sondern auf Mitdenken und Toleranz, und auch diese waren Eigenschaften, die Nina besaß.

Unter prosozialem Verhalten verstand Ninas Lehrerin ein ganzes Bündel an Verhaltensweisen, die sich ungefähr unter dem Gedanken vereinen lassen, daß es darauf ankäme, die Sache und die Klasse auch einmal vor die eigenen Ansprüche zu stellen. Dies setzt voraus, sich als Teil einer Gesamtsituation zu verstehen und diese erkennen zu können. Das verlangt auch, die anderen Kinder als gleichberechtigt zu akzeptieren. Prosoziales Verhalten kann also sowohl bloße Anpassung wie auch ein selbständiges soziales Verhalten meinen.

---

Halten Sie Ninas prosoziales Verhalten für typisch für ein Sonderschulkind? Wie schätzen Sie die prosozialen Verhaltensweisen Ihres Kindes ein?

Wir haben mit den Fragen begonnen, warum Nina auf die Sonderschule kam und ob sie ein „typisches Sonderschulkind" ist.

Wenn Sie alle Szenen zusammen betrachten: Ist Nina ein Kind für die Sonderschule? Wenn Sie jetzt noch einmal über Ihr Kind nachdenken: Inwiefern würden Sie dieses Kind jetzt anders sehen und beurteilen?

Das am Anfang genannte Problem der Sonderschule (Welche Klasse ist für Nina angemessen – für Mathematik paßte die dritte und für die anderen Fächer die fünfte Klasse) war für die Grundschullehrerin nicht nachvollziehbar. „Sie müssen doch erst recht differenzieren", sagte sie in dem Gespräch. Sie meinte: Eine Schule, die stärker als die Grundschule die Möglichkeit hat, Kinder zu fördern, darf um so weniger in allgemeinen Leistungsstandards denken und die Kinder in sogenannte Jahrgangsklassen sortieren und muß um so mehr in den einzelnen Bereichen unterschiedliche Anforderungen und Hilfen zur Verfügung stellen.

Das hieß auch: Eine Fortführung des differenzierten offenen Unterrichts in einer weiterführenden Schule wäre für Nina die angemessene Unterrichtssituation gewesen. Da die Lehrerin wußte, daß die Gesamtschulen, die die Kinder ihrer Klasse ab dem 5. Schuljahr besuchen würden, diese Möglichkeiten nicht zur Verfügung stellen würden, schickte sie Nina auf die Sonderschule, um ihr das Scheitern in der Gesamtschule zu ersparen.

Wie hätten Sie entschieden?

# 3. Der Blick auf Situationen, Konflikte und Störungen

## 3.1 Was wird beobachtet: der Tänzer oder der Tanz?

Wir haben in dem vorigen Kapitel immer mehr die Perspektive unserer Aufmerksamkeit verändert. Stand am Anfang Ninas Verhalten im Mittelpunkt, so rückte mehr und mehr die Frage nach den Bedingungen, unter denen ihr Verhalten beobachtbar war, in den Vordergrund. Am Schluß haben wir kritisch nach der Funktion der Institution Schule gefragt. Wir suchten zunehmend eine Erklärung für Ninas Verhalten nicht mehr allein in ihrer Person, sondern in den Strukturen, die ihre Situation bestimmten: das Verhalten der Lehrerin, die Mathematikdidaktik, Annahmen über prosoziales Verhalten, der Umgang der Gesamtschulen mit Schülerinnen, die gewisse Probleme mitbringen usw.

Unser Ansatz zur Beobachtung und Selbstbeobachtung ist in diesem Sinne ein ökologischer Ansatz. Er beschreibt nicht das einzelne Kind, gewissermaßen aus seiner Umgebung isoliert, sondern das Kind im Kontext des Lebensraumes, in dem es aufwächst. Uns interessiert die Wechselbeziehung zwischen dem Kind und seiner Umwelt. Die Umwelt prägt das Kind und umgekehrt. Der Lebensraum, auf den wir uns beziehen, ist die Schule und im einzelnen die Schulklasse. Dies ist noch immer eine etwas ungewöhnliche Sichtweise. Nun lassen sich Wechselwirkungen nicht beobachten, sie lassen sich nur interpretieren. Eine Wechselwirkung, die wir im vorigen Kapitel über Nina angesprochen haben, war die zwischen dem Verhalten eines Kindes und den Mustern, mit denen dieses Verhalten gedeutet wird.

Weil Handlungen so stark mit den sie leitenden Einstellungen und Wahrnehmungen verwoben sind, betrachten wir Beobachtung und Selbstbeobachtung gemeinsam. Ein Teil des eigenen Handelns läßt sich nur über die Wirkung dieses Handelns auf andere erfahren. Die Beobachtung der Schüler dient so letztlich der Vergewisserung über sich selbst und ist ein dazu notwendiger Zwischenschritt. Anders als bei der Beobachtung zu Beurteilungszwecken geht es hier also um die Beurteilung des eigenen Handelns.

Im Alltag ist die Frage, warum ein bestimmtes Kind eine bestimmte Aufgabe nicht verstanden hat, nicht einseitig der Disposition des Kindes zuzuschreiben, sondern eben auch der der Lehrperson. In der noch allgemein üblichen Zeugnis-Praxis wird ein „medizinisches Modell" benutzt: Die Ursachen für ein Verhalten liegen danach immer beim Klienten – und nicht beim Arzt. Wir gehen dagegen von einer Wechselbeziehung von Schüler und Lehrer oder Lehrerin aus. Dies läßt sich auch am Beispiel einer „Störung" deutlich machen. Während das „medizinische Modell" allein die Störung und das störende Kind in das Zentrum der Betrachtung stellt, vertreten wir einen Ansatz, wonach eine Störung als Produkt verschiedener Faktoren zu verstehen ist. Anteile daran haben die Person, die stört, die Situation, in der die Störung stattfindet, und ein Beobachter, der die Macht hat, das, was stattfindet, als Störung zu definieren. Ob ein bestimmtes Verhalten eine Störung darstellt oder nicht, bleibt damit offen und kann zu einer Auseinandersetzung zwischen verschiedenen Beobachtern führen. Diese theoretischen Prämissen unterscheiden auch unsere Fragen von denen, die sich vielfach in der Literatur finden lassen.

Die bisherigen Kapitel beschrieben den Unterricht von Lehrenden mit längerer Berufserfahrung. In ihrem Handeln waren Muster erkennbar. Auch Lehranfängerinnen handeln nach Mustern. Sie stammen wahrscheinlich zum größten Teil aus der eigenen Schulzeit und sind von daher sicher von jenen Lehrerinnen beeinflußt, die man mochte, die man als „normal" erlebte, oder von jenen Lehrerinnen, von denen man sich auf jeden Fall distanzieren möchte. Darüber hinaus hat jede Lehrerin, Referendarin oder Praktikantin ein mehr oder weniger reflektiertes Bild davon, was Kinder sind und wie sie sein sollen, was Unterricht bedeutet und wie sich eine Lehrerin verhalten sollte. Das Praktikum im Rahmen der universitären Erstausbildung beziehungsweise die Beobachtungsphase im Referendariat haben aus unserer Sicht die Funktion, diese vorbewußten Annahmen erkennbar zu machen und eine Auseinandersetzung darüber zu ermöglichen.

In der „Ordnung für Schulpraktika in lehrerausbildenden Studiengängen der Johann Wolfgang Goethe-Universität Frankfurt am Main" liegt der Schwerpunkt im ersten Blockpraktikum in der „Erkundung der Schulwirklichkeit und in ersten Erfahrungen im Unterrichten". Es heißt:

„Im Mittelpunkt steht die Entwicklung der Fähigkeit, Vorgänge in Unterricht und Schule zu beobachten, zu analysieren und kritisch zu reflektieren, um zum Verständnis grundwissenschaftlicher und fachdidaktischer Probleme hinzuführen."[10]

Die Beobachtung von Kindern und die Selbstbeobachtung werden hier nicht erwähnt. Die „Vorgänge in Unterricht und Schule" werden gewissermaßen beobachterunabhängig vorgestellt. Ähnliches gilt für das Referendariat. Orientiert wird auf die Beobachtung von Unterrichtsvorgängen und didaktisch-methodischen Verfahren. Infolgedessen erwarten die Betreuer Aussagen über die Schule, die Klasse, geltende Regeln, einzelne Kinder usw.

---

10) Ordnung für Schulpraktika in Lehrer ausbildenden Studiengängen 1982, S. 6.

Es hat sich vielfach eingebürgert, Studierende und Referendare mit Fragebögen auszustatten. Deren Beantwortung soll helfen, Vorgänge zu beobachten und zu deuten. Ähnliche Fragelisten gibt es für Beurteilungszwecke oder für den Umgang mit schwierigen Schülern. Auch diese gezielten Beobachtungsaufgaben stellen keine Beziehung her zwischen dem Beobachter und dem, was er beobachtet.

Einige dieser Listen enthalten bis zu dreihundert Fragen und Beobachtungsaufgaben. Eine Liste der Universität Regensburg mit dem Titel ,,Die Praktikumsschule" beginnt mit Daten zur Lage und Größe der Schule, zum Einzugsgebiet, zur Architektur der Schule, Zahl der Klassen, der Lehrer und Lehrerinnen, der Altersstruktur, der Kooperation zwischen Elternhaus und Schule, zu aktuellen Problemen in der Schule, zu Notizen aus der Schulchronik.

Sie führt weiter – nun die Klasse im Blick – zum Klassenstundenplan, zur Sitzordnung, zu Klassendiensten, zu Merkmalen der Schulordnung usw. Schließlich kommen als Kategorien die einzelnen Schüler, Inhalte des Unterrichts, Merkmale der Lehrerperson, Faktoren des Unterrichts, Erinnerungen an die eigene Schulzeit, eigene Wahrnehmungen und Gefühle während des beobachteten Unterrichts, unterrichtliche Maßnahmen, Beobachtungen zur Leistungsfähigkeit, Sozialformen im Unterricht, Krisensituationen, Differenzierungsmaßnahmen, Umgang mit ausländischen Schülern usw.

Armin Krenz gibt für eine Gruppenbeobachtung zur Erfassung von Gruppenprozessen die folgenden Fragen an:

- ,,Wer spielt mit welchem Kind?
- Wer spielt allein?
- Wie lange bleibt jede Untergruppe zusammen?
- Welche Aktivitäten/Spiele werden gewählt?
- Wer übernimmt die Initiative?
- Wer stört in der Gruppe? Wie wird die Gruppe gestört?"[11]

Was hat man wirklich erfahren, wenn man alle dreihundert Fragen aus der ,,Praktikumsschule" beziehungsweise die Fragen zur Gruppenbeobachtung beantwortet hat? Es geht darum, in einer Vielzahl von Faktoren, die Unterricht in irgendeiner Weise beeinflussen, jene zu erkennen, die man vielleicht als Schlüsselfaktoren bezeichnen kann, oder anders gesagt: die, die typisch sind oder exemplarisch. Die Antworten auf die Fragen allein führen zu keinem Ergebnis. Sie bedürfen vielmehr einer Interpretation: Was war wichtig und warum? Fragen können ein Hilfsmittel sein zur Beobachtung und zum Verstehen einer Situation – mehr allerdings nicht.

---

11) Krenz 1994, S. 54.

An den von Armin Krenz gestellten Fragen läßt sich ein Zweites deutlich machen. Gruppenprozesse sind Prozesse in der Zeit. Sie haben – mehr oder weniger leicht erkennbar – einen Anfang, einen Verlauf und ein Ende. Die von Krenz gestellten Fragen liegen nun quer zu dieser zeitlichen Dimension. Sie legen von außerhalb gewissermaßen Sonden in den Prozeß hinein und messen – um im Bild zu bleiben – zu bestimmten Zeitpunkten die Temperatur. Sie fragen aufgrund bestimmter theoretischer Vorannahmen, ob sich in dem Prozeß bestimmte Merkmale von Gruppenprozessen finden lassen. Unterstellt wird dabei zum Beispiel, daß es wichtig sei, wie lange eine Gruppe zusammenbleibt, wer die Initiative übernimmt, ob die Gruppe gestört wird usw.

Ein komplexer Vorgang, nämlich der Interaktionsprozeß in einer Gruppe, wird hier auf das Vorhandensein von Merkmalen untersucht, die unabhängig von dieser Gruppe, zum Beispiel aufgrund einer Theorie der Gruppendynamik, vorhanden sind oder nicht. Von den vielen Verzweigungen, Verästelungen und Nebenthemen der Interaktion interessieren nur jene, die in bezug auf die Merkmale relevant erscheinen. Die Fragebögen wiederholen hier eine Methodik, die in der Regel in der Unterrichtsforschung Anwendung findet. Dabei werden komplexe Situationen durch ein Sieb gedrückt, mit dem Ziel, bestimmte Merkmale dieser Situationen so herauszufiltern, daß sie quantifizierbar werden.

Bleiben wir noch bei den Fragen zur Gruppenbeobachtung. Gesetzt den Fall, eine Antwort lautete, daß ein bestimmtes Kind allein spielt. Es wäre sicher fahrlässig, dieses Kind aufgrund der einen Beobachtung als „Einzelkind" zu etikettieren. Notwendig wären also weitere Beobachtungen unter der Frage: Spielt es immer allein? Im Sinne der Aufgaben hieße dies: Das Kind bliebe das gleiche, die Situation würde variieren. Diese Fragestellung bedeutet, a) sowohl das Kind auf ein einziges Merkmal zu reduzieren als auch b) die übrige Gruppe. Unterstellt würden eine – zumindest – relative Unabhängigkeit von Kind und Gruppe und ein jeweils konstantes, sich wiederholendes Verhalten. Bei einer genügenden Anzahl von derartigen Experimenten würde man zum Beispiel sagen: Dieses Kind spielt allein, ist ein „Einzelkind". Das Beobachtungsinteresse, daß zu dieser Aussage führte, beruhte darauf, Wiederholungen eines bestimmten Verhaltens festzuhalten.

Aus unserer Sicht sind sowohl die Reduktion auf je ein Merkmal problematisch als auch die Unterstellung eines konstanten Verhaltens und schließlich die, zwischen Gruppe und Kind scharf trennen zu können.

Unser Forschungsprojekt ist nicht an Wiederholungen interessiert, sondern an Ähnlichkeiten, Varianten, Tendenzen.

Wir schrieben häufig Situationen auf, deren Bedeutung wir erst später, im nachhinein, erkennen konnten. Unser Versuch, uns auf Situationen einzulassen und sie gerade nicht vorweg durch die Bildung von Beobachtungskategorien in jene Schubladen zu stecken, die uns interessierten, beziehungsweise in jene, die wir bewußt übersehen wollten, hatte eine Frage im Hintergrund, die bei aller Unterrichtsforschung immer leicht übersehen wurde und wird: Welche der vielen Wechselwirkungen sind denn für den Verlauf von Lernprozessen sowohl im Unterricht als in den langfristigen Lernbiographien der Kinder von Bedeutung? Also: Gibt es so etwas wie Knotenpunkte in diesem Netz? Wo schlägt Quantität in Qualität um? Bedeutet die gleiche Situation für verschiedene Kinder etwas Verschiedenes? Die Fragen lassen sich weiter fortsetzen. Wir möchten noch eine hervorheben, nämlich die nach Konstanz beziehungsweise Veränderung des Kindes: Ist – so läßt sich fragen – der Pit des 3. Schuljahres noch die gleiche Person wie das Kind des 1. Schuljahres, oder hat die Schule dazu beigetragen, ihm ein anderes Selbst- und Weltbild zu ermöglichen? Und: Gibt dieses neue Bild dem Kind mehr Möglichkeiten, sich zu bilden, oder schneidet es Möglichkeiten ab?

Eine naheliegende Wechselwirkung liegt in der Beziehung zwischen Lehrerin und Kind. Wir werden am Beispiel des Jungen Said einigen Aspekten der Beziehung zwischen der Lehrerin und dem Schüler nachgehen.

## 3.2 Konflikte mit Said

Jede Lehrerin beobachtet intuitiv die Vorgänge in der Klasse. In vielen Fällen bewertet sie diese auch gleichzeitig. Konflikte kann es geben

- zwischen den Kindern
- oder zwischen Lehrerin und einem Kind beziehungsweise mehreren Kindern.

In beiden Fällen dürfte die Intervention der Lehrerin zum Ziel haben, erzieherisch tätig zu werden, eine Konfliktlösung zu suchen und Konfliktursachen zu erkennen. Die Konfliktlösung funktioniert auch nur, wenn sie allen Beteiligten als ,,gerecht" erscheint. Das ist ein Anspruch, der schwer zu erfüllen ist. Denn eine objektive Beobachtung und Bewertung der Vorgänge ist kaum möglich. Häufig ist die Lehrerin – bewußt oder unbewußt – Teil des Konfliktes.

Eine der einfachen und von Kindern sehr sorgfältig registrierten Ungerechtigkeiten der Lehrerin besteht darin, daß sie gegenüber einzelnen Kindern vorgefaßte Meinungen hat und sie deshalb unterschiedlich behandelt. Deshalb wird manchmal der Falsche bestraft, deshalb darf ein Kind sich häufig Verhaltensweisen erlauben, die ein anderes nicht darf. Ein weiteres Problem ist: Die Lehrerin wird oft erst dann auf Situationen aufmerksam, wenn diese eine bestimmte Reizschwelle überschritten haben. Zum Beispiel: Eine Gruppe von

Kindern schwätzt ununterbrochen. Erst bei einer bestimmten Lautstärke wird dies von der Lehrerin wahrgenommen. Es gehört zum Alltagswissen von Lehrerinnen, daß es dann ganz bestimmte Kinder sind, die diese Reizschwelle überschreiten. Diese werden dann häufig für etwas getadelt, wofür sie eigentlich nicht in erster Linie verantwortlich waren.

Das Problem läßt sich prinzipiell nicht vermeiden. Wir möchten Sie mit den folgenden Szenen aber einmal darauf aufmerksam machen, wie häufig und in welch unterschiedlichen Situationen Wahrnehmung und Bewertung durch die Lehrerin gewissermaßen den „Falschen" treffen, und wir möchten Sie damit anregen, über Ihre Wahrnehmungs- und Beurteilungsgewohnheiten von Kindern nachzudenken.

In vielen Fällen ist es so, daß eine Situation erst durch die Interaktion der Lehrerin zum Konflikt wird.

15.09.1989

*Die Lehrerin kommt: „Ich helf dir mal, ich zeig dir, wie man das macht", und reißt für Said ein Blatt ab.*

Kurz zuvor hatten wir notiert:

*Said geht zu dem Tisch mit dem Computerpapier und reißt ein Blatt ab. Er kann das.*

Eine der vielen Aktivitäten, die Said an diesem Tag verfolgte, bestand darin, Flieger zu basteln. Gegenüber anderen Jungen profilierte er sich als Experte für Flieger. Said brachte Singh und anderen bei, wie man einen Flieger faltet. Dazu gehörte auch, das Papier abzureißen. Für Said war das Basteln der Flieger mehr als ein Spiel. Als Experte und Lehrer für Flugzeuge bekam er die Bewunderung anderer Jungen zu spüren. Er schrieb sogar seinen Namen auf seinen Flieger und auch den Namen von Jochen auf das Flugzeug, das Said für Jochen gebastelt hatte. Dies führte zu einem kleinen Konflikt in der Pause auf dem Schulhof, an dem sich aber auch zeigen läßt, wie die beteiligten Jungen diesen Konflikt lösten:

*Said nimmt Jochen das Flugzeug weg und sagt: „Ich hab das doch gemacht." Klaus zu Said: „Dann versuch mal, hier zu lesen" (den Namen auf dem Flugzeug, da steht „Jochen" drauf).*

*Jochen zu Said: „Immer wenn ich will, mußt du es mir wiedergeben."*

Wem das Flugzeug gehört, ist ein wenig unklar. Said hatte es gebaut, Jochens Name stand darauf, er hatte es eigentlich Jochen geschenkt. „Immer wenn ich will, mußt du es mir wiedergeben" läßt sich nun als ein Kompromiß verstehen, der aus der Sicht eines Erwachsenen wenig logisch ist. Er unterscheidet Besitzer (Jochen) und Nutzer (Said) und gibt dem Besitzer das Recht, permanent zu entscheiden, wer das Flugzeug nutzen darf. Aber beide Kinder waren mit der Lösung zufrieden, und ihre Konfliktlösung war originell. Ein Eingreifen eines Erwachsenen hätte die Situation sicher nur komplizierter und konfliktträchtiger machen können. Diese – oft notwendige – Zurückhaltung betrifft auch Hilfeleistungen durch die Lehrerin. Oft sind sie überflüssig und stören eigentlich einen Lernprozeß. Darüber hinaus enthält Hilfeleistung auch die Botschaft: „Das kannst du nicht."

*Singh will für sich ein Blatt abreißen. Said: „Mann, das kannst du nicht." Er reißt für ihn das Blatt ab.*

Kurze Zeit später versucht Singh es noch einmal.

*Said reißt das Blatt ab, Singh will helfen, doch Said läßt ihn nicht. Die Lehrerin kommt und hilft.*

Deutlich wird: Said konnte etwas, was die Lehrerin ihm nicht zutraute. Sie störte ihn dabei, diese Fähigkeit den anderen Kindern gegenüber zu nutzen. Vermutlich griff sie in der Szene, in der Said Singh nicht mitmachen ließ, auch deshalb ein, weil sie einen Konflikt zwischen den beiden befürchtete. Wahrscheinlich aber zu unrecht, denn die Szene auf dem Schulhof zeigt, daß die Jungen durchaus zu eigenständigen Konfliktlösungen fähig waren.

Für die Beziehung zwischen Said und seiner Lehrerin scheint uns wichtig, daß Saids Selbstbewußtsein sehr stark von dem Gefühl geprägt war: „Ich kann es alleine". Die Lehrerin wiederum hatte – vielleicht weil dies zum Lehrerinnenberuf gehört – das Gefühl, Said helfen zu müssen. Die gegenseitigen Erwartungen standen in einem Widerspruch zueinander.

> **In welchen Situationen helfen Sie? Warten Sie ab, bis die Kinder um Hilfe bitten, oder suchen Sie selbst nach Hilfsmöglichkeiten? Fällt es Ihnen schwer, Situationen zu ertragen, in denen Ihre Klasse allein arbeitet und Sie nicht zu benötigen scheint?**

Said hatte an diesem Tag aus der Sicht der Beobachter viel gearbeitet. Er hatte eine Waage in eine Balance gebracht, Flugzeuge gebastelt, Beziehungen aufgebaut, gerechnet, geschrieben, gemalt, und er hatte, das sagte er gleich auf der Straße, „Lust zur Schule".

*10.12 Uhr: Lehrerin: „Jedes Kind malt jetzt ein Blatt am Tisch. Es ist jetzt Arbeitszeit. An die Plätze bitte." Said schiebt seinen Stuhl an seinen Platz. Wie angeordnet, legt er das Flugzeug in die Lade, turnt über die Stühle zurück.*

*10.13 Uhr: Said guckt sich die Blätter an. Er dreht sich auf einem Bein, legt mehrere Blätter zusammen, springt über einen Stuhl. Singt vor sich hin, ziemlich laut. Lehrerin: „Wer ist da denn so laut?" Said grinst.*

*10.15 Uhr: Said: „Frau Walter." Er nimmt sein Heft aus der Tasche. Die Lehrerin steht bei ihm und schreibt ihm eine Schreiblinie vor: „Du kannst das mit verschiedenen Farben machen." Die Kinder sollen Schwungübungen machen.*

*10.17 Uhr: Said zieht Linien (ca. 10 Sekunden), spricht mit Singh, malt auf seiner Hand. Die Lehrerin holt Singh an einen anderen Tisch.*

*10.18 Uhr: Said spricht mit Jan, zeigt ihm seinen Radiergummi aus der Mappe (der Radiergummi ist bemalt): „Mein Mäppchen ist so. Zeig mal deins."*

*10.19 Uhr: Der andere Teil der Kinder, die Waffeln gebacken haben, kommt mit den Waffeln.*

*10.20 Uhr: Said schreibt wieder (5 Sekunden), guckt zu, wie die Kinder die Waffeln auf den Tisch stellen. Jan: „Ich esse 12 Stücke." Said: „Ich esse 20 Stücke."*

*10.21 Uhr: Said schreibt wieder (10 Sekunden) Die 2. Reihe ist fertig.*

*10.22 Uhr: Jan: „Wer ist ein Idiot." Said schreit „Nein!"*

*Özgül kommt dazu. Özgül und Jan necken sich. Sie sprechen über Heiraten. Özgül malt an der Wandtafel eine große 8 an. Said: „Man macht das so." Er zeigt die flüssige Bewegung der 8.*

*10.23 Uhr: Said schreibt wieder – 3 Linien. Er nimmt mehrere Stifte in eine Hand, beteiligt sich an dem Gespräch zwischen Özgül und Jan. Jan steigt auf den Stuhl. Said hört den Neckereien der beiden zu, guckt herum.*

*10.25 Uhr: Said schreibt wieder. Die 3. Reihe ist fertig. Die Studentin kommt: „Toll, Said kann so toll schreiben." Said klappt das Heft zu.*

*10.26 Uhr: Jan hat mit Filzstift einen Strich über den Rücken von Saids Heft gemalt. Der tut so, als ob er mit mehreren Wachsmalstiften auf Jans Blatt herumfahren wird. Zieht dann einen Strich mit nur einer Farbe. Darüber gibt es keinen Streit.*

*10.28 Uhr: Lehrerin: „Achtung, Achtung, eine Durchsage. Alle Kinder den Mund zu. Alle Kinder, die fertig sind, in den Kreis." Said packt sein Heft ein. Setzt sich in den Kreis neben Hannes. Er umarmt Hannes, der eher zurückweicht.*

*10.29 Uhr: Lehrerin: „Said, ich möchte sehen, was du gearbeitet hast." Said: „Was du mir gezeigt hast." Er macht keine Anstalten, das Heft aus der Tasche zu ziehen. Lehrerin: „Wieviel du gearbeitet hast?" Said holt nun Mappe und Heft aus der Tasche und zeigt der Lehrerin, wieviel er gearbeitet hat.*

*10.30 Uhr: Said beginnt weiterzuschreiben, er fängt eine neue Reihe an. Lehrerin zu Jan: „So mag ich das nicht" (der von Said durchs Blatt gezogene Strich ist gemeint). Zu Said: „Du hast nicht sehr fleißig gearbeitet, du hast mit Jan Unsinn gemacht."*

Ganz falsch war die Beobachtung der Lehrerin nicht. Das Schreiben war begleitet von einer größeren Zahl anderer Aktivitäten. Aber zutreffend war die Bewertung auch nicht. In acht Minuten hatte Said die angeordneten Schwung-übungen erledigt. Auffallend auch der Widerspruch zwischen der Bewertung der Studentin *„Toll, Said kann so toll schreiben"* und der der Lehrerin: *„Du hast nicht sehr fleißig gearbeitet."* Vermutlich hat die Lehrerin Said strenger beurteilt als andere Kinder. Daß sie Singh an einen anderen Platz setzte, geschah aufgrund der Annahme, daß Said und Singh zuviel miteinander spra-chen und zu wenig einzeln arbeiteten. Es hatte bis zu dieser dritten Schulwoche auch bereits einen Konflikt mit Said gegeben, der zu einem Gespräch mit seinem Vater geführt hatte. Am 08.09.1989 hatten wir notiert: *„Die Studentin unterhält sich mit Saids Vater und erklärt ihm, daß Said nicht so viel toben soll."*

Nun kann man sagen, daß die Lehrerin zu Recht ein Auge auf Said behielt. Denkbar ist aber auch, daß erst durch ihre besondere Aufmerksamkeit die Beziehung zwischen ihr und Said – übrigens durch alle vier Schuljahre hin-durch – konflikthafter blieb als mit anderen Kindern.

Eine Lehrerin, Ellen Wolf-Marsilius, die unser Protokoll dieses Tages (15.09.1989) interpretierte, schrieb unter der Frage „Wie nimmt die Lehrerin Said wahr?":

,,Said ist Individualist. Er frühstückt, wenn die anderen Schüler aufgehört haben. Er klatscht, wenn alle nicht mehr klatschen. Er nimmt sich Zeit, aus der Pause zurückzukommen. Alle sitzen im Kreis, nur Said nicht. Alle stehen auf, nur er bleibt sitzen. Er setzt sich auf die Stühle der anderen Schüler. Er schreibt weiter, wenn alle aufhören sollen. In den wenigen Wochen gemeinsamer Schulzeit hat die Lehrerin bestimmt schon eine Reihe Regelverletzungen Saids zum Gegenstand von Auseinandersetzungen gemacht. Said hat bereits durch sein provokatives Verhalten einen bestimmten Ruf in der Klasse. Es ist zu vermuten, daß der Übergang zwischen ausgeprägtem Individualismus und bewußt eingesetzter Provokation fließend ist. Möglich ist auch, daß Said schon zu Beginn provokativ gehandelt hat oder die Lehrerin schon auf Said ,,abgefahren" ist, noch ehe er im strengen Sinne provokativ handelte. Fest steht, daß schon fortgeschrittene, sehr komplizierte Beziehungsmuster aus den Beobachtungen herauszulesen sind und gegenseitige Erwartenshaltungen greifen."[12]

Wir können die Frage, ob Said schon zu Beginn provokativ gehandelt hat oder die Lehrerin ihm von vornherein mit einem Vorurteil begegnet ist, so wenig beantworten wie jede Lehrerin, die nach Ursachen für konflikthafte Beziehungen sucht. Die Mechanismen gegenseitiger Erwartenshaltungen lassen sich allerdings analysieren und durchbrechen, auch wenn man die Ursachen nicht genau kennt.

> **Auf welches Kind achten Sie besonders? Mit welchem Kind sind Sie strenger als mit anderen?**

Ellen Wolf-Marsilius vermutete die folgende Konstellation:

,,Es fällt auf, daß arabische oder türkische Knaben vermehrt mit der weiblichen Lehrkraft als Identifikationsfigur in Konflikt geraten. Gerade in Familien, in denen tradierte Zuschreibungsprozesse der Geschlechterrollen noch streng gelebt werden, kennen die Jungen keine weiblichen Personen, die eine Autorität für sie abgeben. Es kostet enorme Reflexionsprozesse seitens der Lehrerin, um die Beziehungskonstellationen damit nicht ungebührlich zu belasten. Die Chancen für die Lehrerin, das aufzufangen, werden noch dadurch geschmälert, daß das Verhaltensrepertoire islamischer Kinder gekennzeichnet ist durch außerordentliche Sprunghaftigkeit. Sie leben oft mit sechs Personen in einer Zweizimmerwohnung und haben nur wenig Rückzugsmöglichkeiten und sogar selten persönliche Arbeitsmaterialien und Spielsachen. Ein aufregend gestalteter Schulraum läßt sie zunächst einmal mit allem umgehen wollen. Dies wird fälschlich als mangelndes Konzentrationsvermögen interpretiert.

---

12) Wolf-Marsilius 1990.

Said ist flippig. Er unterbricht permanent seine Tätigkeiten. Bei den Schreibübungen kann man das deutlich belegen. Er ist aber interessiert, die ihm gestellten Aufgaben zu erledigen, und er erledigt sie offensichtlich auch. Said weiß, daß er etwas kann. Er will aber auch lesen, schreiben und rechnen lernen, denn er will gut sein, besser als andere, um seine Machtposition unangefochten in der Klasse vertreten zu können. Trotzdem kann man sich anhand des Protokolls unheimlich gut vorstellen, wie er die Lehrerin nervt, und wie große Schwierigkeiten sie hat, das, was er alles gut kann, angemessen wahrzunehmen."

Said, interpretiert Wolf-Marsilius, akzeptiert nicht die Autorität der Lehrerin. Er ist, heißt es anderer Stelle, ein Individualist. Unabhängig von der Tatsache, daß Said in einer islamischen Kultur aufgewachsen ist, läßt sich diese Beziehungskonstellation verallgemeinern. Ein Konflikt kann entstehen, weil die Schülerinnen oder Schüler nicht das leisten beziehungsweise sich nicht so verhalten, wie es die Lehrerin aus pädagogischen oder didaktischen Gründen für richtig und angemessen hält. Ein Konflikt kann aber auch dadurch entstehen, daß sich unabhängig von einem konkreten Verhalten des Kindes eine Art Machtauseinandersetzung zwischen Kind und Lehrerin entwickelt.

Die Lehrerin hat – bei aller Offenheit und Freundlichkeit – vom ersten Tag an bewußt und unbewußt die Führung übernommen. Sie war, auch angesichts der vielen anderen Erwachsenen in der Klasse, ,,der Boss". Said, wie andere Kinder, versuchte sich gegenüber Mitschülern als ,,Boss" zu profilieren. Die Autorität der Lehrerin war für fast alle unhinterfragt, auch dann, wenn sie Unsinn machten. Dies galt im konkreten Verhalten auch für Said. Er guckte zur Lehrerin, bevor er das Flugzeug durch die Klasse warf, er legte es weg, als sie ihn dazu aufforderte. Aber durch alles angepaßte Verhalten hindurch blieb so etwas wie die Botschaft stehen, eigenständig zu sein, die Anforderungen nur zu erfüllen, weil man keine andere Wahl habe usw. Anders gesagt: Ein individualistisches Kind wie Said hält die ,,Machtfrage" permanent offen. Viele konkreten Auseinandersetzungen zwischen Lehrerin und Said enthalten gleichzeitig die Frage: Wer von uns ist mächtiger?

---

**Gibt es ein Kind in Ihrer Klasse, mit dem Konflikte zu Machtfragen werden? Wenn ja, worin sehen Sie die Ursache?**

---

02.04.1993

*Es gibt einen Konflikt zwischen Said und Nina. Beide sagen, das ist mein Hahn. Es geht um einen Hahn, den sie bei einer anderen Lehrerin im Zeichenunterricht angefertigt haben. Said behauptet, Nina hätte absichtlich seinen Hahn genommen und weiter an ihm gearbeitet. In einem längeren Gespräch stellt sich heraus, daß Rebecca Ninas Hahn weiterbemalt oder auch mit nach Hause genommen hat.*

*Said, der seinen Hahn gesucht und Nina im Verdacht hatte, ihn genommen zu haben, hat aus lauter Ärger nicht weitergearbeitet. Die Lehrerin reagiert so: „Das kann ja alles sein, aber deshalb braucht man nicht so eine Show machen. Solche Verwechslungen kommen vor, und dann ist man nicht so grantig wie du. (An Said) Du hast nämlich dann auf diese Art und Weise vor lauter Ärger noch nicht mal deinen Hahn angemalt. Den Hals kann man ja anmalen, ohne daß er da drin steckt – oder? Und seinen Schwanz kann man auch vorbereiten. Aber dann hast du dich hingesetzt und hast überhaupt nichts gemacht. Und Nina hat es nicht aus bösem Willen gemacht, sondern wirklich geglaubt, daß es ihr Hahn ist. Und dann hab ich gesagt, du kannst ja inzwischen alles andere fertig machen, und da hast du gar nichts gemacht. Also, das Problem haben wir jetzt nicht mehr. Und ich danke der Nina, daß sie hier nicht motzt, sondern das so akzeptiert. Vielen Dank, Nina. Außerdem hat sie einen Superhahn. Und deiner ist jetzt noch nicht fertig, das kommt vom vielen Motzen."*

Die Szene zeigt einerseits die Vorstellungen der Lehrerin von prosozialem Verhalten, sie wirft aber auch ein Licht auf die Beziehung zwischen Lehrerin und Said. Schauen wir uns zunächst an, was die Lehrerin Said vorwarf:

- Auch wenn man recht hat, braucht man sich nicht aufzuregen.
- Wenn man sich aufregt, kann man nicht weiterarbeiten.
- Wenn der ganze Hahn nicht vorhanden ist, läßt sich ein Teil fertigstellen.
- Du warst bockig und hast nichts gearbeitet.
- Akzeptiere, daß es Mißverständnisse gibt und sich die Welt nicht immer so darstellt, wie du sie siehst.
- Ich habe dir gesagt, du sollst weiterarbeiten, dennoch hast du nichts getan.

Unabhängig davon, ob diese Tatsachenbehauptungen zutreffen, kann man wohl sagen, daß sie als sachliche Aussagen ihre Berechtigung haben beziehungsweise haben können. Ihre Bedeutung erhalten sie erst aus den letzten Sätzen der Lehrern: *,,Außerdem hat sie einen Superhahn. Und deiner ist jetzt noch nicht fertig, das kommt vom vielen Motzen. "*

Said war sein Hahn außerordentlich wichtig, wohl nicht bloß deshalb, weil er – aus seiner Sicht – so viel Arbeit in ihn investiert hatte, sondern vor allem deshalb, weil er außerordentlich schön war oder werden sollte. Der Hahn war für ihn nicht irgendein Hahn, sondern ein besonderer. Die letzten Bemerkungen der Lehrerin zielen auf diesen Zusammenhang, nämlich auf die Frage: Wer hat den schönsten Hahn? Und sie signalisierte Said, daß sein Hahn noch nichts war. ,,Wenn du also meinst", so ließe sich die Botschaft der Lehrerin an Said übersetzen, ,,dein Hahn sei etwas Besonderes, so irrst du dich." Sie vermittelte ihm ebenfalls die Botschaft: „Und für einen Hahn, der gar nichts besonderes ist, braucht man sich nicht aufzuregen. Bescheide dich also!" Typisch für die Lehrerin erscheint uns aber auch die im letzten Satz enthaltene dritte Botschaft. Sie lautet: „Wenn du dich jetzt anstrengst, kann es aber noch ein schöner Hahn werden."

Said erfährt also eine doppelte Botschaft. Einerseits wird ihm gesagt, daß er noch nicht das geleistet hat, was er selbst glaubt, geschafft zu haben. Er wird also in seinem Selbstverständnis abgewertet. Andererseits wird ihm vermittelt, daß er die Chance hat, die Sache doch noch gut zu machen. Unverkennbar ist aber auch die Aufforderung, sich einzuordnen, sich unterzuordnen und sich selbst nicht so wichtig zu nehmen. Das heißt auch: Versuche nicht, dich mit mir auf einen Machtkampf einzulassen.

Aus welchem – auch rollenspezifischen – Lebensgefühl heraus Said agierte, wird an der folgenden Situation deutlich, die sich im 3. Schuljahr ereignete. In dem Gespräch mit Gertrud Beck wird sowohl sein selbstbewußter Umgang mit Erwachsenen sichtbar als auch jene Haltung, die ihn (fast) alle Konflikte mit der Lehrerin relativ unbeeindruckt hat erleben lassen.

## 31.01.1992

*Said fragt, ob ich auch „Abenteuerbücher" habe. Ich erzähle, daß ich als Kind viele Abenteuerbücher gelesen habe. Said hat sich zwei Bücher über den kleinen Seeräuber von Irene Rodrian in der Stadtbibliothek ausgeliehen. „Soll ich dir mal zeigen?" fragt er und sucht sich im Inhaltsverzeichnis die Geschichte „Die einsame Insel" heraus und schlägt sie auf. Er zeigt mir das Bild vom kleinen Seeräuber mit dem Löwen. Ich erzähle, daß ich mir als Kind immer einen großen Schäferhund gewünscht habe, der sollte mir immer helfen, wenn mir jemand was antun wollte.*

*Ole hört bei unserem Gespräch zu. Said deutet auf Ole: „Sein echter Vater hat einen Hund", erzählt er, und einmal, wie Said Ole geschlagen hat, hat der Hund zu bellen angefangen. Ole nickt. Singh schaltet sich ein und erzählt von zwei Hunden in Indien, einer heißt Roxi und einer Mini. Said erzählt, daß sein Vater in Afghanistan einen Hund hatte. Und daß es in Afghanistan einen Hund gibt, den es sonst „auf gar keinem Land der Welt" gibt. Er sucht nach dem Namen dieser Rasse, „Tasi, ja Tasi", sagt er. Dann erzählt er, daß es in Afghanistan auch „Tigers" gibt, und daß sein Vater mit 18 Jahren, mit anderen zusammen, die 17 oder 19 waren, in den Bergen war und sich verlaufen hat. Und da kam ein Tiger und wollte sie fressen. Und dann – leichtes Zögern, dann ein schneller Schluß der Geschichte: hat er das Gewehr genommen und ihn erschossen.*

*„Soll ich dir mal sagen, was es bei uns alles gibt?" Er soll. „Löwen, Tigers, Bären, Schafe, Esel, größere Pferde als hier, größte Pferde in Arabien, Bären, Schlangen, Leoparden, Geparden." Auf meinen zweifelnden Blick hin: „Ein bißchen weniger*

*(Geparden gibt's inzwischen nicht mehr), weil die Afghanen die schon getötet haben. Kaum Dschungels. Manchmal kommt aus den Bergen Wasser raus, Wasserfälle, Papageis, sprechende." Dann als Erklärung zu dem Bild vom kleinen Seeräuber mit dem Löwen: „Der Junge hat ihn aufgezogen. Wenn ich 20 bin, kauf ich mir einen Geparden. Wenn die Mama weg ist, kann man ihn aufziehen." Er ahmt das Gebrüll nach. „Bei uns gibt's auch ganz schwarze." „Panther?" „Ja, Panther!" Ich frage nach, wo Said denn seinen Geparden halten will. Er sagt, daß sie in Afghanistan ganz viel Wald haben. Da könne der Gepard drin frei laufen."*

Weil diese Szene unseres Erachtens wichtig ist für das Verständnis der Art und Weise, in der Said sich und seine Welt sieht, haben wir sie unabhängig voneinander interpretiert:

### Gertrud Beck:

Said ist in seiner Welt stark, oder er will stark sein und versucht alles, diese Stärke darzustellen. Der Vater konnte schon als Junge mit einem Tiger fertig werden, und so sieht Said sich auch selbst: Stark, furchtlos, aber auch in einer schönen Welt voller herrlicher Tiere, mit denen er umgehen und fertig werden kann. Ein bißchen Konkurrenz steckt auch darin (Said und Singh haben ihre Konkurrenzgefühle oft über ihre Heimatländer und deren Tierreichtum ausgetragen, denn Said kam aus Afghanistan und Singh aus Indien).

Die Lehrerin scheint für Said eine Art „Bewährungsprobe", eine Möglichkeit zu zeigen, wie stark, furchtlos und unabhängig er ist. Zugleich hat er diese Welt in der Schule mit ihren Spiel- und Lernmöglichkeiten und Anforderungen aber auch immer akzeptiert als reiche Welt der Angebote und Herausforderungen, die er glaubt, auf jeden Fall bewältigen zu können. Sicher steckt in diesem Verhalten viel Wunschdenken, aber auch viel Glaube an sich selbst und die eigenen Fähigkeiten.

### Gerold Scholz:

Said ist in seiner Welt stark. Die größeren Brüder haben alle Gewehre und können, wenn es denn notwendig ist, auch schon mal einen Tiger mit bloßen Händen umbringen. Said wird, wenn er erst älter ist, damit auch keine Probleme haben. So einer läßt sich zwar auf Konflikte ein und muß auch öfter Niederlagen einstecken, aber deshalb unterkriegen läßt er sich nicht.

Man kann auch sagen: Said entzog sich ein ganzes Stück der (pädagogischen) Verfügbarkeit durch die Lehrerin. Dies stand in einem gewissen Widerspruch zu den bewußten und unbewußten Intentionen seiner Lehrerin. Anders gesagt: Said folgte zwar in fast allen Fällen den Anweisungen der Lehrerin. Ob er ihnen aber folgte aus Einsicht oder nur deshalb, weil er akzeptieren mußte, daß die Lehrerin nun einmal in der stärkeren Position war, ließ sich oft schwer entscheiden. Er behielt seinen „eigenen Kopf".

> **Wie interpretieren Sie diese Szene? Haben Sie ein Kind in Ihrer Klasse, von dem Sie das Gefühl haben, nicht richtig an das Kind „heranzukommen"? Können Sie das akzeptieren?**

Eine weitere mögliche Ursache für die Konflikte zwischen Said und Lehrerin könnten in einem fundamentalen Mißverständnis zu suchen sein. Wir meinen die folgende, oben bereits zitierte Szene:

*Lehrerin: „Said, ich möchte sehen, was du gearbeitet hast." Said: „Was du mir gezeigt hast." Er macht keine Anstalten, das Heft aus der Tasche zu ziehen. Kurzes Schweigen auf beiden Seiten. Lehrerin: „Wieviel du gearbeitet hast?" Said holt nun Mappe und Heft aus der Tasche und zeigt der Lehrerin, wieviel er gearbeitet hat.*

Said zwang die Lehrerin zu einem Begründungswechsel für die Aufforderung, das Heft zu zeigen. Sie mußte umstellen vom „was" auf das „wieviel". Mit dem „was du gemacht hast" unterstellte sie, daß es keine übereinstimmende Auffassung über die Funktion von Schule zwischen ihr und Said gab. Dagegen wehrte sich Said. Für ihn war Schule eine Einrichtung, in der man lernen darf, und er unterstellte, daß er in dieser Hinsicht mit der Lehrerin übereinstimmte.

Said wußte, daß er auch manchmal Quatsch machen wollte, daß er das nicht sollte, und er akzeptierte, wenn die Lehrerin dann schimpfte. Er unterstellte ihr aber, daß sie wußte, daß er lernen wollte. Folglich brauchte das „Was" nicht kontrolliert zu werden, denn wenn er nicht wußte, was er machen sollte, würde er sie schon fragen. Und sie würde ja wohl wissen, was er machen sollte.

Said erfuhr nun, indem nach der Menge gefragt wurde, daß die Lehrerin seiner Ausdauer, seiner Anstrengungsbereitschaft nicht ganz traute. Das mußte er belegen, nicht aber, daß er lernen wollte. Nur dazu hat er sein Heft wieder aus der Tasche genommen.

Man kann es auch so sagen: Said war fähig, eigene Situationsdeutungen vorzunehmen, und das stellte die Definitionsmacht der Lehrerin in Frage, allein über die Bedeutung dessen zu entscheiden, was in der Klasse geschah.

Said blieb mißtrauisch gegenüber der Lehrerin, weil er nicht verstehen konnte, warum sie nicht wußte, daß er lernen wollte.

> **Versuchen Sie für einzelne Kinder zu formulieren, was deren Verhalten Ihnen aus der Sicht dieses Kindes mitteilen soll. Was vermuten Sie: Wie könnten diese Kinder ihr Verhältnis zur Schule selbst sehen?**

# 3.3 Handlungs- und Deutungsmuster

Wir haben bisher zwei Aspekte des „Selbst" in bezug auf die „Selbstbeobachtung" diskutiert: Die eigene Perspektive der Betrachtung (Was ist ein typisches Sonderschulkind?) und die persönlich bestimmten Erwartungen und Einstellungen gegenüber einem Kind (Konflikte mit Said). Wobei wir nicht abstrakt nach den Deutungsmustern der Lehrerin gefragt haben, sondern im Kontext ihres Handelns in der Schule.

Im Schulalltag hat man kaum Zeit, sich Rechenschaft über die Gründe für das eigene Verhalten zu geben. Das Alltagshandeln geschieht schon immer beeinflußt durch diese beiden Faktoren: Die Persönlichkeit der Lehrerin und ihre Erwartungen an ihren Beruf, sowie die theoretischen Vorannahmen, mit denen sie Situationen interpretiert. Die Vielfalt an Situationen wird zusammengezogen zu Routinen, zu Handlungsmustern, und diese wiederum sind durch Deutungsmuster in dem Sinne abgesichert, daß sich Wiederholungen ereignen können. Auch hier verhält es sich so wie bei den „Eindrücken". Ohne Handlungs- und Deutungsmuster ließe sich nicht unterrichten; aber ohne Nachdenken über diese Routinen erstarrt der Unterricht zur formelhaften Wiederholung.

In diesem Sinne sind Beobachtung und Selbstbeobachtung Aspekte alltäglichen pädagogischen Handelns. Ergebnisse aus den Beobachtungen haben hier nicht die Funktion, Aussagen über eine vom Beobachter getrennte Wirklichkeit zu machen. Sie sind vielmehr Deutungen über die Art der Verwicklung des Beobachters in diese Wirklichkeit. Von daher sind sie auch nicht statisch, nicht repräsentativ und – im klassischen Sinne des Begriffs – auch nicht „objektiv". Die Beobachtung versucht nicht, einen bestimmten Zustand allgemeingültig zu beschreiben, sie versucht vielmehr eine Momentaufnahme soweit zu deuten, wie es notwendig ist, um im nächsten Moment begründet handeln zu können. Die Deutung aufgrund von Beobachtung dient dem Prozeß der Interaktion in pädagogischen Situationen und beschreibt neben pädagogischem Handeln die zweite Dimension pädagogischer Berufstätigkeit.

„Das pädagogische Deuten von Sinnzusammenhängen macht also den zweiten wesentlichen Bereich pädagogischer Tätigkeit aus. Der Pädagoge muß sich durch das, was er beobachtet, und das, was er an fachlichen Inhalten weiß, ein Bild von dem machen, was in der pädagogischen Situation geschieht. Das heißt, daß er die Situation und das Verhalten seiner Adressaten deuten muß, und zwar im wesentlichen hinsichtlich der Lernprozesse, die vonstatten gehen. Diese Prozesse sind in keiner Weise direkt zu beobachten. Letztlich kann der Pädagoge nur die Situation und die Personen beobachten und daraus Schlüsse ziehen. Beobachtungen und Schlußfolgerungen kann er zu einer Deutung verdichten."[13]

Dagegen läßt sich einwenden: Es sei eine Fiktion zu glauben, daß pädagogisches Handeln reflektiertes Handeln sei. Die oben von Koring zitierte Textstelle habe einen idealisierten Lehrer zum Vorbild. Jürgen Henningsen zitiert Sartre: „Wenn ich anfange zu überlegen, ist alles schon entschieden."[14] und schreibt:

„Aus der Art und Weise, wie ein Lehrer konkret handelt, können wir ... ermessen, was ihm wichtig ist und welche Rangordnung er jenen Gesichtspunkten im Handeln zumißt. Nicht als ob nun der Lehrer, mitten in der Situation diese als solche erkennend und aus ihr ‚aussteigend', mit sich zu Rate ginge, Überlegungen gegeneinander aufwöge und eine Entscheidung bewußt herbeiführte. ‚Wenn ich anfange zu überlegen, ist alles schon entschieden', sagt Sartre. Das Handeln ist aber nachträglich explizierbar, und in der hinterherkommenden Reflexion sind die Werte zu erkennen, die dieses Handeln, wie Sartre sagt, ‚wie Rebhühner aufscheucht'".[15]

Man wird Henningsen recht geben müssen, denn in einer pädagogischen Situation läßt sich nicht nicht handeln. Alles, auch der „Ausstieg aus einer

13) Koring 1992, S. 64.
14) Henningsen 1967, S. 55.
15) Henningsen 1967, S. 55.

Situation, um darüber nachdenken zu können", bedeutet in einer pädagogischen Situation eine Handlung und würde zum Beispiel von den Schülern als ein hohes Maß von Betroffenheit oder Unsicherheit oder Zustimmung interpretiert werden können. Insofern bedeutet die Entscheidung nachzudenken bereits eine Handlungsentscheidung, die andere Möglichkeiten ausschließt. Lehrerhandeln im Alltag heißt deshalb, routinisiert und habitualisiert zu handeln.

Für die meisten Situationen verfügen Lehrerinnen über Handlungsmuster, die wiederum mit Deutungsmustern in Beziehung stehen. Dies können sehr persönliche, biographisch bestimmte Muster sein. Sie können ebenso stereotyp sein, einer bestimmten Zeit verpflichtet oder einer Mode – oder einer wissenschaftlichen Theorie usw. Berger/Luckmann schreiben:

,,Alles menschliche Tun ist dem Gesetz der Gewöhnung unterworfen. Jede Handlung, die man häufig wiederholt, verfestigt sich zu einem Modell, welches unter Einsparung von Kraft reproduziert werden kann und dabei vom Handelnden als Modell aufgefaßt wird. Habitualisierung in diesem Sinne bedeutet, daß die betreffende Handlung auch in Zukunft ebenso und mit eben der Einsparung von Kraft ausgeführt werden kann. (…) Habitualisierte Tätigkeiten behalten natürlich ihren sinnhaften Charakter für jeden von uns, auch wenn ihr jeweiliger Sinn als Routine zum allgemeinen Wissensvorrat gehört, zur Gewißheit geworden und dem Einzelnen für künftige Verwendung zuhanden ist."[16]

Habitualisierungen lassen sich als verfestigte Typisierungen beschreiben. Ihre Existenz macht überhaupt Handeln erst möglich, weil sonst die Vielzahl von Entscheidungsmöglichkeiten eine Entscheidung unmöglich machen würde.

Dies wird in einer kleinen Geschichte deutlich:

Ein Rabe hatte sich über einen Tausendfüßler geärgert. Er dachte lange nach, wie er sich an dem Tausendfüßler rächen könnte. Eines Tages fragte er ihn dann: ,,Sag mal, wie machst du es mit deinen tausend Füßen, wenn du gehst? Hebst du zuerst das 999ste Bein und dann das 1. oder umgekehrt? Kannst du mir das erklären?" Der Tausendfüßler begann zum ersten Male in seinem Leben darüber nachzudenken, wie er geht. Er versuchte es dem Raben zu erklären und gleichzeitig seine Füße zu bewegen. Mit dem Ergebnis, daß er unfähig wurde, sich fortzubewegen.

Ohne auf die schwierige Diskussion um die Beziehung von erziehungswissenschaftlicher Reflexion und pädagogischem Handeln einzugehen, können wir zunächst wieder mit Henningsen sagen: Pädagogisches Handeln ist nicht Anwendung pädagogischer Theorie. In der Handlung ist die Theorie integriert. Insofern ist auch Wenigers Begrifflichkeit problematisch, für unseren Zusam-

---

16) Berger/Luckmann 1972, S. 56 f.

menhang jedoch hilfreich.[17) Weniger unterscheidet Theorien I., II. und III. Grades:

„Die Theorie ersten Grades ist die unausdrückliche Anschauung, in der die Wirklichkeit gegenständlich wird, die Voreinstellung, die unausgesprochene Fragestellung, die an die Wirklichkeit und die Aufgabe herangebracht wird, das Gerichtetsein auf Gegenstand und Aufgabe, die schon die erste Ordnung in ihnen vollzieht. Theorie zweiten Grades ist alles, was auf irgendeine Art formuliert im Besitz des Praktikers vorgefunden und von ihm benutzt wird, in Lehrsätzen, in Erfahrungssätzen, in Lebensregeln, in Schlagworten und Sprichwörtern und was es so gibt."[18)

Unter Theorien III. Grades versteht Weniger wissenschaftliche Theorien.

Wenn man akzeptiert, daß zu den „Lehrsätzen und Erfahrungssätzen" wiederum Theoriefragmente aus den wissenschaftlichen Theorien gehören, sich von daher also Wissenschaft und Alltag kaum voneinander abgrenzen lassen, so bietet Wenigers Beschreibung eine Grundlage für das, was man Habitus oder Routine nennen kann. Für Habitualisierungen gilt ebenfalls Henningsens Satz: Dies ist nicht die Anwendung von jenem. Pädagogische Handlungen sind nicht bloße Aktualisierungen habitualisierter Handlungsmuster. Sie lassen sich – unserer Meinung nach – nicht in Schubladen mit unterschiedlichen Aufschriften stecken. Über die in ihnen geronnenen Typisierungen aufgrund von Interaktionssituationen hinaus enthalten sie auch einen Entwurf der eigenen Person, der Person des Gegenübers und der Situation.

Handlungen sind situationsbezogen, personenbezogen und sinnbezogen. Wenigers Formulierung von einer „Anschauung, in der die Wirklichkeit gegenständlich wird" und einer „unausgesprochenen Fragestellung, die an die Wirklichkeit und die Aufgabe herangebracht wird" hilft, Kommunikationssituationen nicht bloß technisch zu betrachten: Handeln geschieht in einem Lebenszusammenhang. Die Summe der Handlungs- und Deutungsmuster, die einem Menschen zur Verfügung stehen, machen weder sein Leben noch seine Person aus. Dort, wo dies geschieht, haben wir Karikaturen vor uns: Zum Beispiel die Karikatur des preußischen Beamten, der ohne Rücksicht auf die Situation den Buchstaben eines Gesetzes und nicht seinem Sinn folgt. Das Beispiel zeigt aber auch, daß Habitualisierungen eine Tendenz zur Verfestigung haben.

Beobachtung und Selbstbeobachtung haben von daher die Aufgabe, die Angemessenheit einer Handlung zu erkunden, indem sie über das schon immer vermeintlich Gewußte hinaus neu fragen, was in der Situation eigentlich der Fall ist.

---

17) Problematisch scheint uns, daß Wenigers Unterscheidung den Eindruck einer klaren Trennung der drei Ebenen nahelegt. Diese Trennung ist nur analytisch.

18) Weniger, zitiert nach Merkens 1984, S. 7 f.

Beobachtung und Selbstbeobachtung sind Aspekte der Professionalisierung pädagogischen Handelns. Sie sind komplementär zu der Entwicklung von Handlungs- und Deutungsmustern, die sich zu Routinen aufbauen. Sie kontrollieren gewissermaßen den Prozeß der Habitualisierung. Sie führen von daher auch nicht zwingend zu besseren oder anderen Techniken des Umgehens mit Schülern. Sie können allerdings bewirken, sowohl die Schüler als auch sich selbst in bezug auf die jeweiligen Grenzen und Möglichkeiten des Verhaltens kennenzulernen, zu verstehen, zu akzeptieren oder zu verändern. Insofern sind sie ein Moment eines Lernprozesses, der zu einem verantwortlichen Umgang mit Kindern führen kann, weil das eigene Verhalten nicht als Reaktion auf einen Reiz erfahren wird, sondern als selbständige oder auch authentische Aktion.

> Versuchen Sie einmal das folgende Spiel: Ein Kind spielt einen Lehrer oder eine Lehrerin. Es kommt in den Raum herein, stellt sich an einen Tisch oder setzt sich auf einen Stuhl. Es darf nicht sprechen. Die übrigen Kinder sollen erraten, welchen Lehrer, welche Lehrerin das Kind nachgespielt hat. Raten Ihre Kinder richtig?

## 3.4 Regeln und Konflikte

Die Examensarbeit von Sandra Kurth „Kinder lernen handelnd – Dokumentation und Interpretation ausgewählter Situationen aus der Anfangsphase eines 1. Schuljahres" führt die folgenden Regeln auf:[19]

„Es bestehen in dieser Klasse verbindliche Regeln, die bei ihrer Einführung und meist auch noch bei ihrer Anwendung mit den Kindern besprochen und erklärt werden. Diese Regeln werden von der Lehrerin gesetzt, um besonders in dieser ersten Phase des Zusammenlebens einen Rahmen zu geben, in dem Spielen und Lernen für alle möglich werden. Im Verlauf der ersten Schulwochen erfolgt eine kontinuierliche Regelerweiterung. (…)

Die allgemeinen Klassenraumregeln regeln das Verhalten im Klassenraum und die damit verbundenen gemeinsamen und individuellen Tätigkeiten. Die Kinder sollen ihre Jacken nicht mit in den Klassenraum bringen. Sie hängen sie vor der Tür auf die dafür vorgesehenen Haken. Der Klassenraum wird von den Kindern nicht ohne Erlaubnis der Lehrerin verlassen. In der großen Pause sollen die Kinder auf den Schulhof gehen. Wenn die Spielecke geöffnet ist,

---

19) Sandra Kurth hat zunächst als Studentin, später als Referendarin in der Klasse gearbeitet. Sie schrieb ihre Examensarbeit über die ersten sieben Wochen Unterricht in dieser Klasse.

kann darin gespielt werden. Es darf nicht zu laut (schreien, toben, schlagen etc.) gespielt werden, um die Kinder, die sich mit anderen Dingen beschäftigen, nicht zu stören. Während der Frühstückszeit sitzen alle um die Decke versammelt und frühstücken gemeinsam. Es soll nicht mit den Schuhen über die Decke gelaufen und mit dem Essen herumgeworfen werden. Nach einer beendeten Tätigkeit muß der Platz wieder aufgeräumt und die Materialien an ihren Bestimmungsort zurückgebracht werden.

Es gibt die Mobiliarregeln, die den Umgang mit den in der Klasse vorhandenen Möbeln regeln. Der Schrank der Lehrerin ist für die Kinder nicht zugänglich, während das Pult, auf dem viele Materialien liegen, ihnen in bestimmten Fällen zur Verfügung steht. Die Stühle werden von den Kindern am Ende des Unterrichtstages auf die Tische gestellt, und die Sitzplätze müssen aufgeräumt sein. Niemand darf mit seinen Schuhen auf das Sofa steigen.

Es werden mit den Kindern Gesprächsregeln vereinbart, die besagen, daß sich jeder, der etwas sagen möchte, meldet und möglichst nicht dazwischenruft. Auch dürfen nicht alle durcheinanderreden, denn es kann immer nur einer reden und die anderen hören zu.

Dann gibt es Signalregeln, die von den Kindern sofortige Aufmerksamkeit benötigen. Die Triangel wird immer dann eingesetzt, wenn die Lehrerin eine für alle verbindliche Durchsage machen möchte. Oft wird die Triangel zu diesen Zeitpunkten von einem Schild, auf dem sich eine gemalte, zuhörende Figur befindet, unterstützt. (...)

Innerhalb der Klasse existieren Verhaltensregeln. Es soll kein Krieg gespielt werden und auch kein gewaltverherrlichendes Spielzeug mit in die Schule gebracht werden, während andere Spielsachen der Kinder durchaus mitgebracht werden können. Kein Kind darf sich einem anderen gegenüber brutal verhalten, ihm Schmerzen zufügen und es weder verbal noch nonverbal beleidigen. Die Kinder sollen sich bei Arbeitsaufträgen untereinander helfen und gegenseitig das Material teilen. Mit den in der Klasse vorhandenen Stofftieren und Handpuppen muß sorgfältig umgegangen werden."[20]

> **Ordnen Sie bitte die folgenden Szenen den genannten Regeln zu. Lassen sich aus einzelnen Szenen Regeln erkennen, die nicht genannt wurden?**

Ausschnitte aus zwei Schultagen aus den ersten Schulwochen mit Szenen, die das Thema „Regeln" betreffen.

---

20) Kurth 1990, S. 67 f.

## 01.09.1989

*Fast alle Kinder, die nach und nach reinkommen, setzen sich an einen der Tische und beginnen mit einem der dort ausgebreiteten Materialien zu arbeiten. Es gibt die folgenden Stationen:*

*– Papier und Wachsmalstifte für eine Seerose, die man ausschneiden und anmalen muß, und die Ecken nach innen falten. Aufs Wasser gelegt „blüht die Seerose auf".*

*– Ein Buchstabenspiel, bei dem die Kinder nach einer Vorlage Buchstaben aussuchen und auf eine Platte stecken können, die kleine Löcher hat. Da die Buchstaben mit den identischen Stiften versehen sind, gibt es die Möglichkeit der Selbstkontrolle.*

*– Material, um eine Ente, Pflanzen und einen See auszuschneiden und auf ein Blatt Papier zu kleben.*

*– Gelbe und rote Plastikformen, die sich zusammenstecken lassen.*

*– Papier zum „Schreiben", das heißt, Wellenlinien nachzuzeichnen, die die Studentin vorschreibt.*

*Fast alle Kinder sind da. Ruhige Arbeitsatmosphäre, durchsetzt mit Kindergelächter und Gerede. Zwei Kinder spielen mit den vorhandenen Spieltelefonen und telefonieren etwas laut miteinander. Die Lehrerin greift ein: „Seid nicht so laut, setzt euch erst mal hin."*

*Weitere Eingriffe der Lehrerin: „Du kannst es erst ausprobieren (die Seerose), wenn es fertig ist." Und: „Die anderen sind schon die ganze Zeit am Arbeiten, von dir habe ich noch nichts gesehen."*

*Einige Jungen am Fenstertisch rufen: „Wir ärgern nachher wieder die anderen. Dann bist du (Jan) wieder der Boß." Alle Jungen wollen raus, toben. Nur die Jungen, und zwar vor allem dieser Tisch und einige andere, die auf Zuruf verständigt wurden. Sie streben zur Tür. Die Lehrerin hält sie zurück.*

*Ein Junge liest in aller Ruhe in einem Buch.*

*Auf dem Schulhof organisiert Jan ein Spiel. Einzelne Kinder sollen gefangen und in ein großes Rohr gesetzt werden. Sie rufen dabei: „Im Rohr ist Kacke." Ein Opfer ist Benjamin. Sie laufen hinter Benjamin her. Der rennt Richtung Klassenraum und kommt mit der Lehrerin zurück: „Laßt Benjamin in Ruhe, der ist ganz traurig."*

*Nach der Pause läßt die Lehrerin die Kinder im Kreis sitzen. Sie geht von Tisch zu Tisch und hält einzelne Arbeitsergebnisse hoch und lobt diese. Sie sagt: „Da können wir schon mal klatschen."*

*Einige Kinder kommen zu spät. Lehrerin: „Ihr müßt aufpassen, wenn die Pause zu Ende ist. Ganz schnell, hol dir einen Stuhl."*

*Die Lehrerin verteilt Hefte. Die Kinder sitzen im Kreis. Lehrerin: „Holt eure Ranzen, stellt sie vor euch hin. Hört erst zu Ende zu, was ich sagen will. Ihr müßt jetzt gut aufpassen." Dann sollen weitere Informationen für die Eltern eingepackt werden, sowie ein Schreibheft und ein Postsparbuch.*

*Die Kinder sollen sich jeweils ein Blatt von dem Stapel nehmen und den Stapel dann weitergeben.*

*Peter und Özgül melden sich dauernd. „Frau Walter, Frau Walter." Die Lehrerin ignoriert sie: „Peter, erst wenn ich fertig bin, nehme ich dich dran." Die Kinder sitzen nun fast eine Schulstunde im Kreis. Sie werden im Laufe der Zeit immer erschöpfter und auch unkonzentrierter.*

*Zunächst klappt es gut mit dem Weitergeben. Mit den vielen Heften ist es zu schwierig. Özgül geht herum und verteilt die Hefte. Mehrere Kinder sagen: „Ich nehm mir selbst eins" und suchen sich eine bestimmte Farbe heraus.*

*Ein Junge (Hannes) will kein Heft. Die Lehrerin: „Wer sagt, daß er kein Heft möchte, kriegt kein Heft." Hannes nimmt dann doch eines.*

*In das Heft schreiben die Kinder „Loni" von der Tafel ab. Einige schreiben es groß, weil es an der rückwärtigen Wand noch großgeschrieben steht. Einige schreiben sehr gut und die Seite voll, andere haben erst ein oder zwei Wörter. Lehrerin: „Guckt mal, der Lukas hat das ganz toll gemacht."*

*Einzelne Kinder kommen zur Lehrerin und wollen ihr ihr Heft zeigen. Sie sagt: „Die Kinder sollen sitzen bleiben, du brauchst dich nur zu melden."*

*Die Lehrerin legt eine Kassette ein mit dem „Elefantenlied". Sie macht die Bewegungen vor, die dem Text entsprechen, das heißt, sich wie ein Elefant bewegen. Einige Jungen beginnen zu tanzen, machen aber mehr oder minder gekonnte Tanzbewegungen wie in einer Diskothek.*

*Die Mehrheit bleibt aber an den Tischen sitzen und schaut zu.*

*Wer fertig ist mit Schreiben, kann unten auf das Blatt Enten malen und auf der Rückseite die Schultüte. Das schaffen nur noch wenige. Jochen: „Ich kann das nicht." Ein Junge zu der Lehrerin: „Jochen kann das nicht." Lehrerin: „Er braucht das nicht, ist seine Sache."*

*Die Kinder setzen sich in den Kreis auf den Boden. Sie sollen sich einen Ball zuwerfen und den Namen dessen sagen, der den Ball bekommt oder nach dem Namen fragen. Das klappt nicht mehr so recht, zum Teil, weil sie müde sind, zum Teil, weil sie die Namen nicht wissen. Es kommt auch gleich: „Jetzt ein Mädchen."*

*Die Kinder werden nach ihren Kuscheltieren gefragt und aufgefordert, am Montag ihr Lieblingstier mitzubringen.*

## 08.09.1989

*An einem Tisch bastelt die Studentin mit den Kindern ein Haus, das durch Umknik-ken von farbigem Papier zustande kommen soll. Das dauert lange und überfordert einige. Das Basteln des Hauses gehört zum Wochenplan, der nun begonnen hat. Im Laufe der Woche sollen alle Kinder solch ein Haus falten. Wer es fertig hat, kann auf einer Liste, die an der Wand hängt, hinter seinem Namen ein Kreuz machen.*

*Said möchte das Tambourin nehmen. Die Lehrerin greift ein: „Das gehört mir." Said, offensichtlich frustriert, springt durch die Klasse und markiert durch Laute und Bewegungen das Trommeln auf dem Tambourin.*

*Peter geht zum Tisch mit dem Korkdruck. Er taucht jeweils den ganzen Korken in die Farbe und druckt mehrfach mit Abstand, bis die jeweilige Farbe zu dünn ist, dann nimmt er einen anderen Korken und druckt in der gleichen Technik andere Farben dazwischen. Später beim Aufräumen nimmt er säuberlich das farbverschmierte Zeitungspapier zusammen und steckt es in den Papierkorb.*

*Die Kinder stellen sich zu Kakao und Milch an. Gegessen wird an der Tischdecke auf dem Boden. Wenn man den Klassenraum verlassen will, muß man fragen.*

*Die Kinder sitzen im Kreis. Um Ruhe herzustellen, hat die Lehrerin das entspre-chende Bildsymbol aufgehängt. Das zweite Symbol, die Triangel, ist nicht zu finden. Es dauert zwar einige Zeit, bis alle Kinder einen Platz haben, aber es ist erstaunlich, daß sie in einer Woche gelernt haben, still zu sein und still darauf zu warten, daß alle richtig sitzen und still sind.*

*Die Lehrerin beginnt vorzulesen. Ich versuche aus den Gesichtern der Kinder abzulesen, ob sie der Geschichte zuhören. Ich weiß es nicht. Auffallen tun nur Jenni und Singh. Letzterer spielt mit seinem heute mitgebrachten Kuscheltier. Er wirft es immer wieder hoch. Er soll es wegtun, verspricht aber, mit Spielen aufzuhören. Während des Vorlesens kommen häufiger Bemerkungen der Kinder, auf die die Lehrerin aber nicht eingeht. Zum Beispiel: In der Geschichte heißt es: „Hasen können nicht klettern." Jochen ruft: „Aber hüpfen." Oder „Glockentöne auf einem Baum". Jochen beginnt eine Glocke zu imitieren. Singh meldet sich mehrfach, offenbar weil er etwas erzählen will. Schließlich kommt er dran und erzählt, daß er bis 10 Uhr wach war. Er kommt aber wohl deshalb dran, weil die Lehrerin aufhören wollte vorzulesen. Es gibt viele Versuche der Kinder, sich in den Unterricht einzu-bringen. Sie werden im Kreis nicht zugelassen.*

*Wir wollen einen Unterrichtsgang durch das Wohnviertel machen. Die Kinder sollen die Tische aufräumen. Sie werden tischweise aus dem Klassenraum entlassen. Der Tisch zuerst, der aufgeräumt hat und still steht. Am Schuleingang sollen sich die Kinder zu zweit aufstellen. Das klappt nicht so recht. So fängt Klaus angesichts dieser Anordnung an zu weinen. Seine Freunde sind Benedikt und Benjamin, die sich beide auch schnell anfassen. Er steht als Dritter daneben. Die Lehrerin ist aufgeregt und droht, wie mir scheint ernsthaft, wieder in den Klassenraum zu gehen, wenn die Kinder sich nicht ruhiger hinstellen würden.*

**Welche Regeln und Rituale verwenden Sie selbst?**

Regeln und Rituale, das sind nach dem Verständnis vieler Lehrerinnen jene Vereinbarungen, an die sich alle halten sollen und die man in einer Art Klassenordnung festhalten kann.[21]

Einige Szenen enthalten allerdings Botschaften, die man weder als Regeln noch als Rituale beschreiben kann. In dieser Klasse waren die Kinder es von Beginn an gewohnt, Tischgruppen mit verschiedenen Funktionen im Klassenraum vorzufinden. Daß dies von Schulbeginn an der Fall war, bedeutete für die Kinder, daß sie die mit den Tischgruppen verbundenen Arbeitsmöglichkeiten und Sozialformen für selbstverständlich hielten. Schule präsentierte sich ihnen von Beginn an als ein Ort, an dem man zum Beispiel selbständig entscheiden konnte und auch entscheiden mußte, an welcher Tischgruppe man zu arbeiten beginnt.

In einer ähnlichen Weise ist auch die Situation zu verstehen, in der die Lehrerin nicht auf die Bemerkungen der Kinder eingeht, während sie vorliest. Schule, so läßt sich die Botschaft an die Kinder übersetzen, bedeutet, daß es einen Handlungsablauf gibt, an den du dich halten mußt. Durch die Ordnung des Raumes und durch Handlungen der Lehrerin wird hier festgelegt, was man tun darf und was nicht. In den ersten Schultagen wird so – überwiegend durch Handlungen – bestimmt, welche Vorstellung die Schulanfänger davon bekommen, was es heißt, Schüler zu sein.[22] Den Inhalt dieser Vorstellungen, der ab dem ersten Schultag nicht mehr allein von der Lehrerin, sondern auch von den Kindern bestimmt werden wird, bezeichnen wir als „Kultur einer Klasse".

Der Unterricht an vielen Grundschulen hat sich im Laufe der letzten Jahrzehnte grundsätzlich verändert. Dies betrifft die Raumgestaltung, die Einstellungen gegenüber Kindern und die Frage, was es heißt, Schüler zu sein.

**Vergleichen Sie die Regeln, die in dem folgenden Text sichtbar werden, mit denen aus unserer Klasse. Wie wirkt die Lehrerin auf Sie? Was hätten Sie – an Stelle der Lehrerin – auf keinen Fall getan oder gesagt?**

---

21) Vgl. Röbe 1990 und Combe 1994.

22) Ein Teil dieser Überlegungen wird durch den Begriff „Heimlicher Lehrplan" abgedeckt. Es geht uns allerdings darum, auf die nicht formulierten, sondern sich im Raum und in Handlungsstrukturen artikulierenden Botschaften hinzuweisen. Vgl. zum „Heimlichen Lehrplan": Zinnecker 1975.

Der amerikanische Ethnologe Richard L. Warren hat am Ende der fünfziger Jahre eine kleine Gemeinde im Südwesten Deutschlands beobachtet. Im Zusammenhang mit dem Schulanfang schreibt er:[23]

,,Der erste Schultag begann an einem späten Vormittag. (...) Schließlich erschienen die beiden Lehrerinnen, um ihre Klassen hereinzuholen. Sie sagten den Müttern, daß sie in zwei Stunden wiederkommen möchten.

In Frau Böttchers Klasse kamen die Kinder nach vorn zum Pult und holten sich ihre Namensschilder ab. Einige der kleineren Kinder wurden von ihr in die erste Reihe gesetzt, aber die meisten konnten sich mit ihren Freunden zusammensetzen. Als alle Kinder saßen, wurden sie von der Lehrerin aufgefordert, ihre Namen vorzulesen und die Bilder zu beschreiben, die auf den Schildern aufgemalt waren.

Ein Mädchen begann zu sprechen. ,Schön melden', wies Frau Böttcher sie an. Die anderen Kinder verstanden dies, und ihre Hände gingen hoch. Nun hatten alle Kinder die Möglichkeit, sich selbst vorzustellen. Dann holte die Lehrerin die Kinder nach vorn. Sie formten einen Kreis, sangen ein Lied über einen Hasen und wurden aufgefordert, sich wieder hinzusetzen. Sie taten dies mit viel Spaß und Krach. Es folgte eine Geschichte. Frau Böttcher las sehr gut, und die Kinder waren ganz still. Mittendrin hörte sie auf zu lesen und stellte eine Frage zu der Geschichte. Die Antwort erfolgte im Chor, aber so laut und so durcheinander, daß Frau Böttcher sie wiederholen ließ:

,Jetzt alle zusammen – wo hat sich der Hase versteckt?'

,Unter dem Haus!'

Das war besser. Sie stellte andere Fragen. Ein Mädchen hob die Hand, wurde aufgerufen und begann zu sprechen. Frau Böttcher unterbrach sie und forderte sie auf, sich beim Sprechen neben die Bank zu stellen. Einige der Kinder kannten diese Regel bereits, einigen fiel sie plötzlich ein, wenn sie sprachen, und sie sprangen plötzlich auf. Die Lehrerin beendete die Geschichte und forderte die Klasse auf, Tafel, Kreidestift, Schwamm und Tuch herauszuholen. Sie ging dann die Bankreihen entlang, um die Ausrüstung der Kinder zu überprüfen. Sie ermahnte die Kinder, immer auf eine schöne, saubere Tafel zu achten, und erklärte ihnen, wie naß der Schwamm zu sein habe.

Dann stellte sie weitere Fragen zu der Geschichte. Einige Kinder dachten beim Antworten nicht an das Aufstehen, und Frau Böttcher schien nichts dagegen zu haben. Man sprach über die Geschichte, und die Lehrerin forderte die Kinder auf, ein Bild von einem Tier zu malen, das in der Geschichte vorkam. Sie ging die Bankreihen entlang und sah sich die Arbeiten der Kinder an. Zu einem

---

23) Vgl. Warren 1961. Wir zitieren aus der deutschen Übersetzung. Vgl. päd. extra 1977.

Jungen, der seinen Kopf in die Zeichnung vergraben hatte, sagte sie: ‚Die Nase hoch.' Dabei legte sie einen Finger unter das Kinn des Kindes. Sie stellte weitere Fragen. Ein Junge paßte nicht auf. ‚Klaus schläft schon.' Frau Böttcher sagte dies zu der Klasse. Alle lachten.

Es war Zeit für eine Pause. Die Kinder mußten aufstehen, ihre Finger und Hände ausschütteln und gemeinsam in die Hände klatschen. Sie setzten sich wieder hin und malten weiter. Schließlich sagte Frau Böttcher, sie sollten aufhören. Die Kinder säuberten ihre Tafeln und packten sie sorgfältig ein. Dabei trieb die Lehrerin sie an, sich zu beeilen. Man wolle sehen, wer der erste und wer der letzte sei. Der Gewinner und der Verlierer wurden mit Namen genannnt und die Klasse für eine 5-Minuten-Pause nach draußen entlassen."

> **Die folgenden Szenen stammen vom ersten protokollierten Schultag des 4. Schuljahres. Welche Regeln gelten nun im Vergleich zum ersten Schuljahr, welche sind gleich geblieben, welche haben sich verändert?**

### 07.08.1992

*Die Klasse ist in Raum 5 umgezogen, einen Stock höher. Im Klassenraum ist es drückend heiß.*

*Die Lehrerin steht mit dem Schild „Ruhe" vor der Klasse und versammelt die Kinder im Kreis. Sie sollen alle Mappen wie Wochenplan, Klassenbuch und Hefte mitbringen. Benjamin redet dazwischen und ist zappelig.*

*Lehrerin: „Benjamin, ist ja ein richtiger Zirkus, den du hier veranstaltest."*

*Norbert: „Das sind Bilder vom Urlaub."*

*Lehrerin: „Ja, das besprechen wir jetzt nicht."*

*Norbert: „Nicht?!"*

*Lehrerin: „Nein, nachher, ja. Weil wir nicht alles gleichzeitig machen können. Aber schön, daß du dran gedacht hast. Machen wir nach der Pause."*

*Norbert: „Nach der Pause?"*

*Lehrerin: „So, den Markus hatte ich gebeten, das mit dem Geld für den Bus zum Schwimmbad zu erledigen. Markus, das bedeutet, daß man sich darum kümmern muß. Das ist auch eine Tatsache, daß man es lernt. Deshalb hab ich es dich ja machen lassen. Das Geld muß ja da sein. Wenn man in den Bus steigen will, muß man ja sonst auch zwei Mark zahlen. Nun hatten nicht alle zwei Mark, und einige Kinder haben gefehlt. Was hättest du denn machen können, um das zu kontrollieren?"*

*Markus: „Das durchstreichen."*

*Lehrerin: „Aha, so dumm bist du gar nicht. Du weißt es also. So, was hast du jetzt für ein Problem?"*

*Markus fragt jetzt, wer das Busgeld bezahlt hat, und streicht die entsprechenden Namen durch. Salia sagt, daß ihre Mutter kein Kleingeld gehabt habe und daß sie deshalb kein Geld mit habe.*

*Norbert: „Oh, gestern hat sie auch kein Kleingeld ... "*

*Lehrerin: „Norbert, diesen Kommentar kannst du dir sparen. Das kann sein. Die Salia hat sonst immer an alles gedacht. Ja, du möchtest auch nicht, daß man deine Sachen kommentiert."*

*Lukas: „Meine Mutter hat's vergessen, und ich hab's auch vergessen mitzubringen."*

*Lehrerin: „Deine Mutti geht nicht in die Schule. Lukas, du hast es vergessen. Ja. Das kann man sagen und dann ist das deine Sache."*

*Lehrerin: „Ich denke, so ein paar Aufgaben kann ich euch jetzt übertragen. Dann probieren wir das beim nächsten Mal noch mal. Ich versuche, daß wir den nächsten Bus bekommen. Lukas, und du denkst bitte dran, sonst kann man nicht mehr mitfahren. Ist doch klar. Normalerweise kannst du nicht in den Bus steigen und sagen, meine Mutti hat vergessen. (Kinder lachen.) Was glaubst du, was der Busfahrer zu dir sagt."*

*Ein Kind: „Raus!"*

*Lehrerin: „Das haben wir jetzt geklärt. Für nächste Woche ist vorgesehen, daß Frau B. und ich mit euch in das Freibad fahren. Das Hallenbad hat nämlich zu. Wir waren im Freibad. Das war sehr schön. Und ich denke, wir wollen alle wieder hin. Aber wir haben eine Vereinbarung getroffen, daß wir nur fahren können, wenn wir unsere Arbeiten erledigt haben. Weil, es kostet nämlich mehr Zeit, mit dem öffentlichen Bus zu fahren, das kostet ein Stück unserer Schulzeit. Dann können wir eben nicht alle Kinder mitnehmen. Dann nehme ich nur die Kinder mit, die ihre Arbeiten erledigt haben. Das ist nämlich ein Extra für euch. Normalerweise hättet ihr dann einfach Sport.*

*Und Frau B. und ich, wir haben uns überlegt, daß Schwimmen ja sehr viel schöner und wichtig ist für euch, ihr sehr viel Spaß hattet. Und wir auch ein bißchen länger dort geblieben sind. Und da muß ich auch wissen, da muß ich von euch wissen: Okay, die arbeiten auch, also kann ich das mit dieser Klasse machen. Ja. Also, bei einigen Sachen hat es noch nicht geklappt. Wir werden das jetzt feststellen. Und ich nehme mir einen Stift und schreib mir das auf. Das ist ein bißchen lästig für mich, wenn ich dann die Kinder erinnern muß. Will sie auch gar nicht mehr erinnern. Ich hänge einfach den Zettel hin. Dann machen die das am Montag so. Ich will ihnen also noch eine kleine Chance geben. Daß sie so, daß sie unaufgefordert, wißt ihr, was das heißt*

– unaufgefordert – ohne daß ich noch mal so ne große Rede reden muß, ja, unaufgefordert mir die Sachen geben. Und dann ist die Sache fertig."

Norbert: „Sozusagen geritzt."

Hannes schwätzt. Lehrerin: „Ich glaub, du hast ne zu warme Jacke an." Hannes zieht sie aus und sagt: „Heut morgen war's noch kalt."

Norbert fragt Anne, ob sie daran gedacht hat zu fragen, in welcher Stadt sie war. Anne hat es vergessen. Lehrerin: „Wie können wir denn jetzt helfen, daß du nicht alles vergißt."

Die Lehrerin schreibt ihr einen Zettel, den sie mit nach Hause nehmen soll: „Wo warst du genau?"

Lehrerin: „Also ich merk schon, an einige Dinge denkt ihr sehr genau. Und andere vergeßt ihr."

Benjamin lacht: „Unwichtige vergessen wir."

Als nächstes wird ein Arbeitsblatt zu den Verben kontrolliert. Die Verben waren herauszusuchen, zu unterstreichen und damit Sätze zu bilden. Die Lehrerin läßt ein kompliziertes Verfahren ablaufen. Es soll im Kreis der Reihe nach jedes Kind ein Verb nennen und aufpassen, daß es nicht schon genannte Verben wiederholt. Singh hat Verben aufgeschrieben, aber nicht vorher unterstrichen.

Markus: „Kann man auch aus der Mitte was nehmen?"

Singh hat sich schon vorher ein Wort ausgesucht und hält die ganze Zeit den Finger darauf. Als er dran kommt, liest er es vor: „liegen". Es war aber schon dran. Kinder protestieren. Lehrerin: „Macht nichts."

Singh fragt Said, was ein Verb ist. Said sagt etwas, die Lehrerin ist gestört und schimpft mit Said. Said sagt, daß ihn Singh gefragt habe.

Nächste Aufgabe: 10 Sätze waren zu schreiben. Die Lehrerin will die aufschreiben, die es nicht gemacht haben. Sie beginnt damit, die aufzuschreiben, die es gemacht haben.

Singh meldet sich aufgeregt: „Ich hab's leider in den Block geschrieben." Said hat es auch, aber zu Hause im Heft und wird aufgeschrieben. Lehrerin: „Weil ich es jetzt ja nicht sehen kann."

Said: „Ach ja."

Jan: „Frau Walter, Frau Walter. Du mußt auch aufgeschrieben werden, weil du es nicht hast."

Benjamin tanzt mit seinem Heft: „Ich hab alles richtig."

Norbert hat Photos vom Urlaub und guckt sie durch, um einige herauszusuchen, die er herumgeben will. Die Lehrerin drängt, es dauert ihr zu lange.

*Nun sollen die Kinder den Namen nennen, den sie sich für die Klassenzeitung ausgedacht haben.*

*Genannt werden: Zeitung, Wochenplan, Wochenblatt, Lernwoche, Wochenunterricht, Dreieichwoche, Gulliblatt, Kinderwoche, Wochenzeitung, Wochendienst.*

*Die Lehrerin schreibt sie an die Tafel.*

*Benjamin: „Langweilig."*

*Die Lehrerin schimpft, weil Benjamin dazwischenruft.*

*Es ist unruhig. Nina: „Hört doch mal auf, so viel zu reden." Singh: „Im Kindergarten ist es immer so."*

*Dann gibt es Streit. Said zu Singh: „Du hast zu mir Furz gesagt."*

*Über die Namensvorschläge wird abgestimmt.*

*Gulliblatt kriegt 2 Stimmen, Wochendienst 1, Zeitung 1, Kinderwoche 8, Dreieichwoche 7.*

*Einige Kinder lachen, weil Singh sich als einziger für seinen Vorschlag meldet. Bei Zeitung meldet sich nur Udo. Für Kinderwoche stimmen die Mädchen, für Dreieichwoche die Jungen. Als der Sieg feststeht, schreit Özgül: „Yeah, yeah."*

*Der Lehrerin fällt ein, daß Jan nicht mitgestimmt hat. Er will nicht. Die Anhänger der Dreieichwoche bedrängen Jan. Jetzt will er doch und nennt: „Dreieichwoche", so daß ein Patt entsteht. Markus: „Erst wollte der doch nicht."*

*Lehrerin: „Ich habe auch noch ne Stimme." Sie schlägt vor: „Dreieich-Kinderwoche". Alle sind zufrieden.*

*Benjamin: „Das war ja spannend."*

*Lukas hat nicht mitgestimmt. Singh: „Lukas muß sich noch entscheiden." Der will nicht.*

*Die Lehrerin holt Said und Singh neben sich. Singh: „Eh, ich hab ja gar nicht mit Lukas geredet."*

*Lukas und Singh sitzen sich nun gegenüber im Kreis. Lukas lacht, Singh lacht. Markus macht mit. Lehrerin: „Wer es nicht schafft, leise zu sein, geht mal raus."*

*Im Nu sind alle Jungen draußen, alle Mädchen drin. Die Mädchen dringen auf ein gemeinsames Geheimnis. Die Lehrerin weiß eines: Vorher war Herr Eilers da und hatte ihr gesagt, daß nach der 4. Stunde hitzefrei ist. Das sagt sie nun den Mädchen. Nach ca. 2 Minuten kommen alle Buben wieder rein, Benjamin voran. Als Sprecher der Gruppe sagt er: „Wir wollen versuchen, uns zu beherrschen!" Özgül kann es sich nicht verkneifen, zu Ole zu sagen: „Wir haben ein Geheimnis." Ole rät richtig „hitzefrei". Özgül dementiert heftig.*

Deutlich wird: Es gab viel zu klären. Es war heiß an diesem Tag, die Kinder unruhig und die Lehrerin vielleicht auch etwas nervös. Es gehörte aber auch zu ihren Regeln, gelegentlich, meist zu Beginn eines Schuljahres, eine Art „Frühjahrsputz" zu machen. Kleinere und größere Schludrigkeiten einzelner Kinder oder der ganzen Klasse wurden zum Thema gemacht, die Regeln bekräftigt und häufig mit einem gewissen Druck auf deren Einhaltung gedrängt.

Deutlich wird aber auch, daß Regeln nicht mehr einseitig gesetzt und durchgesetzt werden können. Jan ironisiert nicht nur seine Lehrerin, wenn er sagt: „*Frau Walter, Frau Walter. Du mußt auch aufgeschrieben werden, weil du es nicht hast.*" Er stellt auch die implizite Annahme, die Lehrerin stünde außerhalb der von ihr gesetzten Regeln, in Frage. Was die Kinder gelernt haben, nämlich, Regeln gelten für alle, wenden sie nun auch auf die Lehrerin an.

Das heißt: in einer gewissen Weise muß sie ihre Macht teilen. Spannend wurde dies in der Situation, als sie – wie gewohnt – sagte: „*Wer es nicht schafft, leise zu sein, geht mal raus.*" Denn nun liefen alle Jungen aus der Klasse.

Die Lehrerin blieb sitzen und wartete. Im Ergebnis solidarisierten sich die Mädchen mit ihr und – indem sie das Geheimnis „hitzefrei" verriet – sie sich mit den Mädchen. Die Regeln haben sich differenziert. Es gab nun verschiedene Machtfraktionen in der Klasse, von denen die zwischen Jungen und Mädchen wichtig war.

Die Tatsache, daß Benjamin als „Sprecher" auftrat, verdeutlicht die Zweiteilung in Jungen und Mädchen. Benjamins Satz „*wir wollen es versuchen*" zeigt aber auch, daß die Jungen eine positive Beziehung zu ihrer Lehrerin hatten und bereit waren, sich ihr unterzuordnen. Dies galt auch für die ganze Klasse. Auch wenn an verschiedenen Stellen Kämpfe tobten: Im Kern war die Lehrerin akzeptiert. Sie konnte aber nicht mehr unabhängig von diesen Gruppierungen handeln oder Handlungen interpretieren.

Typisch dafür scheint uns die Szene, in der es um den Namen für die Zeitung ging. Den Gleichstand, die gleiche Stimmenzahl für die beiden Namen, hat sie auf eine Weise entschieden, die man als Kompromiß zwischen der Jungen- und Mädchengruppe interpretieren kann. Der Doppelname „Dreieich-Kinderwoche" berücksichtigte die Wünsche beider Gruppen und stammte doch von der Lehrerin. Mit anderen Worten: Ihre Herrschaft beruhte zumindest in dieser Situation auf ihrer Fähigkeit, einen Kompromiß zu finden, der alle Beteiligten zufriedenstellte.

Ein Teil der Situation in dieser Stunde erklärt sich auch aus der Gegebenheit, daß das vierte Schuljahr das letzte in der Grundschule ist. Es gab nun eine Reihe von Leistungsanforderungen und eine Vielzahl von Verhaltensweisen und Kenntnissen, die die Lehrerin als gelernt voraussetzte. Die Auseinandersetzung mit Markus gehörte dazu und auch die mit Lukas. Sie drängte darauf, daß die

Kinder der Klasse die Aufgaben, die sie übernahmen, auch einhielten. In beiden Situationen ging es aber um weit mehr als um das konsequente Kontrollieren verabredeter Aufgaben. Es ging der Lehrerin darum, daß die Kinder lernen, selbst verantwortlich zu handeln. Begründungen, die in der Anfangszeit der Schule noch durchgegangen wären, waren jetzt nicht mehr zulässig. Für den Inhalt seines Ranzens war man nun selbst verantwortlich, ebenso für das Mitbringen des Busgeldes oder die Erledigung der Hausaufgaben. Diese Norm, selbst verantwortlich zu sein, war nicht neu. Sie wurde nun aber konsequenter als in den ersten Schuljahren eingefordert.

> **Lesen Sie noch einmal die Szenen aus den ersten Tagen des 1. Schuljahres. Wo finden Sie Hinweise auf die Regel der Lehrerin, die hieß: Ihr seid für euch selbst verantwortlich? In welchen Szenen versuchen die Kinder, die Regeln auf die Lehrerin anzuwenden? Was hätten Sie an Stelle der Lehrerin getan, als alle Jungen aus der Klasse gelaufen waren?**

# 3.5 Konfliktlösungsmuster

Wir denken, daß sich Handlungsmuster ändern lassen, wenn man sich über seine Deutungsmuster bewußt wird, und zwar dann, wenn das Wissen über diese Muster zu einem bewußten Wissen geworden ist. Wissen ist hier nicht etwas, was sich in Büchern finden läßt, sondern durch Reflexion verarbeitete Erfahrung. An den Handlungsmustern der Lehrerin und des Mathematiklehrers bei Konfliktfällen soll in diesem Kapitel der Zusammenhang von Handlungs- und Deutungsmustern diskutiert werden.

### 21.08.1992

*Mathematik. Der Mathelehrer schreibt, ohne etwas zu sagen, die Aufgabe 3 x 84 an die Tafel. Verschiedene Kinder melden sich. Said: „26". Jan: „Vielleicht 240". Der Mathelehrer: „Gar nicht so schlecht." Lukas: „252". Er erklärt dann: erst 3 x 80, dann 3 x 4.*

*Der Mathelehrer nimmt Benedikt dran. Benedikt weiß es nicht. Hält die Hände an das Kinn und macht ein „kluges" Gesicht. Dann beginnt er doch: 5 x 90, und 5 x 3. Frank soll dann rechnen: „Das ist dann 450." Norbert: „Das sind 462." Benjamin ruft rein: „465, 465, du Flasche!" Frank rechnet weiter mit 5 x 3, nennt dann richtig 465. Benjamin: „Schweinerei!" Der Mathelehrer nimmt Udo dran. Pit: „Mann ... " Udo rechnet: 6 x 34 = 6 x 30 + 6 x 4 = 180 + 24 = 204.*

*Benjamin: „Jetzt schmoll ich, weil du mich nie dran nimmst."*

*Hannes: „Weil er weiß, daß du's kannst."*

*Der Mathelehrer: „Du kriegst gleich ein Blatt, dann bist du dauernd dran."*

*Benjamin: „Das ist ungerecht, da kommt jeder dran."*

*Der Mathelehrer: „Ist schon ein bißchen ungerecht."*

Es ist schon so: Bei einer gestellten Frage kann zur Zeit immer nur ein Kind antworten. Viele Schülerinnen und Schüler melden sich und sind oft enttäuscht, wenn ein anderes Kind dran kommt. Pits ,,Mann" drückt dies aus, ebenso das von Lehrern ungern gesehene ,,Wild-mit-den-Fingern-Schnippen", das Rein-rufen in die Klasse, das Stöhnen, wenn man nicht dran kommt. Im Prinzip gibt es mehrere Möglichkeiten, mit der Verteilung der Chancen umzugehen:

■ die Kinder sich selbst aufrufen lassen,
■ darauf achten, daß alle gleich häufig genannt werden,
■ besonders schwache Schüler aufrufen,
■ besonders leistungsfähige Schüler aufrufen.

Im konkreten Fall sind die von Lehrerinnen praktizierten Verfahren eher pragmatisch zu sehen: Bei leichteren Aufgaben die schwächeren Schüler, bei schwierigen eher die leistungsstärkeren. Dennoch besteht die Gefahr, einige Kinder zu übersehen, seien es ganz stille Kinder oder jene, von denen man überzeugt ist, sie wüßten die Antwort. In der zitierten Szene waren es die Mädchen. Es kamen nur Jungen dran, und weitere Jungen äußerten lautstark, daß sie dran kommen wollten. Benjamin war gut in Mathematik, und er fühlte sich als Matheexperte. Insofern enthielt sein Jammern auch die Botschaft, daß man sein Expertentum anerkennen möchte. Seine Sicht und das damit zusam-menhängende Problem für Lehrerinnen wird an seiner letzten Bemerkung deutlich: Er möchte nicht so oft drankommen wie jeder andere, sondern öfter, weil er es so gut kann.

Wir denken nicht, daß eine Lösung des Problems darin liegen kann, sich per Strichliste zu vergewissern, daß nun alle Schülerinnen und Schüler gleichmä-ßig drankommen. Einmal, weil wir glauben, daß die unterrichtende Lehrerin nicht noch gleichzeitig diese Liste zu führen vermag. Zum zweiten deshalb, weil Gleichbehandlung zu einer anderen Art von Ungerechtigkeit führen müß-te. Denn es ist sehr wohl denkbar, die Aufmerksamkeit für einige Zeit vor allem einem Kind zu widmen.

**Was halten Sie von der Lösung, die der Mathematiklehrer hier andeutete: nämlich die Situation selbst zum Gesprächsinhalt zu machen?**

20.11.1992

*In der Pause gab es einen Konflikt. Özgül und andere Mädchen waren die Pause über in der Toilette und haben dort gespielt. Einige Jungen haben sich den Schal zu einem Knoten gebunden und damit andere geschlagen. Lehrerin: „Der Schal geht nicht mehr in die Pause." Singh: „Der arme Schal." Die Lehrerin macht klar, daß die Mädchen nicht auf der Toilette die Pause zubringen sollen, daß sich der aufsichtsführende Lehrer beschwert hat und daß er sich nicht ohne Grund beschwert haben würde. Lehrerin: „Das Unangenehme ist jetzt vorbei."*

Soweit die für sich eindeutige Schilderung des Protokolls. Liest man die ausführlichere Abschrift des Tonbandes, dann wird die Szene um einiges komplexer:[24]

*Lehrerin: „Ihr geht bitte vorher, während der Frühstückszeit, und nachher nicht mehr auf Toilette. Anders können wir's nicht machen. Wenn das die Kleinen im ersten Schuljahr machen, die das noch nicht wissen, vielleicht. Selbst die wissen's, daß das 'ne Toilette ist und kein Spielplatz. Das betrifft die Mädchen. Und das waren nicht nur die drei. Das waren auch die anderen. Ich will jetzt auch nicht wissen, wer das war.*

*Und das zweite, hat er gesagt, einige Jungs haben ihren Schal verknotet und haben da rumgeschlagen. Wer hat seinen Schal verknotet?" Hannes: „Ich hab nicht verknotet, nur so rumgerollt." Ein anderes Kind: „Ich auch." Ein Kind: „Ole, du hast verknotet." Ein anderer: „Ja, weil sie mich dauernd geärgert haben, mit dem Dingsda." Lehrerin: „Der Schal bleibt bitte oben und geht nicht mehr mit in die Pause. Ich will ja jetzt nicht wissen, wer's war, es ist so lästig. Ich find's unangenehm, wenn der Herr L. zu mir kommt und sagt, das vierte Schuljahr von der Klasse 4c führt sich da draußen auf wie die Idioten. Wer's war oder wer's nicht war. Dann kann ich einige Kinder nicht runterlassen, dann setz ich die hier an ihren Tisch. Aber ihr wollt ja eure Pause haben. So, das Unangenehme ist jetzt vorbei."*

*Aufatmen in der Kindergruppe.*

Wann, so läßt sich fragen, ist ein Schal verknotet oder nur „rumgerollt"? Wer hat angefangen und wer hat sich nur gewehrt? Die Fragen sind nicht zu beantworten. Die Lehrerin gibt auch nach einem kurzen Versuch die Suche nach den Ursachen auf. Typisch für ihre Verhaltensweise erscheinen uns zwei ihrer Bemerkungen. Sie sprach über ihre Gefühle („*ich find's unangenehm*"), und sie brachte die insgesamt belastende Situation zu einem Ende: „*Das Unangenehme ist jetzt vorbei.*" Dieser Satz galt sowohl den Kindern als auch ihr selbst. Auch sie wollte sich nicht in ihrem weiteren Unterricht von dem Streit auf dem Schulhof beeinflussen lassen.

---

24) Wir haben gelegentlich auch Tonbandaufnahmen gemacht.

> **Können Sie sich leicht von einem Ärger lösen? Wie beenden Sie Konflikt-
> situationen mit Kindern?**

## 3.6 Umgang mit Störungen

### 08.09.1989

*Der Lehrerin ist es zu laut: „Ich glaube, ich fahre eure schönen Sachen nach
nebenan."*

*Die Kinder sollen die Tische aufräumen. Sie werden tischweise aus dem Klassenraum
entlassen. Der Tisch zuerst, der aufgeräumt hat und still steht. Am Schuleingang
sollen sich die Kinder zu zweit aufstellen. Das klappt nicht so recht. Die Lehrerin
ist aufgeregt und droht, wie mir scheint ernsthaft, wieder in den Klassenraum zu
gehen, wenn die Kinder sich nicht ruhiger hinstellen würden.*

Relativ häufig drohte die Lehrerin damit, jene Dinge nicht zu machen, die die
Kinder gerne taten. Dies geschah dann, wenn die ganze Klasse unruhig war
oder sich nicht an ihre Anweisungen hielt. Sie hat die Androhung allerdings
selten in die Tat umgesetzt.

Eine gänzlich andere Verhaltensweise der Lehrerin wird in den folgenden
Szenen erkennbar:

### 01.09.1989

*Die Lehrerin teilt Hefte aus. Hannes will kein Heft. Die Lehrerin: „Wer sagt, daß
er kein Heft möchte, kriegt kein Heft." Hannes nimmt dann doch eines.*

### 01.09.1989

*Wer fertig ist mit Schreiben, kann unten auf das Blatt Enten malen und auf der
Rückseite die Schultüte. Das schaffen nur noch wenige. Jochen: „Ich kann das nicht."
Ein Junge zu der Lehrerin: „Jochen kann das nicht." Die Lehrerin: „Er braucht das
nicht, das ist seine Sache."*

### 15.09.1989

*Said setzt sich auf Salias Stuhl. Die schimpft. Die Lehrerin: „Said, du hast selbst
einen Stuhl."*

01.06.1990

*Anne hält Singh einen „Ratze" (einen Radiergummi) mit einem Bild drauf hin: „Soll ich dir den schenken?" Sie grinst aber. Das Geschenk ist offensichtlich nicht ernst gemeint. Singh weist den Ratze zurück. In Windeseile eskaliert ein Konflikt, an dem auch Lukas beteiligt ist: Lukas grapscht nach dem Radiergummi, Anne schnappt ihn zurück, Singh grapscht einen von Annes Stiften, die grapscht Singhs Mäppchen, Lukas grapscht das Mäppchen, Anne haut auf Lukas' Heft, der haut zurück und erwischt mit dem Stift, den er in der Hand hat, Annes Gesicht.*

*Die hält sich die Wange und sinnt auf Rache. Steht auf und geht zur Lehrerin. Lukas schreibt weiter, aber man sieht ihm an, daß er ein schlechtes Gewissen hat und wartet, was nun passiert. Die Lehrerin kommt und setzt Lukas an einen anderen Tisch. Der geht auch, ohne sich zu wehren (Die Lehrerin hat nicht mit ihm geschimpft, aber auch nicht gefragt, was los war).*

Der Schlüsselsatz lautet: „*Die Lehrerin hat auch nicht gefragt, was los war.*" Sie hat gehandelt. Dies bedeutete auf der einen Seite einen Verzicht auf die umständliche und vermutlich erfolglose Prozedur, den Urheber eines Streites zu identifizieren. Es bedeutete auf der anderen Seite aber auch, daß die Handlungen der Lehrerin allein durch deren Autorität legitimiert waren. Die Lehrerin setzte stillschweigend voraus, daß die beteiligten Kinder ihre Handlungsweise akzeptieren.

Voraussetzung für die Akzeptanz der Handlungen der Lehrerin ist wohl, daß sie den streitenden Parteien gerecht wird. Zumindest in der obigen Situation wurde Anne als eine Urheberin des Streits von der Lehrerin nicht sanktioniert. Man kann aber auch sagen, daß auch Lukas nicht bestraft worden ist. Denn: Ob das Wegsetzen an einen anderen Tisch eine Bestrafung ist oder nicht, ergibt sich nicht allein aus der Handlung. In dem Verständnis der Lehrerin wurde Lukas nicht bestraft. Es wurde nur dafür gesorgt, daß er und die anderen Kinder in Ruhe arbeiten konnten.

Wer etwa bei Vorführungen nicht mitmachen wollte, wurde nicht dazu gezwungen. Genereller: Kindern, die Schwierigkeiten hatten, sich einzuordnen und Selbstdisziplin zu üben, erlaubte sie, nicht mitzumachen (zum Beispiel nicht im Kreis zu sitzen), sie verlangte nur, daß sie die anderen nicht störten. Dadurch wurde erreicht, daß die Kinder ihr eigenes Verhalten zum Teil selbst in die Hand nehmen konnten, entscheiden, was ihnen lieber ist: sich anzupassen oder sich auszugrenzen. Das funktionierte so nur, weil alle wußten, daß es dabei nicht um eine Strafe ging, sondern um eine Entscheidung, die zu akzeptieren ist. Typisch dafür ist eine Szene vom 23.3.1990:

**23.03.1990**

*Die Lehrerin schickt Salia und Rebecca vor die Tür, weil sie schon die ganze Zeit und jetzt wieder gegen die Regeln handeln. Als alle annähernd versammelt sind, frage ich die Lehrerin nach Salia und Rebecca. Nach ihrer Anweisung gehe ich raus und frage die beiden, ob sie es sich überlegt haben und wieder nach den Regeln handeln wollen. Salia: „Nein!" Ich gehe rein. Kurz darauf kommen die beiden rein und bestätigen der Lehrerin, daß sie es sich überlegt hätten.*

## 3.7 Gespräch mit der Lehrerin

Wir Forscher (F.) haben die Lehrerin (L.) nach dem ersten Schuljahr über ihre Regeln befragt. Nachfolgend ein Auszug aus diesem Gespräch:

**L.:**

*Es gibt so ein paar Regeln, die für die Kinder wichtig sind. Jeder hat seinen Platz, wo er seinen Ranzen hintut, und die Jacken bleiben draußen, weil es einfach zuviel in dem Raum ist und weil ich denke, wenn jeder seinen ganzen Krempel und Krusch auch noch an diesen kleinen Stuhl hängt, dann kann man das auch nicht mehr bewegen, dann kann man auch nicht mehr die Tische, die ja gleichzeitig Arbeitsplätze der Kinder sind, aber auch oft Stationen, nicht mehr umwandeln. Deshalb bestehe ich darauf, daß die Kleidung draußen bleibt, die nicht in der Klasse gebraucht wird. Und daß die Kinder auf der anderen Seite eine Sicherheit haben, da stell ich meinen Ranzen hin und da bin ich jetzt auch, und mit den Kindern sitz ich jetzt erst mal auch in einer Gruppe. Daß nicht jeden Morgen neu ausgehandelt wird, wer sitzt bei wem.*

*Dann kommen dazu die Regeln für die Benutzung der Ecken. Also es war von Anfang an klar: Der Schrank gehört mir. Da geht im Prinzip auch keiner dran. Der Schreibtisch gehört auch mir, aber das ist auch ein Platz, wo man Sachen hinlegen kann, abgeben kann oder Fundsachen wiedergeholt werden können, oben drauf. Unten drunter gehört er wieder mir. Hab ich einmal gesagt, war auch klar. Und dann noch dieser Ablageschrank, wo die vorbereiteten Kopien liegen, da gehen sie höchstens mal hin und sagen: Da hast du doch das noch. Aber nicht ohne mich. Auf der anderen Seite, die Ecke, wo sie ihre Ordner stehen haben, wo die Bücher stehen, wo die Spiele sind, oder wo dann später der Kaufladen hin kam, die Schreibmaschinen, das waren dann also Ecken, die zur Verfügung stehen.*

*Also das ist auch eine Regel, die durchgehalten wird. Also sogenannte Basisregeln kann man da sagen. Was sich dann so langsam entwickelt, sind die Gesprächsregeln, die jetzt erst langsam anfangen. Erst in der letzten Zeit haben wir vermehrt über*

*Gesprächsregeln gesprochen: einander zuhören und sich gegenseitig aufrufen, das haben wir vorher immer probiert, stückweise, aber noch nicht fest durchgehalten. Und das muß sich auch in der Gruppe noch entwickeln.*

**F.:**

*Ich habe den Eindruck, daß du die Regeln mit den Kindern nicht direkt vereinbart hast, im Sinne von: Wir besprechen jetzt, wie das in Zukunft läuft. Ich hatte eher das Gefühl, du läßt Dinge geschehen und entscheidest dann. Aber im Grund genommen bist du es, die entscheidet. Die Kinder haben das auch akzeptiert. Es geht mir also nicht um eine Kritik an dem Verfahren, sondern darum, es genauer zu verstehen.*

**L.:**

*Es gab einige wenige Diskussionen darüber, ist das jetzt nötig, brauchen wir dazu Regeln. Also ich hab eigentlich dann immer ausgehandelt, wenn es zu Konflikten kam. Also für die Regeln in den Ecken. Zum Beispiel kann nur einer im Kaufladen sein und verkaufen, weil es einfach dahinter zu eng ist, oder in der Bank können höchstens zwei arbeiten. Diese Regeln, also diese Bereiche, die ihnen auch am weitestgehenden überlassen waren, die hab ich schon mit ihnen ausgehandelt und besprochen: Geht das jetzt noch, daß der mitspielen kann. Oder wenn einige auf dem Teppich ein Spiel spielten und gleichzeitig die anderen eine Höhle bauen wollten, da blieb nichts anderes übrig, als zu sagen: So, wie können wir das denn jetzt machen, daß die ihre Höhle bauen können und ihr trotzdem das Spiel spielen könnt?*

**F.:**

*Ich habe bei den Kindern beobachtet, daß es teilweise ausgesprochene, teilweise indirekt vermittelte Regeln gab, was gutes Verhalten ist. Für mich hat sich das an Sätzen festgemacht wie: Sprich nicht über den Said, sprich über dich selbst. Solche Regeln gab's mehrere und die würden mich interessieren, weil ich die immer nur aus den Szenen heraus rekonstruieren konnte.*

**L.:**

*Ja, also ich denke, das ist ne sehr schwierige Geschichte, ... da kommt mein ganzer Hintergrund mit raus, moralisch, christlich, ... Ich denke, daß ich die auch nicht von vorneherein festsetze, sondern an Situationen klarmache. Wenn sich der Hannes bei mir über den Norbert beschwert, dann sage ich: Ich bin nicht die Adresse, hol den Norbert und rede mit ihm, ich höre nur zu. Also ich versuche, daß Konflikte zwischen den Kindern mit den Kindern besprochen werden. Manchmal zwinge ich sie sogar fast: Sprich mit dem Norbert, ich bin nur der Schiedsrichter.*

**F.:**

*Du wehrst ja auch ab, wenn sie dir was über andere sagen.*

**L.:**

*Ja, ich wehre ab, wenn sie petzen. Sie wollen mir ja nur sagen: Guck mich doch bitte an, ich bin doch lieb, aber der ist nicht lieb. Manchmal ist es aber auch wichtig, etwas zu wissen, weil sich da etwas entwickelt. Wenn ich das merke, hole ich den anderen dazu und sag: Du, das müssen wir jetzt mal besprechen, der hat mir das gesagt, aber ich möchte nicht, daß wir das hinter deinem Rücken besprechen.*

*Also mein Anspruch, mein moralischer Anspruch, ist, daß wir in dieser Klasse möglichst nicht handgreiflich werden. Weil ich mit Gewalttätigkeiten selbst große Probleme habe. Also, ich kann zwar selbst unheimlich heftig und ernst und auch laut was sagen, aber ich kann nicht aneinandergeraten, körperlich, da muß ich also sehr an mich halten, um nicht schnell einzugreifen. Denn manchmal ist das ja gar nicht so schlimm, wenn sie sich kabbeln. Aber ich versuche, sie auseinanderzunehmen, und sage: Redet doch bitte erst mal miteinander. Oder ich sage: Wir versuchen hier, keinen Krieg zu haben. Wobei ich am Anfang viel darüber geredet habe, was bedeutet Krieg, das heißt: den anderen weh tun. Inzwischen war das von den Kindern akzeptiert. Die wissen ganz genau, die mag keinen Krieg in der Klasse.*

*Ich habe mit einzelnen Kindern auch über ihre Figuren (zum Beispiel He-Man) gesprochen, aber es wäre zuviel verlangt, jetzt mit allen über Gewaltfiguren oder Gewaltsendungen zu reden. Mit einzelnen, ja, denn das ist ja auch das Bild, das sie von sich selbst haben: Ich bin böse, und der ist gut. Oder ich bin gut, und der ist böse. Das will ich relativieren, mal macht der was, was nicht so richtig ist. Akzeptiere, daß jeder seine guten und bösen Seiten hat.*

*Und ich entschuldige mich auch, wenn ich jemand Unrecht getan habe. Das erwarte ich dann aber auch von den Kindern. Solche moralischen Regeln bring ich ein, indem ich in den Situationen deutlich mache, also, das geht mir zu weit. Du kannst den nicht anspucken, nur weil der etwas gesagt hat, was du nicht gern hörst. Dann sag ich auch manchmal: Wenn der das zu dir sagt, und du hörst da gar nicht zu, dann ist es fort. Stell dir mal vor, dann brauchst du dich überhaupt nicht mehr darum zu kümmern.*

---

Vergleichen Sie bitte die Einstellungen der Lehrerin zu Regeln und Konflikten mit Ihren eigenen. Wo stimmen Sie ihr zu, wo sehen Sie Differenzen? Hinter den konkreten Handlungsmustern der Lehrerin existieren Überzeugungen in bezug auf die Erziehung von Grundschulkindern. Versuchen Sie diese bitte zu beschreiben und mit ihren eigenen zu vergleichen.

# 3.8 Zwei Protokolle derselben Stunden

Wir stellen Ihnen zwei Protokolle von etwas mehr als zwei Unterrichtsstunden vor. Wir drucken sie – bis auf leichte Veränderungen, die der Verständlichkeit dienen – vollständig ab, so, wie wir es aufgeschrieben haben. In dem Protokoll von Gerold Scholz stand ausnahmsweise die Lehrerin im Zentrum der Aufmerksamkeit. In dem anderen Protokoll von Gertrud Beck ist unsere übliche Perspektive eingehalten, die Handlungen der Kinder zu beobachten.

Ein Grund dafür, vollständige Protokolle abzudrucken, liegt darin, daß sich erst aus der Komplexität der Situationen auch die Handlungs- und Deutungsmuster im Unterrichtsalltag erschließen lassen. Wir haben die Beschreibung der Situationen parallelisiert.

Einen zweiten Grund, den Sie beim Lesen spüren werden, möchten wir vorweg nennen: Obwohl nur ein Ausschnitt aus ihren Aktivitäten protokollierbar war, wird deutlich, daß die Lehrerin ununterbrochen mit der Klasse oder mit einzelnen Kindern beschäftigt war. Diese Inanspruchnahme und die Notwendigkeit, jeweils spontan zu reagieren, ließen ihr kaum Zeit, anders als routiniert zu handeln. Es wird an den Protokollen sichtbar, daß Handlungs- und Deutungsmuster eine untrennbare Einheit bilden.

Noch zur Erläuterung: Für die zweite Hälfte des Vormittags nach diesen Unterrichtsstunden war ein Besuch im Kinderhort geplant.

23.03.1990

2

*8.02 Uhr: Die Lehrerin steht an der Tafel. Es gibt (ausnahmsweise) eine richtige Begrüßung.*

*Alle Kinder sollen am Tisch sitzen. Die Lehrerin gibt die Anweisung für die Stunde: Sie sollen weiterarbeiten. Sie geht derweil herum und guckt sich die Hefte an. Wer fertig ist, kann ein Osterbild malen: Eier in grüner Umgebung. Lehrerin: „Weil es schon so schön grün draußen ist. Daß es draußen vor meiner Tür dann Ostern wird."* (Es gibt ein kopiertes Osterei, das ausgemalt und aufgeklebt werden soll.)

*Lukas: „Es gibt doch gar keinen Osterhasen."*
*Frank: „Das machen alles die Eltern."*
*8.05 Uhr: Die Lehrerin kündigt an, gleich rumzugehen und sich die Bilder anzuschauen.*
*8.06 Uhr: Sie organisiert das Einsammeln von Geld.*
*Lehrerin: „Jetzt an jedem Tisch, ihr arbeitet, ich komme vorbei."*
*Jan: „Ich hab ein neues Männchen."*
*Lehrerin: „Nicht so laut, Jan."*
*8.07 Uhr: Noch wird Geld eingesammelt.*
*8.08 Uhr: Benedikt fragt, ob er die Bücher zurückgeben kann.*
*Lehrerin: „Anne, wo ist dein Platz? Du sitzt an deinem Platz."*

3

*Singh und Özgül müssen die Bilder, die sie anfangen wollen, wieder wegpacken. Sie sollen erst schreiben und das, was sie geschrieben haben, erst von der Lehrerin nachsehen lassen. Lehrerin: „Said, nimm deine Arbeit heraus."*

*8.10 Uhr: Das Geldeinsammeln ist beendet.*

*8.11 Uhr: Die Lehrerin spricht mit Benjamin. Sie forciert, daß die Kinder arbeiten und daß sie nicht bummeln. Lehrerin: „Wie weit bist du? Darf ich das mal sehen?"*

## 1

*An der hinteren Wand hängen neue Gemälde. Offensichtlich hat die Studentin begonnen, das Stück „Die wilden Kerle" zu bearbeiten. Einige Zeichnungen sind sehr eindrucksvoll. Die von Özgül hat Sendak'sche Qualität. Darunter an der Tafel stehen noch immer die Sätze von letzter Woche, inzwischen leicht verwischt. Daneben hängt ein Mathe-Wochenplan. Ich kann nicht sofort erkennen, wie er funktioniert. An den Scheiben der Fenster kleben Dinosaurier-Bilder (kommerzielle Aufkleber). Auf der Fensterbank steht ein blühender Zweig in einer Vase. Das Dinosaurierplakat ist inzwischen sehr voll, bei den Meeerschweinchen und Katzen hat sich nicht so viel getan. Eindruck: Immer wieder Neues, ich komme kaum nach!*

## 2

*Die Lehrerin: „Guten Morgen" (Sie hat einige Zeit gewartet, bis es still war). Sie kündigt an, daß Arbeitszeit ist (von 8 bis 9 Uhr, sagt sie, oder meint sie: bis zur Frühstückspause?), das heißt, Wochenplan, Schreiben oder Malen. Die Lehrerin will rumgehen und gucken, wie weit die einzelnen Kinder sind (Sie war diese Woche mehrmals nicht da, weil sie 2. Staatsprüfungen betreut hat.) Wer fertig ist, darf ein Osterbild auf grüne Pappe malen und ein kopiertes großes Osterei mit Schmuckstreifen ausmalen: „daß vor unserer Tür Ostern wird." Benedikt: „Genau!"*

*Ich sitze am selben Tisch wie letzte Woche. Özgül geht zur Materialecke, Singh sitzt und schaut den anderen zu. Die Lehrerin organisiert noch das Geld für das Mittagessen (um 10.30 Uhr soll es in den Hort gehen). „Wißt ihr noch für was?" fragt die Lehrerin. Singh und Özgül: „Ja, Kinderhort."*

## 3

*Özgül hat eine rosa Pappe geholt und deckt damit ihren Tisch ab. Sie legt ein weißes Blatt darauf und fängt an, mit Wachsstiften zu malen. Singh sitzt noch immer und schaut zu. „Ich mal auch ein Bild", sagt er dann, steht auf und geht Material holen. Özgül malt Kritzel auf die rosa Unterlage. „Sida, gibst du mir ne Wachsmalkreide, gelb, ich geb sie zurück, okay?!" Die Lehrerin kommt, alles zum Malen muß wieder weggeräumt werden, denn es sollte ja erst kontrolliert werden, wie weit die einzelnen im Schreiben und Lesen sind, Malen erst danach, und Özgüls Tätigkeit ist dem Malen*

*Zu Norbert: „Na, da machst du dich aber noch dran. Noch eine Seite." Zu Lukas: „Du bist ja schon ganz schön weit."*

*Die Lehrerin geht herum und guckt sich die Hefte an.*

*8.18 Uhr: Sie holt Özgül in die Ecke und spricht mit ihr, weil diese noch nicht angefangen hat zu arbeiten.*

4

*8.20 Uhr: Die Lehrerin ist fertig mit rumgehen. Zu Singh: „Bei dir war ich noch gar nicht."*

*Lehrerin: „Leise arbeiten."*

*Sie geht mit Singh zum Lesen an eine neue Wand, an der viele Wörter, nach Buchstaben in Druckschrift und in Schreibschrift sortiert, angeheftet sind. Singh soll sich ein Wort aussuchen und abschreiben.*

*8.22 Uhr: Sie gibt Hannes einen Karton, der malt mit anderen auf dem Flur. Die Lehrerin geht dorthin.*

*8.24 Uhr: Lehrerin zu Said: „Arbeiten, ohne zu reden."*

*8.25 Uhr: Sie steht bei Jan. Lehrerin zu Ole: „Wenn du was nicht lesen kannst, kommst du zu mir." Sie gibt Jan ein Heft und holt sich Ole zum Lesen. Setzt ihn auf einen Stuhl neben der Leseecke.*

*zuzuordnen, auch wenn sie sich offensichtlich eine andere Tätigkeit ausgewählt hat
als die von der Lehrerin vorgeschlagene. Özgül schaut bei Ayse zu (Vergewissert sie
sich, was zu tun ist, weil sie vorher vor lauter Malidee-Kratztechnik nicht zugehört
hat?). Die Lehrerin schickt sie zum Hängeregister. Özgül geht zu ihrer Ablage und
holt Geld, dann zum Hängeregister und kommt mit dem Sprachbuch „Entengrütze
III" und dem Wörterheft wieder, meldet sich, schaut zu Ayse. Singh hat das
Schreibheft mit den dreifarbigen Linien ausgepackt, er schaut zur hinteren Tafel und
schreibt dort ab (die Sätze von letzter Woche). Özgül meldet sich, fummelt das Geld,
das auf Papier festgeklebt war, ab. Beugt sich zu Anne, es entsteht ein kleiner Streit
über Stifte. Die Lehrerin: „Özgül, darf ich dich bitten, an deinem Platz zu bleiben
und die Anne nicht zu stören!" Özgül geht und holt ihr angefangenes Kratzbild
wieder, malt kurz und versteckt es dann unter dem Tisch.*

## 4

*Singh: „Hab ich richtig geschrieben? Toni (er verbessert den I-Punkt) ist ein rabe."
Ich weise ihn auf das große R wie bei der Wortkarte Rollo hin.*

*Ayse und Özgül sprechen türkisch, anscheinend übersetzen sie die Namen der
Wochentage. Özgül spielt mit Geld und Wachsstiften. Singh schreibt zum zweiten-
mal: Toni ist ein Rabe. Özgül versteckt die Wachsstifte, läuft zur Lehrerin, die bei
Lukas steht. Singh geht mit seinem Heft auch hin. Er hat inzwischen den Satz zum
drittenmal geschrieben. Die Lehrerin geht mit Özgül in die Matheecke und spricht
mit ihr. Özgül deutet auf eine Seite im Wörterheft: „Kapier ich nicht!" Die Lehrerin
erklärt für Özgül und Ayse, was auf dieser Seite zu machen ist. Singh steht und schaut
zu. (Es geht um die Zuordnung von Anfangsbuchstaben als richtig oder falsch.)*

*Singh hat drei Sätze je dreimal geschrieben, und nun ist noch eine Zeile frei, da die
Seite zehn Zeilen hat, was tun? Die Lehrerin holt Singh und geht mit ihm an die
hintere Tafel. Dort bespricht sie mit ihm und Ole ein neues Angebot: kleine
Wortkärtchen, die man zum Abschreiben mit an den Platz nehmen kann.*

*Ayse und Özgül arbeiten zusammen im Wörterheft. Es wird diskutiert, was man zu
welchem Bild malen soll und wo das jeweilige Bildchen hin soll. Nina kommt an den
Tisch. Mit Anne zusammen schaut sie bei Ayse und Özgül zu: „Was macht ihr?"
Özgül ist schneller als Ayse.*

*Singh kommt mit einem Wortkärtchen, auf dem „Fisch" steht, und schreibt es einmal
ab. „Muß man hier immer weitermachen?" fragt er mich.*

*Nina will sich einen gelben Markierstift leihen. Sie diskutiert mit Anne, dann mit
Ayse und Özgül. Ayse will ihren Stift nicht hergeben. Ihr Kompromiß: „Ich mal's dir."
Ayse und Nina gehen an Ninas Tisch. Özgül schaut ihnen nach. Ayse kommt mit
ihrem Marker zurück. Özgül quietscht laut und hoch, um Ayses Aufmerksamkeit zu
erlangen. Beide lesen wieder zusammen und fangen dann an auszumalen: „Butter
ist gelb." Özgül: „Die Nina ist ein bißchen dumm, die nimmt von allen Stiften."*

## 5

*Sie geht herum, hilft Singh, der nicht weiß, ob er zwei Wörter abschreiben soll. Sie guckt Sida über die Schulter: „Ist ja Wahnsinn." (Sie hat einige Kinder übersehen beim ersten Kontrollieren der Hefte.) Zu Ayse: „Du hast ja auch nicht alles gemacht. Da muß ich gucken, ob du es richtig gemacht hast." (Ole sitzt und wartet.) Sie geht zu Pit und sagt zu Salia: „Du bleibst an deinem Platz." Sie spricht mit Benedikt und Nina.*

*8.29 Uhr: Sie liest mit Ole. Dazwischen kommen Benjamin und Anne.*

*8.31 Uhr: Ole ist fertig. Sie spricht mit Hannes und Nina.*

## 6

*Sie hilft Singh beim Schreiben: „Wir üben das noch mal auf der anderen Seite."*

*8.32 Uhr: Norbert soll anmalen: „Dann bist du fertig."*
*8.33 Uhr: Sie geht auf den Flur zu Benedikt und Hannes.*
*8.34 Uhr: Lehrerin: „Anne, wie weit bist du?" Sie schreibt mit Singh. Zu Salia: „Fünf Wörter schreiben. Mach's richtig."*
*8.35 Uhr: Sie spricht mit Said und Benedikt. Eine Kollegin kommt, zeigt ein Arbeitsblatt und geht wieder.*
*8.36 Uhr: Die Lehrerin sucht etwas an ihrem Schreibtisch.*
*8.37 Uhr: Sie nimmt den Photoapparat, um zu photographieren. Es kommen Said, Salia, Norbert, Rebecca, Frank und wollen alle was von ihr.*
*8.38 Uhr: Sie liest mit Frank und erklärt ihm eine Aufgabe.*
*8.39 Uhr: Lehrerin: „Anne, zeig mir, was du heute gemacht hast." Sie spricht mit Singh und Özgül.*
*8.40 Uhr: Zu Nina: „Sehr schön." Özgül sucht einen Stift, die Lehrerin gibt ihr einen.*
*8.41 Uhr: Zu Singh: „Noch einmal ‚Fisch'."*
*8.42 Uhr: Sie ist auf dem Flur und sucht ein Blatt für Ole: „Nimm das mit an den Tisch."*
*8.43 Uhr: Sie sucht Blätter aus einem Ordner.*
*8.44 Uhr: Sie ist mit Singh auf dem Flur.*
*8.45 Uhr: Es klingelt, keiner registriert es. Lehrerin: „Ole, bleibst du bitte mal hier." Sie hängt auf dem Flur Bilder auf.*

**5**

*Die Lehrerin kommt. Singh hat gedruckt (auf dem Wortkärtchen gibt es Druckschrift und Schreibschrift), er soll aber Schreibschrift schreiben.*

Ayse: „Frau Walter, was ist ein Besen?" Özgül: „Ein Stock zum Putzen." Ayse: „Frau Walter, das kapier ich nicht."
Singh: „Richtig? (Er hat inzwischen Fisch in Schreibschrift geschrieben.) Ei, ei, ei!" (Im Sinne von: Was war das schwer!)
Ayse: „Was ist ein Ast?" Özgül: „Stock, Baum, Stock mit paar Blättern dran, nicht ganz viele."

*Diskussion, wer nachher mit wem zusammen im Bus sitzen soll, wenn es zum Kinderhort geht. Ayse: „Hier ist der Bus", sie zeigt auf ihr Heft, „und hier sitzt ...,* und hier ..." Sie tippt jeweils mit dem Finger aufs Papier, um den Platz zu markieren, *sie hat also eine räumliche Vorstellung und kann sie in ein Bild übertragen!*

**6**

*Ich rufe die Lehrerin, weil Singh das „h" falsch schreibt, erst einen senkrechten Strich von oben nach unten, dann oben ansetzend eine Art 3 dran. Die Lehrerin schreibt es ihm auf einer neuen Seite vor. Singh schreibt eine Reihe „h", die Lehrerin lobt ihn, dann macht sie ihm ein „ch" vor. Er schreibt.*

Ayse: „Frau Walter, fertig! Frau Walter, hab nichts mehr!" Sie streckt sich. Özgül liest Singh ihre Wörter vor. Beide drohen sich spielerisch an, sich etwas gegenseitig aufs Blatt zu kritzeln.

Özgül: „Ich mal jetzt mein Dings weiter!" Sie geht zur Lehrerin, die sagt: „Okay, kannst jetzt deinen Clown malen." Özgül geht fröhlich ihr Schreib- und Leseheft wegbringen.

Singh und Anne spielen Radiergummi-Verstecken. (Der Radiergummi ist weg, er wird im Mäppchen und in allen Hosentaschen gesucht. Anne greift sich in die Taschen, mit dem Gesichtsausdruck: Siehst du, da ist er nicht.)

Özgül malt: „Das soll ein Clown sein." Özgül schaut zu Annes Mäppchen. Die Lehrerin: „Özgül, du hast einen Stift verloren." Özgül geht zum Lehrerschreibtisch, findet den Stift nicht. Die Lehrerin hilft suchen. Dann mit Stift zurück an den Platz. Sie malt schmale Streifen verschiedener Farbe auf das Blatt, meist schräg und parallel. Sie spricht mit Ayse und Anne über Farben. Özgül erklärt Sida, was zu machen ist: „Fest drücken!" Sie macht es auf Sidas Blatt vor. Anne: „Ich möchte Schulschluß haben!" (Es klingt nicht nach Vorfreude über den Hortbesuch, sondern nach Unlust.) Sida nimmt nun auch den Wachsstift, den sie zuvor in Schreibhaltung gehalten hat, in die Faust und versucht fest zu drücken, was ihr aber nur mühsam gelingt. Özgül zu Anne: „Der Jan hat dich geküßt, oder hast du ihn geküßt?" Anne zeigt ihr einen Vogel.

---
**7**
---

*8.47 Uhr: Sie zeichnet für Hannes ein Bild auf: „Machst du der Sonne noch kleine Streifen, sieht nämlich ganz toll aus." „Nina, wieso sitzt du dahinten. Ich möchte, daß ihr an eurem Platz bleibt während der Arbeitszeit. Wenn ihr fertig seid, könnt ihr zusammen malen. Katrin, bitte geh an deinen Platz."*

*8.49 Uhr: Said soll sein Heft vorzeigen. Lehrerin: „Macht eure Blätter lustig." Frank und Lukas albern schon lange miteinander, werden jetzt sehr laut. Die Lehrerin merkt es nicht.*

*8.50 Uhr: Frank und Lukas sind extrem laut. Lehrerin: „Dann setzt euch lieber auseinander."*

*8.51 Uhr: Nina, Salia, Sandra kriegen Blätter. Die Lehrerin guckt herum, orientiert sich in der Klasse, spricht mit Sandra. Lehrerin: „Frank, Lukas, wenn ihr dann nicht mehr wollt, hört ihr auf." Sie beschäftigt sich mit Norbert, Jan und Özgül.*

*8.53 Uhr: Sie hilft Sida mit der Wachskreide, das heißt, malt für sie die Farben übereinander. Das dauert 3 Minuten und ist die längste kontinuierliche Phase.*

*8.56 Uhr: Katrin kommt: „Die ärgern uns." Lehrerin: „Zieht doch um." Sie spricht mit Said. Anne zeigt ihr Heft. Lehrerin: „Du hast mich jetzt aber reinlegen wollen" (Anne hat wohl nichts geschrieben). Sie spricht mit Özgül.*

---
**8**
---

*8.57 Uhr: Eine Kollegin kommt, die Lehrerin geht zu ihr. Zu Benjamin: „Überleg dir, wo die Sonne hinkommt, machst du blaue Wolken."*

*8.58 Uhr: Lehrerin: „Sehr schön, Özgül."*

*8.59 Uhr: Sie spricht mit Hannes und sagt zu Sida: „Toll, dafür müssen wir einen schönen Platz finden." Sie spricht mit Benedikt.*

*9.00 Uhr: Lehrerin: „Komm mal mit, Pit." Der soll zum Förderunterricht.*

*9.01 Uhr: Benedikt zeigt sein Bild. Lehrerin: „Da müssen wir uns überlegen, wo wir das draußen aufhängen."*

*9.02 Uhr: Sie hängt Bilder draußen auf. Die Lehrerin ist auf dem Flur. In der Klasse führt Jan ein großes Wort. Benjamin hat Streit mit Ole. Jan: „Finger hoch, wer in Frau Walter verliebt ist. Wollen wir das Hackspiel spielen?" Alle Jungen heben die Hand.*

**7**

Özgül: „Das wird ein Clown." Sida malt inzwischen wieder in Schreibhaltung. Singh hat sich nun auch wieder seine rosa Pappe geholt und beginnt, das Blatt mit Wachskreide zu bemalen. Dabei entdeckt er, daß an den Ecken ein Schablonendruck auf der rosa Unterlage entsteht. Özgül zu Singh: „Ganz fest", sie macht es ihm vor. Sie selbst übermalt ihr inzwischen ganz buntes Blatt mit Schwarz. „Fest, dann malst du mit Schwarz drüber." Sie schaut zu, wie Sida malt. „Jetzt schwarz, gut!", dann zu Singh: „Immer mal andere Farben, Gelb, Rot, Blau, nicht Schwarz! Clown haben wir in der Vorklasse gemacht, erst ganz schwarz und dann Stock nehmen und so!" Sie macht Kratzbewegungen vor. Özgül zu Sida: „Weitermachen!" und zu Singh: „Ein bißchen kleiner." (Er macht die Streifen zu breit.) „Ich hab gestern auf dem Kopf geblutet." Singh fragt nach. Özgül: „Kennst du den …, der hat mir mit der Schippe auf den Kopf gestoßen, Arschloch!" Anne zeigt einen Klebstift. Özgül: „Geschenkt?" Anne schüttelt den Kopf: „E, e" (im Sinne von: nein).

Özgül schmeißt den Stift über den Tisch, daß er zu Boden fällt. Anne hebt ihn auf. Özgül hat den Kratzstift geholt. Sie verbessert noch einmal das Schwarz. Die Lehrerin hilft Sida, die mit dem Festaufdrücken echte Schwierigkeiten hat und müde die Hand schüttelt.

Singh: „Guck mal, wie weit ich schon bin!" Singh staunt über Özgüls Bild. Dann entsetzt: „Aber ich hab das (den Kratzstift) nicht!" (Panik: Dann kann ich das nicht richtig machen!) Özgül: „Ist noch nichts." Sie strahlt über das Lob. Özgül: „Das hängen wir auf!" Sida schaut bei Özgül zu. Özgül ruft die Lehrerin, damit sie Sida hilft. Die Lehrerin schickt Sida einen Kratzstift holen: „Jetzt kratz dir einen schönen Clown!" Özgül schaut zu, bis sie sieht, daß Sida richtig kapiert hat. Dann kommentiert sie: „Süß! Jetzt noch eine Schleife hier." Özgül bringt ihr Werk zu der Lehrerin. „Ich mach noch eine Blume", sagt sie und fängt sofort mit einem neuen Blatt an.

**8**

Jan: „Singh, du liebst Nina." Singh: „Nina liebt Lukas. Guck mal, ich bin erster fertig!" (Letzteres zu Ayse.) Ayse: „Egal! Du willst ja nur erster sein." Özgül: „Es muß schön sein!" Singh: „Ist ja schön!" Sida beginnt ein neues Blatt, Singh beginnt auszukratzen, Ayse malt noch schwarz, Anne sitzt und schaut zu. Özgül zu Sida: „Guck mal!" Sie hält ihr Ayses Stift hin, der auf einer Seite abgeflacht ist vom großflächigen Malen. Ayse spielt Lippenstift damit. Jan: „Nina, liebst du den Ole? Ole, die Nina liebt dich. Lukas, die Nina hat gesagt, daß sie den Ole liebt!" Das alles laut über drei Tische. Anne kommt zu mir und erzählt mir, daß sie in Amerika aus trockenen Zwetschen einen Lippenstift gemacht hat und die (wer?) ihr nicht glaubt. Sandra: „Nina, du misch dich da nicht ein!" (Wen liebt Sandra, daß sie das Gespräch als „Einmischung" verstanden hat?) Jan: „Alle herhören, ein paar Jungen sind in die Mädchen verliebt!" Singh beginnt ein zweites Blatt. Zweimal fängt er an, schwarz zu malen (was in der ersten Farbschicht keinen Sinn macht). Ayse ist mit dem ersten Blatt fertig.

*9.09 Uhr: Lukas: „Wer beim Regenmacherspiel mitspielen will, Hand runter." Die Lehrerin ist wieder in der Klasse: „Könnt ihr bitte versuchen, so langsam aufzuräumen. Frank, Lukas, seid bitte leiser."*

*9.10 Uhr: Sie legt die Frühstücksdecke auf den Boden, um die sich die Kinder zum Essen setzen sollen.*

*9.11 Uhr: Es gibt einen Streit zwischen Singh und Özgül. Die Lehrerin greift ein. Lukas: „Jeder, der an Ninas Tisch gesessen hat, ist in sie verknallt."*

*9.12 Uhr: Die Lehrerin steht am Schreibtisch.*

**9**

*9.13 Uhr: Lehrerin: „Frühstückszeit!"*

*9.14 Uhr: Sie hängt mit Benjamin draußen Bilder auf. Sie kommt herein und sagt: „Platz suchen und hinsetzen. Katrin, Sandra, Nina, nicht rumlaufen." Sie ist mit Benjamin und Benedikt auf dem Flur.*

*9.17 Uhr: Jan macht Reklame für das Hackspiel. Er sucht Mädchen: „Alle Mädchen, die mitmachen wollen, heben die Hand." Erst melden sich nur Özgül, dann Sida, später alle.*

**10**

*9.18 Uhr: Die Lehrerin: „Kaum zu glauben, ich habe gegen die Wand geredet." Die Kinder sollen am Platz bleiben und nicht herumlaufen.*

*Lukas tobt. Jan ist völlig aufgeregt. Die Lehrerin ist erstaunt ob der Situation.*

*9.21 Uhr: Lehrerin: „Said, Ole, du bleibst jetzt sitzen. Ayse und Anne. Setzt euch hin."*

*9.22 Uhr: Lehrerin: „Wer fertig ist, kann jetzt raus."*

*Pause.*

*Jan organisiert ein „Hackspiel" für die Pause. „Soll ich sagen, wie's geht? Also, Ole, Frank, Lukas, Singh, ich, fünf Leute reicht." Ayse leiht sich von Singh einen schwarzen Stift und hilft damit bei Özgül, deren zweites Blatt schwarz zu machen. Jan organisiert weiter. Sida kratzt Osterhasen heraus.*

## 9

*Frühstückszeit. Singh: „Mein Schwarz ist einfach verschwunden" (empört), Özgül: „Ich hab sie genommen." Sie gibt sie zurück. Es entsteht ein Streit um die Größe des Stifts. Singh unterstellt, daß Özgül ihm den kürzeren zurückgegeben hat. Özgül: „Mir! Ich zeig dir, wieso!" Aber Singh will keine Argumente hören. Beide zerren an dem Stift. Die Lehrerin kommt: „Ist der Unterschied so groß? Welchen willst du?" fragt sie Singh. Singh: „Den da." Singh schneidet triumphierende Fratzen, aber Özgül ist mit der Lösung auch zufrieden: „Das war auch deiner." Beide malen weiter. Sida hat viele kleine Tiere gekratzt.*

*Es ist Frühstückszeit! Özgül trägt ihr Bild weg, stützt sich im Vorbeigehen auf meine Schulter, packt ein, geht zu ihrem Stehordner, kramt im Ranzen nach dem Frühstück. Singh holt einen Schokoriegel aus dem Ranzen: „Nina, hast du's?" (Frühstück ist wohl gemeint.) Er holt noch einen Riegel und ein dickes Frühstücksbrot. Özgül setzt sich auf einen Stuhl beim Frühstückskreis.*

*Jan organisiert schon wieder das Hackspiel. Er sucht ein paar Mädchen zum Mitmachen, Özgül meldet sich, Said will Katrin mitmachen lassen. Ich frage Jan, wie das Hackspiel geht. „Da nimmt einer eine Hacke und haut einen mitten durch, und dann muß der weitermachen." (Also eine Art Nachlaufen.) Özgül und Ayse organisieren, daß alle Mädchen sich zum Mitmachen melden.*

## 10

*Singh hat erst seinen Riegel verspeist, dann folgt ein Würstchen. Said macht Singh an, der reagiert sofort. Die Lehrerin unterbricht die Rangelei. Die Lehrerin: „Ayse, komm mal bitte her!" Ayse geht mit einer Krone auf dem Kopf an ihren Platz. Özgül ist in der Spielecke. Dann kommt sie zu mir: „Ich sag Ihnen, was Sie alles schreiben sollen: Geschrei. Wir gehen gerne in die Pause. Özgül hat ihre Haare geschnitten. Stop, weil ich in die Pause muß. Komm, Sida!" Ab.*

## 11

*9.50 Uhr: Lehrerin: „Was ist denn heute mit euch los." Sie schimpft mit Salia und Rebecca, schickt sie auf den Flur. Sie schickt Pit an seinen Platz und sagt: „Halten sich nicht an die Regeln."*

*9.51 Uhr: Die Lehrerin wartet am kleinen Tisch vor der Leseecke, in der die Kinder sitzen, auf Ruhe. Sandra und Katrin kommen jetzt von der Hofpause.*

*9.52 Uhr: Die Lehrerin holt Salia und Rebecca wieder herein. Norbert soll den Raben weglegen. Lehrerin: „Etwas aufgeregt heute."*

*9.53 Uhr: Sandra hat sich wehgetan, die Hose ist kaputt. Da kann man was draufnähen. Ein Herz zum Beispiel. Die Kinder wollen über „Herz" erzählen. Die Lehrerin: „Hallo! Alle macht ihr jetzt bitte den Mund zu. Jan nimmt die Krone ab."*

*9.54 Uhr: „Also, wenn wir noch lange hier sitzen, fahren die Busse ohne uns ab."*

## 12

*9.55 Uhr: Die Lehrerin zeigt Wachsbilder und die Maltechnik. Sie lobt Özgül: „Wenn das jemand machen will, kann er die Özgül fragen. Das ist ein besonders schön gewordenes Bild." Sie sagt nicht, wer das Bild gemacht hat. Es war Özgüls Bild, die lacht und ist stolz.*

*9.56 Uhr: Sie zeigt eine Osterhasencollage von einer Kollegin.*

*9.57 Uhr: Benjamin fragt, warum Frau Beck alles aufschreibt. Diese sagt: „Für meine Studenten." Die Lehrerin nimmt den grünen Stoffdrachen und läßt ihn fragen: „Wollt ihr auch alle in den Hort?"*

*Es gibt einen Konflikt zwischen Pit, Singh und Ole.*

## 13

*9.59 Uhr: Die Lehrerin liest aus dem Drachenbuch vor. Sie fragt: „Wer war schon mal beim Friseur?" Die Kinder wollen erzählen, aber sie akzeptiert nur eine Antwort.*

*10.00 Uhr: Lehrerin: „Frank, wenn du spielen willst, kannst du rausgehen. Du kannst draußen spielen."*

*Die Lehrerin liest weiter vor aus dem Drachenbuch, mit der Drachenpuppe in der Hand. Dann fordert die Lehrerin die Kinder auf, sich bis zur Fahrt in den Hort selbst zu beschäftigen.*

## 11

*Die Lehrerin will alle Kinder in der Sitzecke sammeln. Jan thront mit der goldenen Papierkrone auf dem Kopf in der Sitzecke. Die Lehrerin schickt Salia und Rebecca vor die Tür, weil sie schon die ganze Zeit und jetzt wieder gegen die Regeln handeln. Als alle annähernd versammelt sind, frage ich die Lehrerin nach Salia und Rebecca. Nach ihrer Anweisung gehe ich raus und frage die beiden, ob sie es sich überlegt haben und wieder nach den Regeln handeln wollen. Salia: „Nein!" Ich gehe rein. Kurz drauf kommen die beiden rein und bestätigen der Lehrerin, daß sie es sich überlegt hätten.*

*Sandra kommt, geführt von Katrin, in die Klasse mit leidendem Gesicht. Sie ist gefallen und hat ein Loch in der Hose. Sie wird vielfach getröstet. (Da kann man ein Herzchen draufnähen. Norbert hat auch schon mal ein Loch in der Hose gehabt. Auf dem Weg zum Hort soll die Mutter informiert werden …)*

## 12

*Özgül darf erklären, wie die Kratzbilder entstanden sind. Eins hebt die Lehrerin als „besonders schön gelungen" hoch. Özgül lacht verschämt und ist offensichtlich sehr stolz.*

## 13

*Die Lehrerin liest aus dem Buch vom kleinen Drachen vor. Zwischendurch entdeckt Özgül den Zeitungsausschnitt über das Senckenbergmuseum, den ich mitgebracht habe und der nun neben der Saurierwand hängt. Sie versucht zu lesen. Dann sitzt sie, den Ellenbogen auf Jans Schulter gestützt, und hört zu. Der läßt sich das ohne jeden Protest gefallen.*

*Die Lehrerin hat beim Vorlesen einen kleinen grünen Plüschdrachen auf der rechten Hand sitzen. Dann entdecken die Kinder, daß es in dem Buch auch Abbildungen gibt. Benjamin: „So sieht er also aus." Katrin findet, daß er anders aussieht als die Handpuppe der Lehrerin. Özgül spricht die Handpuppe an: „Kannst du Toni sagen?" Er kann. Die Lehrerin fragt (zum vorgelesenen Text): „Ob Großmutter den kleinen Drachen nützlich findet?" Özgül: „Nein!" Die Lehrerin baut die Motivation zum Weiterlesen auf: „Eines Tages geht er auch in Morris Schule" (meint: und stellt dort auch lauter dumme Sachen an). Özgül: „Geil!" Dann fordert die Lehrerin die Kinder auf, sich für den Rest der Stunde bis zum Abmarsch Richtung Hort eine Tätigkeit zu suchen.*

> Vergleichen Sie bitte die beiden Texte. An welchen Stellen widersprechen
> sie sich? In welche Konflikte ist die Lehrerin verwickelt? Welche Konflikt-
> lösungsmethoden hat sie benutzt? Was bekommt die Lehrerin eigentlich
> vom Geschehen mit?
>
> Hätten Sie ähnlich oder anders gehandelt? Welche Vorstellungen über die
> soziale Organisation des Unterrichts finden Sie in den Szenen? Welche
> Ordnungsgrundsätze haben Sie?

Wir denken, daß an dem Vergleich der beiden Protokolle auch einsichtig wird,
wie sehr die eingenommene Perspektive eine Rolle spielt. Wenn man die
Lehrerin beobachtet, bekommt man kaum mit, was die Kinder tun und umgekehrt. Ebenso läßt sich fragen, was eigentlich die Lehrerin von der Vielfalt der
Aktivitäten der Kinder am Tisch wahrgenommen hat. Es gibt einen Handlungs-
strang der Lehrerin, und es gibt eine Vielzahl je individueller Handlungsstränge
der einzelnen Kinder. In bestimmten Situationen treffen beide aufeinander. Die
Schulforschung hat diese beiden Handlungsebenen als Vorderbühne und Hinterbühne bezeichnet.

# 3.9 Vorderbühne und Hinterbühne

„Wenn alles schläft und einer spricht, dann denkt man, es ist Unterricht." Dieser
Schülerspruch ist keineswegs zutreffend. Selbst wenn nur einer laut zu hören
ist: es gibt eine Vielzahl untergründiger Aktivitäten und Gespräche von Schülerinnen und Schülern. Man braucht sich nur einmal während des Unterrichts
auf den Flur zu stellen und zu lauschen. Immer, auch im Frontalunterricht, gibt
es das Miteinander der Schülerinnen und Schüler. Da wird gelacht und geki-
chert, heimlich in anderen Heften geblättert, da werden Briefe ausgetauscht,
Radiergummis geliehen, über den Fernsehfilm vom Vortag geredet, da verabredet man sich für den Nachmittag usw.

Jürgen Zinnecker nannte das, was die Lehrerin im Kopf hat, „Vorderbühne" im
Unterschied zur „Hinterbühne als Ort der Vorbereitung und Verarbeitung der
Unterrichtssituation".[25] Manchen Lehrerinnen erscheint die Hinterbühne als
Ort der Unruhe, wo die Schüler unaufmerksam sind und schwätzen. Auf der
Hinterbühne, gleich, ob während des Unterrichtens oder in den Unterrichtspau-
sen (Schulhof, Toilette etc.), werden unter anderem die Einstellungen und
Verhaltensnormen zum Schulleben durchgesetzt. Hier entstehen kollektive

25) Zinnecker 1978, S. 40.

Sympathien für einzelne Lehrerinnen oder allgemeine Ablehnung einer anderen Lehrerin.

Es gehört gewissermaßen zur Tradition der Didaktik, das Treiben auf der Hinterbühne zu ignorieren beziehungsweise als Störgeräusch zu identifizieren und zu sanktionieren. Wenn man etwa Unterrichtsinhalte „als symbolische Repräsentation gesellschaftlicher Praxis"[26] definiert, so geschieht dies ausschließlich aus der Lehrerperspektive. Hier wird einfach der Lehrstoff mit dem gleichgesetzt, was die Schüler lernen. Es läßt sich bezweifeln, daß diese Gleichsetzung gerechtfertigt ist. Jürgen van Buer schreibt: „Traditionelle Unterrichtsbeobachtung ist an individuenübergreifenden Merkmalen unterrichtlichen Handelns interessiert. Idiosynkratische Elemente des unterrichtlichen Lehrer-Schüler-Verhaltens werden – wenn sie überhaupt in den Blickpunkt geraten – eher als ‚Störvariablen' behandelt."[27]

Wo in der „Stundenbetrachtung" oder „Nachbetrachtung" Schülerverhalten thematisiert wird, kommt es allein als Reaktion auf das Verhalten der Lehrerin zur Sprache. Tatsächlich aber ist der Unterrichtsinhalt ein gemeinsames Produkt aus der Interaktion von Lehrerin und Schülern und nicht Folge der mehr oder minder durchdachten Stufen des Handelns der Lehrerin. Für die Frage, was die Schüler lernen, ist die Situation entscheidend. Antworten auf Fragen nach der „Unterrichtsstruktur" oder „Sozialformen" oder „Phasen des Unterrichts" geben Auskunft über Planungskonzepte der Lehrerin, aber nicht Auskunft über den tatsächlich stattgefundenen Unterricht. Dies auch dann nicht, wenn, wie zumeist in den Prüfungsstunden am Ende des Referendariats, der Unterricht exakt so verlaufen ist, wie er geplant wurde.

Die Beobachtung der von der Lehrerin umgesetzten Planung erfaßt nur die Oberfläche des Unterrichts.

Umgekehrt gilt dies auch für eine Forschungstradition, die sich aus der Kritik an der Alltagsvergessenheit der Didaktik etabliert hat. Horst Rumpf zeigt, daß die Beschränkung auf Interaktionsverhalten wiederum die Inhaltsdimension vergißt. Gut untersucht wurden etwa „Lehrerfragen". Alle 43 Sekunden erfolgte durchschnittlich eine Frage des Lehrers im Unterricht, hatten Rainer und Annemarie Tausch herausgefunden.[28] An den Lehrerfragen interessierte, wie häufig sie auftreten. Die Häufigkeit läßt sich leicht in Strichlisten festhalten. Horst Rumpfs Kritik an dieser Art von Forschungen hat drei Aspekte, die auch für unseren Ansatz wesentlich sind.

Die erste Kritik bezieht sich darauf, daß in der bloßen Quantität die unterschied-

---

26) Menck 1986, S. 33.
27) Buer, van 1984, S. 259.
28) Vgl. Tausch/Tausch 1965, zit. n. Rumpf 1969.

lichen Inhalte und Bedeutungen von Lehrerfragen verlorengehen. Eine Frage ist eben nicht wie die andere. Wenn man weiß, wie oft gefragt wird, weiß man noch nicht, was gefragt wurde. Lehrerfragen bloß zu zählen bedeutet, sie auf einer einzigen Ebene zu betrachten. Hier, bei den Untersuchungen zum Unterrichtsstil des Lehrers, ging es nur um den Interaktionsradius und Interaktionsstil des Lehrers. Der Unterrichtsinhalt ging also verloren.

Die zweite grundsätzliche Kritik bezieht sich darauf, daß mit der Zusammenfassung inhaltlich ganz verschiedener Fragen unter die Kategorie „Lehrerfrage" die Vielzahl von Formen und Bedeutungen von Lehrerfragen verlorengegangen ist. Der Begriff „Lehrerfrage" suggeriert eine Eindeutigkeit, die faktisch nicht vorhanden ist.

Drittens unterschlägt diese Methode den Ablauf. Keine Lehrerfrage entsteht in einem luftleeren Raum. Ihr ging etwas voraus und etwas folgt nach. Der Sinn oder Unsinn einer Lehrerfrage läßt sich nur aus diesem Prozeß heraus bestimmen.

Rumpf schreibt:

„Die hier referierten Kategorisierungen bei empirischen Unterrichtsbeobachtungen, die allesamt qualitativ beschreibbare Unterrichtsgeschehnisse in quantitativ meßbare Elemente umzuwandeln ermöglichen sollen, machen den Preis deutlich, der bei dieser Umwandlung entrichtet wird; man beschneidet das komplexe Phänomen derart, daß nur wenige seiner Merkmale übrig bleiben (etwa ‚Asking questions'); dabei tritt notgedrungen ein starker Verlust an Information über die Beschaffenheit des komplizierten Phänomens ein. (...) Diese Informationsarmut rührt nicht aus dem Überspringen von Tatsachen zugunsten von Wesensschau oder Normenreflexion her, sondern aus dem Bedürfnis, bestimmte Merkmale des Unterrichts aus einem hochkomplexen Geschehen herauszulösen, um sie zum Zweck der Überprüfung von Hypothesen und Theorien meßbar zu machen."[29]

Wenn für Unterricht sowohl der Inhalt als der Verlauf als auch die Interaktionen von Bedeutung sind, so liegt dies daran, daß Unterricht ein hochkomplexes Gebilde ist. Komplexität meint etwas anderes als die Addition von vielen Faktoren. Komplexität beschreibt das Mit- und Ineinander einer großen Zahl von Einflüssen. Jede Untersuchung einzelner Faktoren führt auch dann, wenn man diese gegeneinander verrechnet, nicht dazu, das zu erfassen, was man das Ganze des Unterrichts nennen kann. Weil Unterricht komplex ist, läßt er sich auch nicht in Laborsituationen untersuchen. Wilhelm Hagemann schreibt: „... viele der bisherigen experimentellen Untersuchungen zu (vermeintlich) unterrichtsrelevanten Fragestellungen (haben) lediglich den Charakter einer Übung

29) Rumpf 1969, S. 312.

im Anwenden von forschungsmethodischen Spielregeln auf einen Objektbereich, für den sie nicht entwickelt wurden."[30] Hagemann fordert die Entwicklung eines methodischen Instrumentariums, das der Komplexität von Unterricht angemessen ist.

Die Integration von Beobachtung und Selbstbeobachtung betrachten wir als eine Möglichkeit, mit der Komplexität von Unterricht umzugehen. Wir meinen, daß Horst Rumpfs 1969 geäußertes Verdikt: ,,Die Materie des Unterrichts ist so kompliziert, daß jeder, der gleichzeitig alles beobachten und registrieren wollte, was da vorgeht, sich selbst disqualifizierte",[31] zutrifft, insofern es um den Anspruch geht, ,,alles" beobachten zu wollen. Die Beobachtung, die sich an einzelnen Szenen orientiert und dann versucht, den Zusammenhang von Wahrnehmung und Einstellung zu reflektieren, kann u. E. dabei helfen, an der einzelnen Beobachtung das Allgemeine und Typische zu erkennen.

30) Hagemann 1976, S. 141.
31) Rumpf 1969, S. 293.

# 4. Der Blick auf das pädagogische Konzept

## 4.1 Offener Unterricht

Wir meinen, daß es keine Methode gibt, die sich für jeden Unterricht eignet. Die Beobachtungsmethode sollte deshalb dem Beobachtungsgegenstand angemessen sein. Die meisten Unterrichtsforschungen, die wir kennen, beziehen sich – zumeist unausgesprochen – auf einen Frontalunterricht.

Den Unterricht, den wir beobachtet haben, kann man als ,,Offenen Unterricht" bezeichnen. Unser Projekt, die Kinder zu beobachten, setzte einen ,,Offenen Unterricht" als Beobachtungssituation voraus.

Seine vordergründigen Merkmale sind eine andere Sitzordnung (in Gruppentischen und nicht mit Blick auf Tafel und Lehrerin) und das Vorhandensein einer Fülle von Materialien, Büchern und Bildern im Klassenraum (nicht als Ordnungsmittel, sondern als Arbeitsmittel). Ein großer Teil des Unterrichts befindet sich in der Hand einer Lehrerin, die unabhängig vom Klingelzeichen und Stundenplan je nach Notwendigkeiten Fächer und Themen wechselt. Dabei dürfen sich einige Themen und Aufgaben über mehrere Tage, Wochen oder Monate hinziehen. Als Kennzeichen eines ,,Offenen Unterrichts" wird

auch ein Wochenplan angesehen, der den Schülern die Möglichkeit gibt, zumindest die zeitliche Verteilung ihrer Aufgaben frei zu regeln. In Klassen mit „Offenem Unterricht" finden sich zumeist ein Sofa und eine Spielecke, die Kinder während der „Freiarbeit" benutzen können. In der Literatur wird auch häufig der Morgenkreis als obligatorische Einrichtung des „Offenen Unterrichts" genannt.

All dies sind vordergründige Merkmale, die sich gewissermaßen gegen den Strich benutzen lassen. Der Morgenkreis kann zu einer Übung des Stillsitzens verkommen; der Wochenplan zu einer Stillarbeit; die Freiarbeit zur Belohnung für schnellere und zur Bestrafung langsamerer Schüler. Auch die Gruppentische müssen nicht für Gruppenarbeit genutzt werden, wenn der Blick vor allem nach vorne, auf die Tafel, gerichtet sein muß.

Ein geeigneteres Kriterium für Offenen Unterricht ist unter anderem das Maß der Lehrerzentriertheit. Auch im Offenen Unterricht gibt es Phasen, in denen die Lehrerin informiert, in denen alle Kinder zur gleichen Zeit das Gleiche tun (sollen), in denen sie zur Tafel schauen usw. Es gibt aber auch Phasen, in denen die Kommunikation nicht über die Lehrerin läuft, sondern in denen es Gespräche zwischen den Kindern gibt und direkte Auseinandersetzungen mit einem Sachverhalt.

Offener Unterricht ist keine Unterrichtsmethode und – unserer Ansicht nach – auch kein Unterrichtsstil, sondern setzt ein anderes Verständnis von Kind und Unterricht voraus.

Eine Wurzel des Offenen Unterrichts liegt sicher in der Reformpädagogik. Die Orientierung am ganzen Menschen, seiner Körperlichkeit, seinen Sinnen, seinen Gefühlen und Handlungen soll im Mittelpunkt pädagogischer Bemühungen stehen. Lernen wird interpretiert als subjektiver Akt, den der Lernende selbst vollziehen muß; und den er nur dann vollziehen kann, wenn das, was er lernen will oder soll, etwas mit ihm selbst zu tun hat. Entsprechend wird die Umwelt der Kinder im Unterricht berücksichtigt, und entsprechend eröffnet die Schule die außerschulische Umgebung als Lernort. Schulisches Lernen soll Kindern die Möglichkeit bieten, sich mit ihrer Umwelt auseinanderzusetzen.

Die Veränderung des Klassenraumes zu einer Lernumgebung, die relativ freie Zeiteinteilung durch die Schüler und die Abschaffung von Ziffernnoten, zumindest in den ersten beiden Schuljahren, lassen sich auf reformpädagogische Gedanken zurückführen.

Hinzugekommen ist – auf dieser gewissermaßen noch didaktischen Ebene – eine andere Sicht über die Bedeutung von Fehlern.

Kindern wird das Recht auf Fehler zugestanden, und Fehlermachen gilt als Voraussetzung für Lernprozesse. Hier wurde eine Haltung, die im Spracherwerbsprozeß selbstverständlich ist – niemand korrigiert permanent die falsche Grammatik eines kleinen Kindes –, in die Grundschule übernommen. In den Fehlern der Schüler wird nicht mehr bloß die Abweichung von der Norm gesehen, sondern eine begründete Entscheidung, deren Logik von der Lehrerin erkannt werden soll, um dem Kind auf dem Wege zur richtigen Schreib- oder Rechenweise zu verhelfen.

Dietrich Benner unterscheidet eine methodische, thematische und institutionelle Offenheit von Lernen und Lehren:

„In methodischer Hinsicht folgt die pädagogische Interaktion nicht mehr der alten Didaktik von Vormachen und Nachmachen. (...) Vielmehr kommt es darauf an, Lernende zu Lernleistungen aufzufordern, die durch sie selbst erbracht werden müssen und als solche nicht schon in einer vorgegebenen Ordnung begründet sind."[32]

„Die Frage nach der Lebensbedeutsamkeit des Gelernten muß darum eigens im Unterricht und im Zusammenleben mit den Kindern thematisiert werden."[33]

„Das Postulat institutioneller Offenheit verlangt vielmehr, daß wir in der Institution Schule Lernprozesse, die außerhalb der Schule nicht ohne weiteres möglich sind ... so fördern, daß individuelle und gesellschaftlich fruchtbare Übergänge von schulischen Lern- in außerschulische Handlungssituationen möglich werden."[34]

Gerade Benners Bestimmung „institutioneller Offenheit" zeigt, daß hier die Reformpädagogik nicht mehr die Quelle ist, auf die sich der Offene Unterricht beziehen kann. Denn: „Die vorneuzeitliche Einheit von Leben und Lernen, auf die manche Reformpädagogen gerne zurückgreifen möchten, ist auf immer verloren."[35]

Zutreffend daran ist aus unserer Sicht, daß sich ein Offener Unterricht auf die Problemlage des Endes des 20. Jahrhunderts und nicht auf seinen Beginn beziehen muß. Zutreffend ist auch, daß sich heute keine Einheit von Leben und Lernen mehr konstruieren läßt. Was Dietrich Benner allerdings nicht diskutiert, ist die Gegebenheit, daß Schule Lebensraum und Unterricht zugleich ist. „In einem Lebensraum muß man leben können – als Mensch und nicht als die Kunstfigur Schüler oder Lehrer."[36]

Leben heißt zum Beispiel: zärtlich sein, abwaschen, kochen, spielen, lesen, allein sein ... In der Schule als Lebensraum muß sich der ganze Mensch

32) Benner 1989, S. 51.
33) Benner 1989, S. 52.
34) Benner 1989, S. 54.
35) Benner 1989, S. 53.
36) Hentig 1983, S. 210.

entfalten können. Eine wichtige Bedeutung hat der Lebensraum Schule heute insofern, als er für zahlreiche Kinder der einzige Ort ist, an dem sie mit vielen anderen Kindern zusammenkommen. In diesem Lebensraum Schule lassen sich Erfahrungen machen, vor allem soziale Erfahrungen, für die außerhalb der Schule eben kein Raum mehr vorhanden ist. In ihnen erlebt das Kind soziale Wirklichkeit. Freilich ist und bleibt die Schule als Ganzes eine Institution, deren Funktion darin besteht, Kinder und Jugendliche in einem von der übrigen Lebenswirklichkeit getrennten Raum eben auf diese Wirklichkeit vorzubereiten. Die Rede von der Schule als Lebensraum kann nicht meinen, daß Lehrerin und Kinder in der Schule so zusammenleben wie Eltern mit ihren Kindern oder Kinder mit den Nachbarn. Das Sofa im Klassenraum hat dort eine andere Funktion als das im heimischen Wohnzimmer.

Schule als vom übrigen Lebensalltag getrennte Einrichtung kann nicht eine Verdoppelung dieses Lebensalltags sein, denn dann brauchte man diese räumlich-zeitliche Trennung nicht mehr. Das heißt: Auch das, was hier „Zusammenleben" heißt, meint ein pädagogisches Verhältnis, in dem die Beziehung zwischen Erwachsenem und Kind professionell und nicht alltäglich gestaltet wird.

Die Schule als Lern- und Lebensraum ist eine pädagogische Situation. Was dort geschieht, dient der Entwicklung der mündigen Persönlichkeit des Kindes. Sicher kann die Schule zum Beispiel durch Projekte zur Umwelterziehung nicht die Natur retten. Aber die Schule als Lebensraum kann mehr als ein ökologisches Problembewußtsein schärfen: Sie kann die Erfahrung ermöglichen, an einem Teich zu sitzen, oder die, welche Schwierigkeiten es bereitet, einen Teich zu schützen. Die Chance des Lebensraumes Schule besteht darin, Kinder probeweise handeln zu lassen, indem die Schule ihre Differenz zum übrigen Lebensalltag nutzt, eine andere Art von Wirklichkeit zu sein, ähnlich dem „Als-ob-Spiel" von Kindern. In diesem Lebensraum ist alles ernst. Dies ist die eine Bestimmung. Alles darin ist gleichzeitig ein Probehandeln. Der Lebensraum Schule erlaubt Handlungen, die im außerschulischen Lebensraum nicht möglich wären.

So greift der Unterricht auf Erfahrungen im Lebensraum Schule oder auf außerschulische Erfahrungen zurück.

Der Lebensraum ist von den darin bestehenden Beziehungen geprägt. Der Unterricht kann das Kind Methoden lehren, mit seiner Erfahrung umzugehen, und kann Lernen als eine Haltung vermitteln, die dazu geeignet ist, sich Werkzeuge (Qualifikationen) anzueignen, mit denen man Erfahrungen deuten oder bearbeiten kann.

Wenn der traditionelle Unterricht den Sinn des Unterrichtsinhaltes im Unterrichtsvollzug schon immer voraussetzte, bedeutet Offener Unterricht, die Sinndeutung selbst zum Gegenstand des Unterrichtens zu machen. Nicht in der

Weise, daß darüber diskutiert wird, sondern dadurch, daß die Sinndeutungen der Kinder ernst genommen werden. Unterricht ist dann Auseinandersetzung über die Frage, was denn eigentlich die Sache ist.

Im Offenen Unterricht hat die Lehrerin eine spezifische professionelle Aufgabe. Ihr Verhältnis zu den Kindern ist nicht alltäglich, sondern pädagogisch strukturiert. Erziehung und Unterricht haben nicht die Anpassung des Kindes an eine bestehende oder zukünftige Gesellschaft zum Ziel. ,,Bildung'' als Auftrag der Schule bedeutet, das kulturelle Erbe so zu vermitteln, daß die Kinder und Jugendlichen in Kenntnis ihrer kulturellen Herkunft ein selbstbestimmtes Leben führen können – und zwar anders als ihre Eltern und ihre Lehrerin und anders, als die es sich gedacht haben. Der holländische Pädagoge van Manen kennzeichnet einen Lehrer oder eine Lehrerin als einen Menschen mit Hoffnung: ,,A teacher has hope.''[37] Seine Hoffnung bezieht sich auf die Entwicklungsfähigkeit des ihm anvertrauten Kindes. Kehrt man die Perspektive um, wird die Anforderung deutlich.

Aus der Sicht des Kindes ist die Lehrerin ein Mensch, der trotz aller Kritik, aller Meinungsverschiedenheiten und aller Anforderungen mir das Gefühl gibt, gut werden zu können. Umgekehrt zehren vielleicht die meisten Lehrerinnen davon, daß ihre Schülerinnen und Schüler auch ihnen diese Möglichkeit zugestehen.

Offener Unterricht bedeutet also nicht Beliebigkeit und auch nicht, den Kindern einen bloßen Spielraum zu eröffnen. Im Unterschied zum lehrerzentrierten Unterricht besteht die Planung der Lehrerin im Arrangement von Situationen, die bestimmte Handlungsabläufe nahelegen und andere zulassen, statt in der Planung einer linearen Abfolge von Handlungen. Die Bedeutung dieser reflektierten Planung der Lehrerin steht in den beiden folgenden Kapiteln im Mittelpunkt.

## 4.2 Der Klassenraum

Klassenräume sind Indikatoren für das pädagogisch-didaktische Konzept der Klassenlehrerin. Leere Räume verweisen auf die Idee des Schülers als ,,leere Tafel''. Alle störenden Einflüsse sollen von den Vermittlungsbemühungen der Lehrerin ferngehalten werden. Die ordentlich aufgehängten gleichartigen Ergebnisse der Malversuche einer Klasse drängen den Eindruck eines ,,schönen Raumes'' auf, wie eine Wohnstube, die nur mit Hausschuhen und an Feiertagen betreten werden darf. Ganz anders ein Klassenraum, der als Arbeitsraum gestaltet ist.

---

37) van Manen 1991, S. 67.

Die Einrichtung des Klassenraumes ist die vielleicht erste Umsetzung der eigenen pädagogischen Vorstellungen – noch bevor die Kinder eingeschult sind.

## Klassenraum 1

*Eine Woche vor Schulbeginn rückten wir, Gertrud Beck und Gerold Scholz, mit der Lehrerin Möbel hin und her.*

*Zunächst haben wir zu dritt einige Möbel verschoben: Druckecke mit Stempelkasten und Bücherecke links und rechts von der Tafel, kleine Matheecke mit Arbeitstischen in der hinteren Fensterecke. Wohin mit dem Pult? Wir haben eine Ecke aus Schrank und Pult gebildet, um Ablagefläche zu gewinnen und möglichst wenig Bewegungsraum zu verlieren.*

*Mit einfachen Mitteln wird viel ermöglicht: Durch den Klassenraum werden Drähte zum Aufhängen von Bildern gespannt. Die Lehrerin hat Teppichfliesen besorgt, damit die Kinder auf dem Fußboden sitzen können. Die zum Teil alten und zum Teil neuen Schränke werden so angeordnet, daß sie überwiegend für Kinder zugänglich und erreichbar sind. Die Tische werden zu Gruppentischen aufgestellt. In der Mitte bleibt ein Raum für ein gemeinsames Kreisgespräch frei. An den Wänden werden Arbeitsecken für Mathematik, zum Schreiben und zum Spielen eingerichtet. Zu den Arbeitsecken gehören Stühle. Die Kinder sollen lernen, an verschiedenen Orten zu arbeiten. Eine Reihe von Kästen und Schubläden dient als persönliche Ablagemöglichkeiten für die Kinder. Das Lehrerpult verliert seine symbolische Bedeutung. Es wird von der Lehrerin in eine Ecke geschoben, um darauf Materialien ablegen zu können. In dem Pult finden sich eine Vielzahl von Verbrauchsmaterialien wie Nadeln, Büroklammern oder Tesafilm. Auch der „Lehrerstuhl" wird beiseite gestellt: „Ich sitze lieber auf einem Kinderstuhl", sagt die Lehrerin.*

*Wir schieben lange das Sofa durch den Raum, bis ein passender Platz gefunden ist. Es wird so gestellt, daß sich eine Lese- und Spielecke ergibt. Sie ist abtrennbar durch eine spanische Wand.*

## Klassenraum 2

*Der Klassenraum ist fast quadratisch und wirkt recht hell. Die Tische stehen in einem großen, zur Tafel ausgerichteten U, in dem innen kammartig noch Schülertische stehen. Es gibt einen Geburtstagskalender, einige Landkarten (meist Weltkarten) und einige Kinderarbeiten. Auf der Rückwand gibt es für jedes Kind ein Fach mit einem Vorhängeschloß sowie zwei Bücherbretter mit einigen Duden-Bänden und Märchenbüchern. Auf einem Tisch am Fenster wachsen Grünpflanzen. Außerdem steht auf einem Plakat, wer gerade für welchen Dienst (Arbeitsblätter, Tafel, Frühstück, Ordnung) zuständig ist. Materialien für selbständige Schülerarbeit sind nicht vorhanden.*

**Klassenraum 3**

*Die Tische stehen frontal zur Tafel ausgerichtet. An der Rückwand stehen noch zwei Tische, auf denen überwiegend Kleidungsstücke liegen. Neben der Tafel hängt eine Karte Deutschlands, die einer Luftaufnahme nachempfunden ist. Auf der anderen Seite der Tafel hängt so etwas wie eine Klassenordnung. An der Pinnwand gibt es eine Tabelle zur Rechtschreibkartei. Es gibt nur ganz wenige Kinderarbeiten, kein Fach und keinen Kasten als Ablagemöglichkeit für die Kinder. Auch Bücher sind nicht vorhanden.*

Der Klassenraum 1 betrifft unsere Beobachtungsklasse. Die Klassenräume 2 und 3 beziehen sich auf zwei Gesamtschulklassen, die „unsere" Kinder nach dem Ende der Grundschulzeit besuchten.

> Versuchen Sie sich die drei Klassenräume vorzustellen. Welche Arbeits- und Sozialformen sind jeweils möglich? Welche Bedeutung hat die Tafel? Was geschieht mit Ergebnissen des Unterrichts? Wenn der Unterricht beginnt: Wohin stellt sich die Lehrerin zum Stundenanfang? Welche Möglichkeiten gibt es für die Kinder, sich im Raum zu bewegen, etwas anzuschauen?

Die Gestaltung von Klassenräumen ist – wie gesagt – Ausdruck der didaktisch-pädagogischen Konzeption der Lehrerin. Nur noch wenige Grundschulklassen ordnen ihre Schüler für einen Frontalunterricht. In den meisten Klassen finden sich U-Formen, Kreise oder Gruppentische. Aber nicht die Anordnung der Tische ist entscheidend, sondern die Gestaltung eines Klassenraumes, der dreierlei ermöglicht:

▓ Er soll verschiedene Sozialformen zulassen (Kreisgespräch, lehrerzentrierte Phasen, Einzelarbeit, Partnerarbeit, Gruppenarbeit, kleine Feiern und Vorlesesituationen usw.).

▓ Er soll ein selbständiges Arbeiten der Schüler fördern. Dem dienen vor allem Arbeitsecken (nach Fächern sortiert), Ablagemöglichkeiten, Schränke, die für Kinder zugänglich sind und eine Vielzahl an Material enthalten, Bücherkisten usw.

▓ Er soll schließlich als Lebensraum den Kindern ermöglichen, zusammen zu reden und zu spielen, sich zu begegnen und sich zurückzuziehen. Dazu bieten sich Sofas oder Leseecken an.

Ein guter Klassenraum zeichnet sich durch zwei Merkmale aus, die sich erst aus einer längeren Beobachtung erschließen. Zum einen verändert er sich fortlaufend. Diese Veränderung ist nicht zufällig, sondern Ergebnis der Unterrichtsplanung der Lehrerin. Im Vorgriff und im Zusammenhang mit geplanten Unterrichtsinhalten werden Gegenstände, Materialien und Bilder im Klassenraum zur Verfügung gestellt, die mit dem Unterrichtsinhalt zusammenhängen. Außerdem finden sich Ergebnisse der Schülerarbeiten im Klassenzimmer.

Schließlich bietet das Klassenzimmer den Kindern die Möglichkeit, Aspekte ihrer Lebensrealität aufzunehmen, indem sie ihnen bedeutsame Gegenstände des Alltags mitbringen können.

> **Fertigen Sie eine Skizze Ihres Klassenraumes an. Welche Sozialformen sind möglich? Welche Arbeitsecken sind vorhanden? Welche Ablagemöglichkeiten haben Ihre Schülerinnen und Schüler? Zu welchen Schränken und Materialien haben sie Zugang? Wo kann sich ein Kind – zum Beispiel, um alleine zu lesen – zurückziehen? Wo sind Spiele möglich? Wo kann das Auge spazierengehen, ausruhen?**

Die folgenden Ausschnitte dokumentieren die Veränderungen des Klassenraumes „unserer Klasse" in den beiden ersten Schuljahren.

### 06.10.1989

*Im Klassenraum hat sich bereits wieder einiges geändert.*

*Rückwand: Es gibt ein neues Matheposter. Auf dem Wochenplan sind zwei Aufgaben angezeigt, ein Mathe-Arbeitsblatt (Wo sind drei zusammen?) und ein Leseblatt (Igel, I i). Außerdem hängen neue Kinderarbeiten an der Wand: die ersten Gemälde mit Wasserfarben! Offensichtlich ist der Rabe abgebildet. Unter der Weltkarte (noch ohne Fähnchen für die Herkunftsländer der Kinder) hängen die „Hände, die helfen". Es gibt drei Dienste, die durch Zeitschriftenbilder symbolisiert werden: Blumendienst, Spiele aufräumen, Frühstücksdienst. Daneben sind jeweils zwei Hände befestigt (Büroklammern durch Schlitz in der Pappe). Es gibt einen Kalender.*

*Fenster: Auf dem neuen Brett stehen Kästen mit verschiedenen Arbeitsblättern.*

*Vorderwand: Rechts von der Tafel über der Leseecke hängen Bilder „Das goldene Haus von Otto auf dem Lilienschloß" (Ergebnis einer Arbeitsgruppe während der vergangenen Woche), links von der Tafel die Fotoposter von den weißen Enten (unter Glas) sowie Wasserfarbenbilder (wie Rückwand). In der Leseecke gibt es drei neue Polster (Auflagen von Gartenstühlen).*

### 17.11.1989

*Auch der Raum hat sich wieder verändert. Es gibt ein kleines zweisitziges Sofa neben der Schreibmaschine. Darüber hängt der Wochenplan (inzwischen eine Pinnwand, auf der durch Stecknadeln markiert wird, wer welche Aufgabe erledigt hat). Auch die Aufgaben (in dieser Woche sind es drei) werden durch auswechselbare Symbole gekennzeichnet, so daß der Wochenplan länger benutzt werden kann als der bisherige, der jede Woche erneuert werden mußte. Außerdem gibt es an der Rückwand eine zweite Schreibmaschine. Und auf der Fensterbank stehen fünf Tulpengläser, Hyazinthengläser mit Hütchen und eine Schale mit Hyazinthenzwie-beln. Die Lehrerin erzählt, daß eine Mutter diese Zwiebeln mitgebracht hat und sie mit den Kindern „eingepflanzt" hat. Die Anweisungen kamen wohl von dieser Mutter, und die Kinder würden jetzt immer gucken, ob sich schon was tut (Hütchen hochheben).*

### 23.03.1990

*An der hinteren Wand hängen neue Gemälde. Offensichtlich hat die Studentin begonnen, die „wilden Kerle" zu bearbeiten. Einige Zeichnungen sind sehr ein-drucksvoll. Die von Özgül hat Sendak'sche Qualität. Darunter an der Tafel stehen noch immer die Sätze von letzter Woche, inzwischen leicht verwischt. Daneben hängt ein Mathe-Wochenplan. Ich kann nicht sofort erkennen, wie er funktioniert. An den Scheiben der Fenster kleben Dinosaurier-Bilder (kommerzielle Aufkleber). Auf der Fensterbank steht ein blühender Zweig in einer Vase. Das Dinosaurierplakat ist inzwischen sehr voll, bei den Meeerschweinchen und Katzen hat sich nicht so viel getan, und in den Forscherausweisen kann ich auch nicht ablesen, was in der Woche alles los war. Eindruck: Immer wieder Neues, ich komme kaum nach!*

### 26.04.1990

*Im Raum fallen mir zwei Änderungen auf. Als erstes der Verkaufsstand mit Geld und Eierkästen und vielen anderen Dingen. Ayse hatte in einer Schachtel echtes jugoslawisches Geld mit. Das andere sind eine Reihe von Pappschachteln, in die Erde gefüllt ist. Daran der Name des entsprechenden Kindes und was gepflanzt wurde: verschiedene Bohnensorten.*

### 30.08.1990

*Im Raum:*

*a) Sammlung von Erinnerungen an die Ferien:*
*– große Muschel aus Amerika (Lukas),*
*– Versteinerungen vom Mathelehrer,*
*– Muscheln aus der Nordsee. Dazu ein Stein, um den ein Kreis gezogen ist, darunter steht: „Stein",*
*– Geld aus Holland (Norbert), Schweden (Sandra),*
*– Kette aus der Türkei (Ayse),*
*– Stück Berliner Mauer (Nina),*

*b) eine Kiste zum „Magnetismus" mit U-Magneten, Schrauben, Schere, Stoff, Stabmagneten usw.,*

*c) auf der Fensterbank eine „Rassel" aus Jugoslawien, ca. 1,50 m lang; eine getrocknete Frucht von Rebecca,*

*d) Drähte sind durch den Raum gezogen, daran hängen die „Geburtstagskörbchen". Auf dem Flur ein Stand mit Gemüse: Auberginen, Tomaten, Blumenkohl etc.*

*e) Eine Kiste mit abgepflückten Bohnen. Die sollen getrocknet werden und nächstes Jahr wieder eingepflanzt.*

> **Welche der Veränderungen gehen auf Planungsabsichten der Lehrerin zurück und welche auf die Interessen der Kinder?**

Räume sind soziale Räume, das heißt, sie können die Bedingungen dafür bieten, bestimmte Ereignisse zuzulassen. Räume lassen sich auch symbolisch unterteilen. In unserer Klasse gab es eine ,,Spiel- beziehungsweise Leseecke". Sie war begrenzt durch ein Sofa an der einen Rückwand des Raumes, durch einen Teppich vor dem Sofa, dem Fenster auf der einen und einem Regal auf der anderen Seite. Gewissermaßen abschließen ließ sich diese Spiel-Lesecke durch eine Spanische Wand.

Die folgenden Ausschnitte geben einen Eindruck von der Vielfalt der Handlungsmöglichkeiten in einer solchen Ecke. Es sind unter anderem die folgenden:

- alleine sein,
- etwas Selbstgemachtes vorstellen,
- vorlesen von der Lehrerin oder einem Kind,
- ein Rollenspiel üben oder vorspielen,
- einem anderen vorlesen,
- Gespräch der Lehrerin mit einem Kind,
- Als-ob-Spiele spielen,
- frühstücken,
- etwas für sich allein haben.

08.09.1989

*Einige Kinder sind in der Spiel-Leseecke. Hannes guckt sich das „Treff-Jugendbuch" an. Ihn interessieren alle Kuriositäten, die dort abgebildet sind: Skateboard mit Motor, Fahrrad am Fallschirm, Auto im Wasser, gläsernes Auto. Interessant sind offenbar die Dinge, die in einer verfremdeten Umgebung stehen.*

### 06.10.1989

*Hannes und Jochen sitzen in der Spielecke. Hannes: „Jochen, kommst du in die Vorklasse?" Jochen: „Nach den Ferien. Schade." Hannes: „Dann hab ich keinen Freund mehr."*

### 19.01.1990

*Mehrere Kinder sitzen in der Spielecke und lesen vom selbstgedruckten Arbeitsblatt: „Loni, Lino und Otto warten auf den Bus. Lino, Loni und Otto sind mit Ute und Simon im Bus." Ruhige, entspannte Atmosphäre.*

### 19.01.1990

*Die Lehrerin liest vor. Kinder in der Spielecke. Jenni spielt mit der Ente. Wackelt mit den Flügeln. Packt die Ente in den eigenen Rock ein, wie in ein Tuch. Malt Buchstaben oder Figuren mit dem Finger in die Luft.*

### 05.09.1990

*Jan geht umher und sucht einen Zuhörer. Nach einigen Ablehnungen fragt er mich: „Willst du hören?" Ich sage ja, er führt mich in die Leseecke und liest vor, drei ganze Seiten mit wörtlicher Rede.*

*Norbert hat sich in die Spielecke verzogen.*

### 23.11.1990

*Die Lehrerin fordert die Kinder auf, „bitte in die Ecke" zu kommen. Dort sollen die „Mittwochskinder" vorlesen, weil die durch den Buß- und Bettag in dieser Woche noch nicht gelesen haben. Die Listen, wer wann zum Vorlesen dran ist, hängen am Fensterbrett bei der Leseecke.*

*Özgül fragt mich: „Wissen Sie, was das ist?" Sie hat verschiedene Formen aus Papier und Pappe ausgeschnitten und aufgeklebt und ist gerade dabei, ein Stück Kreide dazuzukleben. „Kann man fühlen!" Ich probiere, indem ich die Augen schließe. Sie führt meine Hand sehr behutsam und geschickt zu einer Fläche, die sie mit blauem Wachsstift bemalt hat. Ich habe Schwierigkeiten zu erkennen, was das ist. Später darf Özgül ihr Blatt in der Leseecke vorstellen.*

### 06.12.1990

*Leseecke. Said singt, Ole läßt einen kleinen Computer quietschen. Es dauert einige Zeit, bis Ruhe ist. Lukas liest mit Betonung von Indianern und Weißen, die „die goldene Stadt der Inkas" suchen. Hannes hat sich mit einem Kissen zugedeckt, in einer Hand die Ente Loni, den Finger der anderen Hand im Mund. Ole mit dem großen Igel. Rebecca rutscht auf den Vorlesestuhl, obwohl ihrer direkt daneben steht. Sie liest ein Rätsel vor.*

### 14.12.1990

*Katrin kommt zur Lehrerin und beschwert sich: „Die Sandra hat mir das (einen Müsli-Riegel) geschenkt, und jetzt will sie es wieder haben." Die Lehrerin fragt Sandra, die besteht darauf, daß sie ihren Riegel zurück haben will. Sie versucht nun, beide zum Teilen zu veranlassen, aber das klappt nicht: „Die will ja nicht", sagen beide. Nun wird es schwierig, weil kein Kompromiß sichtbar ist. Die Lehrerin geht mit Sandra hinter das Spielgitter. Sie setzt sich mit ihr auf zwei kleine Stühlchen vor der Tafel und versucht mit ihr zu sprechen.*

### 08.02.1991

*Einige Jungen bereiten in der Ecke ihr Spiel vor. Dazu wird das Spielgitter als Vorhang vor die Ecke gestellt. Die Zuschauer sollen sich davor auf den Boden setzen. Hannes (zu der Referendarin): „Ich mach so (Zeichen mit ausgestrecktem Daumen), und dann machst du den Vorhang zu."*

### 15.02.1991

*Hannes und Norbert haben in der Leseecke eine Höhle gebaut. Die rote Decke ist an der Fensterbank mit Schraubzwingen befestigt. Gegenüber auf dem Regal stehen die Bücherkisten auf dem Deckenrand. Von der roten Decke sind weitere Tischdecken zum Sofa hin gelegt.*

### 06.12.1991

*Einige Kinder spielen „Herzblatt". Das Spielgitter wird zwischen Jungen und Mädchen gerückt und mit der roten Wolldecke zugehängt, außerdem wird ein Polster oben über das Gitter gehalten, damit die Sicht von den Jungen zu den Mädchen und umgekehrt verhindert wird. Norbert zu Jan: „Hau ab!" Said: „Er macht mit! War meine Idee!" (Meint: Also darf ich bestimmen, wer mitmacht!) Die Mädchen formulieren die erste Frage, die von Salia gestellt wird: „Wenn ich einkaufen gehe und hab kein Geld, was würdest du tun?" Jan antwortet als Kandidat 1: „Zur Bank gehen und Geld holen." Norbert, als Kandidat 2, will auch „zur Bank gehen", aber „sie ausrauben". Said, als Kandidat 3: „Ich würde mein Geld ihr geben, in zwei Tagen wiedergeben, sonst Strafe." Jetzt wird gewechselt. Jetzt sitzen die Jungen zwischen Fenster und Gitter, die Mädchen vor dem Gitter.*

## 13.12.1991

*Benedikt und Frank spielen in der Leseecke Boxen, Ringkampf. Benedikt: „So, jetzt bist du dran." Frank will nicht. Benedikt geht theatralisch weg. „So, dann geh ich zu einem anderen." Er signalisiert aber gleichzeitig das Als-Ob.*

## 24.01.1992

*Rebecca geht zum kleinen Tisch vor der Spielecke: „Sanni, hol dein Essen!" „Ich hab nix mehr." Katrin ist in die Spielecke gegangen. Rebecca und Sandra gehen zum Spielgitter. Rebecca zu Katrin: „Wir dürfen nicht in die Ecke!" Katrin: „Frau Walter?!" Die Lehrerin verlangt, daß der Kakao nur am Tisch verkonsumiert wird. Sandra und Rebecca gehen zurück zu Tisch 4. Katrin und Salia verhandeln noch mit der Lehrerin. Die erlaubt ihnen, in der Ecke zu frühstücken, wenn sie eine Tischdecke benutzen. Katrin und Salia richten sich in der Ecke ein.*

## 06.03.1992

*Hannes bleibt vor der Grenze (kleiner Tisch, auf dem die Post aufgebaut ist, und Spielgitter) stehen und läßt sich nochmals bestätigen, daß er mitmachen darf, dann kriecht er unter dem Posttisch durch, schnappt sich die Banane und setzt sich mit ihr auf das Sofa. Jan fragt ihn: „Hund oder Katze?" (Meint wohl: Was spielst du?) Hannes will eine kleine Maus spielen. Jan: „Willst du nicht doch ne Katze sein?" Hannes: „Na gut!" Er kuschelt sich hinter die Riesen-Banane. Said kommt zu Hannes auf die Couch. Frank erklärt Hannes: „Das ist ein Hund, du mußt kratzen!" (Denn schließlich ist Hannes ja eine Katze!) Benjamin kommt und bleibt am Spielgitter stehen. Jan und Frank gehen auf der kleinen Holzbank mit ausgestreckten Krallen aufeinander los. Jan: „Ich hätt jetzt mit dir gespielt."*

*Lukas kommt: „Ich will mir nur ein Buch holen! Wirklich! Ich bin gleich wieder weg!" Er schlängelt sich am Spielgitter vorbei, holt sich ein Buch und schlängelt sich wieder über die Grenze.*

Der abgetrennte Raum fordert geradezu Regeln. Das sind die Regeln der Lehrerin und die der Raumbenutzung der Kinder untereinander.

> **Welche Funktion hat die Spielecke für die Kinder in den einzelnen Szenen? Welche Regeln der Lehrerin und der Kinder werden in den obigen Texten deutlich?**

Die Vielfalt an Möglichkeiten, den Raum zu nutzen, sind Voraussetzungen für das soziale Lernen der Kinder. Lukas' Satz: „Ich will nur ein Buch holen!"

bedeutete: Ich will gar nicht mitspielen, folglich braucht ihr auch nicht mit mir zu diskutieren, ob ich mitspielen darf. Und ich will auch nicht stören, ich weiß ja, daß im Moment euch der Raum „gehört". Ein anderer Aspekt des abgetrennten und variabel nutzbaren Raumes besteht darin, daß er zu einem Lebensraum wird. Hier können sich zum Beispiel zwei Kinder über Gefühle verständigen oder über ihre Gedanken. Der abgetrennte Raum kann mit bestimmten Ereignissen verbunden werden. In der Lese- und Spielecke wurde regelmäßig von der Lehrerin oder von Kindern vorgelesen. In einer solchen Ecke einer spannenden Geschichte zuzuhören, beläßt der Geschichte ihren Reiz. Sie wird nicht in einen öden Schulstoff zerhackt, sondern geschlossen erfahren. Die Enge der Leseecke (ca. 6 Quadratmeter für 24 Kinder) und die Möglichkeit, sich dort „gemütlich" hinzusetzen, vermittelten jene Medienerfahrung, die das Fernsehen nicht ersetzen kann.

Wo lesen Sie vor? Wohin zieht es Ihre Kinder, wenn sie sich privat etwas sagen wollen, wenn sie spielen oder sich zurückziehen wollen?

# 4.3 Gegenstände im Unterricht

Zum Konstrukt des „leeren Klassenraumes", in dem der Unterricht durch keinerlei Ablenkungen gestört werden darf, gehört das Verbot aller Dinge, die nicht zum Unterricht gehören. Zu einem Klassenraum als Lebensraum gehören Dinge, die die Kinder lieben, zeigen wollen, die sie von zu Hause mitbringen, die sie umfunktionieren. In den folgenden Abschnitten stellen wir zwei verschiedene Situationen vor. Zunächst geht es um jene Objekte, die Kinder in die Klasse mitbringen. Dann stellen wir Ihnen einige der Stofftiere vor, die die Lehrerin in den Unterricht eingebracht hat.

### 24.11.1989

*Jan hat 2 Puppen, Alf und Giereg (oder so ähnlich). Zu mir: „Das sind meine", dann: „Wer möchte mein Giereg?"*

### 19.01.1990

*Benedikt hat eine Sirene mitgebracht. Katrin: „Mach mal an." Benedikt: „Nee, nee, … nur ganz kurz." Macht es ganz leise und kurz. Katrin: „Mach doch mal lange." Benedikt: „Nee, nee."*

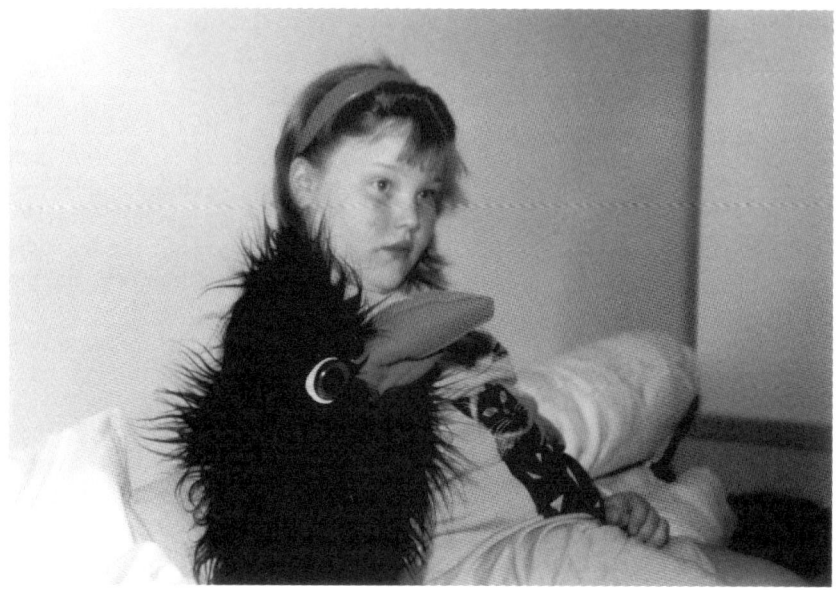

**01.02.1990**

*Özgül hat Plastikpferde auf dem Tisch aufgebaut. Sida, Özgül spielen damit. Jenni und Said ärgern sich, hauen sich, zeichnen gegenseitig Striche ins Heft. Ayse füllt Ninas Blatt aus. Nina spielt derweil mit einem der Plastikpferde.*

*Said kommt mit einer Plastikfigur: 1 Körper, 2 Köpfe. Er kennt den Namen nicht, fragt Frank: „Ist ein Böser?"*

*Die Lehrerin kommt und holt alle in die Spielecke. Sie läßt die 4 Mädchen die Pferde auf die Decke legen, aber Abstand halten. Singh hat einen Teddy in der Hand.*

**16.02.1990**

*Pit hat sich ein Kissen mitgebracht, es auf die Bank gelegt und seinen Kopf darauf. Später liegt er mit dem Kissen auf dem Sofa.*

**16.03.1990**

*Said kommt mit einem großen Dinosaurierbuch im Arm. Er erzählt, daß er es in der Bibliothek ausgeliehen hat und dort auch einen Ausweis besitzt (Leihausweis, nehme ich an).*

## 28.06.1990

*Nina holt Loni und die kleine Ente, gibt eine Sida, die kuschelt mit den Enten. Singh holt seinen Rechenordner, stellt den Pokal auf den Tisch. Nina holt die Plastikpferde aus der Tasche und stellt die auf den Tisch. Özgül hat ein Barbie-Moden-Heft auf dem Tisch und blättert darin. Singh hat einen Pokal mit einem Fußballspieler aus dem Jahre 1982.*

## 28.09.1990

*Jan hat ein Buch über „Wichtige kleine Vierfüßler" mitgebracht, weil darin ein Salamander abgebildet ist (der kam wohl irgendwann in den letzten Tagen vor). Er zeigt das Buch stolz der Lehrerin, wird gelobt und soll das Buch später den anderen zeigen.*

## 02.05.1991

*Pit hat Plastikhandschellen dabei. Markus läuft hinter ihm her: „Haltet den Dieb."*

## 20.09.1991

*Pit verteilt Werbeartikel der Lufthansa.*

## 15.11.1991

*Rebecca kommt zu mir mit ihrer Hawaii-Bali-Puppe und sagt: „Kommt aus Hawaii." Die Puppe hat ihr die Mutter geschenkt.*

## 28.02.1992

*Özgül guckt zu, wie andere Kinder schreiben, nimmt ihre Puppe in die Hand. Özgüls Puppe hat ein Lichterband am Kopf. Wenn man an einer bestimmten Stelle drückt und die Puppe küßt, dann leuchtet dieses Band auf. Özgül gibt der Puppe einen Kuß, drückt auf ein Auge, es blinkt, sie legt die Puppe wieder hin. Said nimmt sich die Puppe. Özgül schreit ihn an, und er läßt die Puppe fallen. Özgül zu mir: „Ich wollte keinen Gameboy, ich wollte die Puppe mal haben." Die Kinder im Kreis. Katrin darf Özgüls Puppe haben. Ich frage Özgül, wie man das macht, daß das Licht leuchtet. Man muß hinten draufdrücken und sie küssen, dann leuchtet das Licht auf.*

## 14.08.1992

*Funda holt einen Ordner mit Plastikhüllen auf den Tisch. Eingeordnet sind Fotos von Filmschauspielern und Ausschnitte aus entsprechenden Zeitschriften. Özgül hat auch so einen Ordner.*

**20.11.1992**

*Ayse hat eine Schmuckkiste mit. Sie hat jede Menge Ohrringe, Ringe, Armreifen, Goldimitationen usw.*

Kuscheltiere, Teddybären etwa, sind so etwas wie Übergangsobjekte. Sie stammen aus der einen Welt und erleichtern deshalb den Aufenthalt in der anderen. In der zweiten Woche hatte die Lehrerin die Kinder aufgefordert, ihre Kuscheltiere mitzubringen, was die Kinder auch taten. Deren Bedeutung wird erkennbar an dem folgenden Protokoll:

*Benjamins Mutter erzählt, daß er gestern gesagt hat: „Schule ist noch viel schöner, als ich mir vorgestellt habe." Benjamin hat ein braunes, gut handspannengroßes Känguruh aus Plüsch mitgebracht, das in der Bauchtasche und auch im Rücken (Reißverschluß) Stifte und ähnliches aufnehmen kann.*

In der ersten Klasse sind diese Kuscheltiere tatsächlich am wichtigsten. Sie bleiben aber auch später von Bedeutung. Daneben treten andere Objekte mit anderen Funktionen.

Aus den oben zitierten Beispielen lassen sich unter anderem die folgenden Funktionen erkennen: Gegenstände

1. zum Angeben,
2. zum Schmücken,
3. mit denen man sich identifizieren oder seine Wünsche hineindenken kann,
4. die die eigene gewünschte Identität ausdrücken sollen,
5. über die man mit anderen sprechen und handeln kann,
6. mit denen man sich als Junge oder Mädchen darstellen kann.

Die Reihenfolge der Funktionen im Laufe der Grundschulzeit ist nicht zufällig. In bezug auf die zitierten Ausschnitte ist deutlich, daß sich gegen Ende der Grundschulzeit bei den älteren Mädchen, Funda, Ayse und Özgül, das Interesse auf Vergegenständlichungen verlagert, die die Teilhabe an der Jugendkultur repräsentieren. Die Nutzung von Objekten und deren Funktionen sind entwicklungsspezifisch. Dies ist insofern von Bedeutung, als in einer sogenannten „Jahrgangsklasse" Kinder sehr verschiedenen Alters und sehr unterschiedlicher Entwicklung zusammen sind. In dieser Klasse betrug der Altersunterschied zwischen dem ältesten und dem jüngsten Kind 20 Monate. Der Entwicklungsunterschied war zum Teil noch größer. Der Umgang eines Kindes mit seinen Objekten gibt insofern nicht nur Auskunft über seine Interessen, sondern ist auch ein Indikator für sein Entwicklungsalter.

Auch in anderer Weise sind solche Objekte Indizien. In den Protokollen taucht mehrfach Pit auf. Pit war ein Kind, von dem wir am Beginn des 1. Schuljahres den folgenden Eindruck hatten:

*Pit ist künstlerisch begabt, wirkt oftmals sehr aufgedreht und dann auch wieder sehr eingeschüchtert. Er testet des öfteren aus, wie weit er gehen kann. Er ist oft sehr zurückgezogen, kann dann aber auch wieder sehr lebendig sein. Das ist ein dauerndes Wechselspiel. Er zuckt zusammen bei körperlichem Kontakt mit einem Erwachsenen. Er ist das mittlere von 3 Kindern. Seine Mutter arbeitet ganztags. Pit kommt immer zu kurz und ist überfordert. Er ist einerseits total konzentriert, dann randalierend – also widersprüchlich.*

Pit hatte oft Streit mit anderen Jungen und oft auch Schwierigkeiten damit, bei den Aktivitäten der anderen Kinder mitzumachen. So blieb er häufig an seinem Tisch sitzen, wenn die anderen im Kreis saßen.

Die obigen Beispiele zeigen, daß er durch Dinge, die er in die Schule mitbrachte, auf sich aufmerksam zu machen und Anerkennung zu finden versuchte. Die Tatsache, daß er sich einmal ein Kissen mitbrachte und ein anderes Mal Plastikhandschellen, verweist auf die Ambivalenz, in der er sich gegenüber der Schule befand. Einerseits war sie ihm ein Zuhause, andererseits fühlte er sich darin unsicher und ängstlich.

> **Welche Gegenstände bringen Ihre Kinder mit in die Schule? Welche Bedeutung haben diese Dinge für einzelne Kinder?**

An den Gegenständen läßt sich auch ein wichtiges Moment der Kultur der Klasse andeuten. Wir meinen hier die Tatsache, daß häufig Bücher oder Dinge mit in die Schule gebracht wurden, die mit dem Unterrichtsinhalt zusammenhingen. Jans Buch über die Vierfüßler oder Saids Buch über Dinosaurier beweisen ihr Interesse am Unterricht. Alles, was Kinder mitbringen, gibt wiederum Hinweise darauf, was sie interessiert, was sie gefühlsmäßig und verstandesmäßig anspricht. Wir haben mit dem Verweis auf die beiden Bücher nur einen kleinen Ausschnitt der Vielzahl von Dingen aufgeführt, die von den Kindern mitgebracht wurden. Uns ist hier die Bemerkung wichtig, daß man nicht einerseits von Kindern verlangen kann, unterrichtsrelevante Gegenstände mitzubringen, und ihnen andererseits verbietet, zum Beispiel Kuscheltiere oder andere Lieblingsdinge anzuschleppen. Nicht erlaubt waren in dieser Klasse alle Formen von Spielzeugwaffen.

> **Lassen Sie das Mitbringen von Gegenständen in Ihrer Klasse zu? Welche Dinge würden Sie nicht zulassen? Wie können Ihre Schülerinnen und Schüler ihre Interessen im Klassenraum repräsentieren?**

Eine große Bedeutung hatten Stofftiere in dieser Klasse.

29.08.1989

*Zunächst wurden alle Kinder aufgefordert, sich in den Kreis zu setzen. An der Tafel hingen die Namenskärtchen (mit Band zum Umhängen), die die Kinder schon vom ersten Schultag her kannten. Als erstes schlug die Lehrerin die Triangel an und erklärte dazu, was das bedeuten soll („Ich habe etwas Wichtiges für alle zu sagen."). Dann folgte die Aufforderung, das Namenskärtchen zu holen, und die Namen wurden genannt. Auch die Lehrerin und die Studentin hängten sich ihre Namenskärtchen um.*

*An der Tafel blieben drei Kärtchen übrig: zwei für die fehlenden Kinder Ayse und Delphine und ein Kärtchen „Loni". Durch die Rückfrage, wer das wohl sei (Peter konnte „Loni" lesen), wurde die weiße Ente Loni eingeführt und kam aus ihrem Korb. Loni hatte Angst, weil alles so neu für sie war, und, weil es ihr zu laut war, verkroch sie sich unter der Decke im Korb.*

Loni ist eine der vielen Tiere aus einem Lese-Schreiblehrgang, der vor allem inhaltlich sinnvolle Geschichten anbietet, deren Figuren Situationen der Schulanfänger spiegeln, die sich mit ihnen identifizieren können. Der Umgang der Kinder mit diesen Geschichten und ihren Protagonisten motiviert zum Lesen und Schreiben. Die Lehrerin hatte einen großen Teil der Tiere als Stofftiere parat. Sie kamen nun in der Klasse zweimal vor: als Tiere in einer Geschichte und als reale Stofftiere im Klassenraum.

Für die Kinder bildeten die Stofftiere eine Art Familienhintergrund. Die Lehrerin, die Kinder und die Stofftiere waren zusammen die „Klasse". Weil man die weichen Tiere streicheln kann, nahmen sie die emotionalen Wünsche der Kinder auf und bildeten einen beruhigenden Hintergrund. Vor allem beim Vorlesen wurde diese Bedeutung deutlich.

19.01.1990

*Die Lehrerin liest vor. Kinder in der Spielecke. Jenni spielt mit der Ente. Wackelt mit den Flügeln. Packt die Ente in den eigenen Rock ein, wie in ein Tuch. Malt Buchstaben oder Figuren mit dem Finger in die Luft. Läßt die Ente durchs Wasser schwimmen. Hält sie wie einen Säugling. Streichelt damit Nina, nachdem Nina Jenni mit dem Raben gestreichelt hat. Jenni drückt sich an Anne an. Wackelt mit den Flügeln der Ente und macht ihren Mund weit auf – spricht mit der Ente. Fährt mit der Hand über das Schwanzende der Ente, erst mit einer Hand, dann mit beiden Händen. Streichelt ihr Gesicht mit einem Flügel. Drückt die Ente an ihren Mund.*

Auf die Tiere kann man auch Zuwendung übertragen und andere Kinder damit streicheln. Auch Jenni unterwarf die Ente gewissen Experimenten. Sie untersuchte, was sich mit ihr alles machen ließ. Dies wird im folgenden Ausschnitt noch deutlicher. Aber auch Benedikt wechselte zwischen experimentierender Distanz und der Suche nach Gefühl und Nähe.

## 02.03.1990

*Benedikt hat Benjamin die Eule gegeben und von Frank eine Maus bekommen. Er zieht ihr die Barthaare zurecht und fährt sich mit dem Schnurrbart der Maus übers Gesicht. Er spielt mit dem Schwanz der Maus, guckt sie konzentriert an, reibt das Schwanzende am Schreibtisch, läßt die Maus unter den Tisch, zeigt sie Benjamin, hält sie so über den Tisch, daß das Schwanzende gerade auf die Tischplatte reicht, dreht sie so, daß der Schwanz kreist; untersucht eine abgewetzte Stelle des Schwanzes; bindet den Schwanz um das Tischbein; hält den Schwanz fest und schleudert die Maus, was die Lehrerin dazu veranlaßt, es zu unterbinden, weil der Schwanz kaputt geht. Benedikt bindet beide Schnurrbärte zu einem zusammen, fährt damit über Bauch und Hände, trennt sie wieder, dreht den Schwanz zu Wellen.*

*Anne legt ihren Kopf auf Jans Schoß. Jan streicht ihr mit der Hand über Kopf und Haare.*

> **Haben Ihre Kinder die Möglichkeit, ihre emotionalen Wünsche zu leben? Was in Ihrer Klasse bietet Ihren Schülerinnen und Schülern so etwas wie eine gefühlsmäßige Geborgenheit? Welche Gegenstände waren für Sie in Ihrer Kindheit von Bedeutung? Welche Funktion hatten Stofftiere oder andere Kuscheltiere?**

Auch in einem anderen Sinne sind die Stofftiere Übergangsobjekte. Die Stofftiere leben auch in dem Raum zwischen Phantasie und Realität.

## 15.02.1990

*Die Lehrerin hat ein neues Tier mitgebracht. Benedikt: „Hast du's?" Hannes geht das Licht ausmachen: „Die wollen's dunkel heute." Die Lehrerin holt einen Uhu aus dem Korb. Erzählt davon, daß der Uhu Mäuse frißt. Hannes hat die (Stoff)Maus, spielt damit auf Norberts Kopf. Hannes: „Ich will noch was sagen. Du kannst ruhig hierbleiben. Hier in der Nähe ist auch ein Wald. Ich hab dir auch extra das Licht ausgemacht."*

Natürlich wußte Hannes, daß der Uhu, den die Lehrerin mitgebracht hatte, ein Stofftier ist. Dennoch war seine Ansprache an den Uhu in der Situation ganz ernst gemeint.

> **Was weiß Hannes über Uhus? Warum spricht er den Uhu an, den die Lehrerin mitgebracht hat?**

Es gibt in vielen Klassen Bilder und Objekte der Kinderkultur. In unserer Klasse waren die Stofftiere Teil der Lebensgeschichte der Kinder in der Klasse. Die Schulzeit der Kinder war auch die Schulzeit von Loni, Lino, Toni und allen anderen. Initiiert wurde dies durch die Lehrerin, wie das Protokoll vom 1. Schultag (29.08.1989) zeigt. Die Kinder nahmen es bereitwillig auf. Die Stofftiere tauchten vor allem im 1. und 2. Schuljahr, aber auch durch alle Schuljahre in vielen Texten und Bildern auf:

*Der erste selbst gedruckte Satz hieß: „Otto Loni Lino gehen in den Wald bömen."*
*(Otto, Loni, Lino gehen in den Wald Bäume angucken. (24.11.1989)*

Wie sehr die Stofftiere Teil des Klassenraumes waren, zeigen die folgenden Szenen:

### 15.11.1990

*Ich nehme die Stofftiere mit in die Universität, um sie in einem Seminar vorzustellen. Singh schreibt mir ihre Namen auf einen Klebestreifen. Er kennt alle und schreibt sie richtig. Ich werde gefragt, warum ich sie mitnehme. Meine Gegenfrage: „Was meinst du?" beantwortet Singh mit: „Den Tieren die Universität zeigen."*

Am 16.11.1990 brachte ich sie wieder zurück und bekam die folgenden Kommentare zu hören:

*Hannes fragt mich auf der Straße: „Hast du die Tiere eingesperrt? Kann ich die Loni haben?"*

*Salia: „Wieso hast du die Tiere eingesperrt – gemein?!"*

Wie bewußt die Tiere von der Lehrerin eingesetzt wurden, zeigt die folgende Szene:

### 20.08.1990

*Der erste Schultag im 2. Schuljahr. Lehrerin: „Jetzt müssen wir gucken, ob die alle da sind." Gemeint sind die verschiedenen Tiere. Loni wird herausgeholt und Lino: „Der ist noch so verpennt heute morgen." Die Lehrerin erzählt zu dem einen oder anderen Tier eine kurze witzige Geschichte oder einen witzigen Satz. Daß sie dabei ein Stück Selbstironie einbringt, ist für die Kinder nicht erkennbar. Erkennbar ist ihnen, daß die Tiere zum „lebenden Inventar" gehören. Sie sind Teil der Klassengemeinschaft. Benjamin kriegt den Raben zu halten, der „schon ein bißchen ver-*

*wuschelt ist und so weit geflogen". Alle Tiere werden aus dem Korb geholt, vorgestellt, benannt und an einzelne Kinder vergeben.*

*Nach der 2. Pause versammelt die Lehrerin alle Kinder in der Sitzecke. Sie verspricht, daß sie mit ihnen wieder einmal schwimmen geht. Dann darf Rebecca, die Gulli mit zu Hause hatte, erzählen. Sie erzählt vom Schuhekaufen. „Für dich, Gulli?" fragt die Lehrerin. „Nein, für Rebecca." Von jetzt ab spricht sie als Gulli und erzählt, daß Gulli mit Rebecca Fahrrad gefahren ist. Mehrfach kommt das Wort Angst vor (Angst beim Fahrradfahren, Angst vor dem Vogel, wie er geflogen ist). Beim Einschlafen hatte Gulli dann keine Angst mehr. Und sie haben Nüsse gesucht („Unter Büschen gesucht", ergänzt Hannes) und mit dem Vogel gespielt, vor dem hatte Gulli inzwischen auch keine Angst mehr. Salia fragt, ob es Gulli Spaß gemacht hat, und Jan will wissen, ob Gulli lieb war. Norbert überlegt, was Gulli machen wird, wenn er zu ihm kommt, weil er doch zwei Wellensittiche hat. Özgül meint, vor Wellensittichen brauche Gulli keine Angst zu haben, aber vor der Katze.*

In Rebeccas Erzählung wird ein weiteres Moment der Stofftiere sichtbar. Eines, das auch die Lehrerin genutzt hat. Indem Rebecca über Gulli spricht, thematisiert sie eigene Gefühle. Über sich selbst hätte sie kaum so sprechen können. Die Lehrerin nutzte diese Stellvertreterbedeutung der Stofftiere dazu, Kommentare abgeben zu können, ohne dies als Lehrerin zu tun.

> **Welche Möglichkeit haben Ihre Kinder, in diesem Sinne geschützt, ihre Gedanken und Gefühle zu äußern?**

Zu Beginn des 2. Schuljahres wurde deutlich, daß die Stofftiere auch die Aufgabe hatten, zwischen Gegenstand, seiner Nachbildung und einem Text unterscheiden zu lernen.

### 20.08.1990

*Nachdem jedes Kind, das wollte, etwas erzählen konnte, holt die Lehrerin aus dem Korb eine hölzerne Maus, die den Kopf bewegen kann (Marionette). „Ich bin schon alt", sagt die Maus und erzählt, daß sie früher schon mal in der Schule war. Özgül: „Wo warst du die ganze Zeit?" „Bei der Frau Walter." Hannes: „Da warst du noch jünger." Özgül holt Mimi die Stoffmaus und setzt sie so hin, daß die beiden Mäuse sich sehen können. Hannes will die neue Maus anfassen. Frau Walter: „Vorsichtig! Du weißt, ich bin alt. Aber ich bin noch stabil." Dann erklärt die Lehrerin, daß es im 2. Schuljahr jeden Montag eine Kinderzeitung gibt, in der auch Aufgaben stehen, die bis zum Freitag gemacht werden sollen (Wochenplan), und teilt die Nr. 1 aus. Darauf steht auch, „wie die neue Maus heißt" (der Name wird nicht genannt, es wird erwartet, daß jedes Kind ihn lesen kann). Außerdem werden zwei Blätter ausgeteilt, ein Brief an die Eltern und eine Materialliste. Und alle Kinder sollen noch den Stundenplan abschreiben.*

Die Holz-Maus wurde vorgestellt wie die anderen Stofftiere und Puppen, die ja für die Kinder „lebendig" waren. Özgül und andere gingen darauf ein. Gleichzeitig war diese Maus auch ein Zeichen, das Signet einer Klassenzeitung. Das heißt, es gab die Maus viermal: 1. als reale Maus, 2. als Stofftier, das der realen Maus noch sehr ähnlich sieht, 3. als stilisierte Holz-Marionette und 4. als Signet. Jede dieser Formen ist gegenüber der vorherigen eine Abstraktion. Diese Ebenen waren für die Kinder gleichzeitig präsent, in der konkreten Situation war es aber notwendig zu wissen, auf welcher Ebene die Lehrerin oder andere Kinder gerade dachten und handelten, um sich in die Interaktionen einfädeln zu können.

Einer der wesentlichen Lernprozesse in der Grundschule bezieht sich auf das Erlernen der Bedeutung von Symbolen. Lesenlernen ist mit der Fähigkeit verbunden, zwischen Wort und Gegenstand trennen zu können und zum Beispiel zu verstehen, daß die Beziehung von Buchstabe und Laut in der Regel willkürlich und nicht inhaltlich gebunden ist. Ein Satz in einem Text, wie „Klaus ist ein netter Junge", bezieht sich eben auf den Klaus im Text und nicht auf den Jungen, der Mitglied der Klassengemeinschaft ist. Ebenso werden Raum- und Zeitkategorien als abstrakte Kategorien im Laufe der Grundschulzeit vermittelt.

Eine Funktion der Stofftiere in dieser Klasse bestand darin, diesen Vermittlungsprozeß in einer Weise zu führen, der den Kindern die Ablösung von einer frühkindlichen, anthropomorphistischen Weltsicht ermöglichte, ohne diese zu destruieren. Anders gesagt: der es den Schülerinnen und Schülern ermöglichte, diesen Distanzierungsprozeß über eine lange Zeit zu bearbeiten. Daß auch bei 10jährigen Kindern die emotionale Trennung zwischen Materie und Geist, beziehungsweise analytisch und realistisch, noch nicht vollzogen ist, zeigt die folgende Szene:

06.11.1992

*Nach kurzer Zeit sagt Norbert: „Erzählen Sie uns eine Geschichte aus ihrer Kindheit? Sonst wird es so langweilig." Ich erzähle unter anderem von meinem Teddybär, der immer mit in den Luftschutzkeller mußte. Mir fallen die unterschiedlichen Reaktionen der zwei Kinder auf. Norbert ist meist sachlich interessiert, erkennt genau den Punkt, um den es mir beim Erzählen geht, und reagiert darauf mit Nachfragen oder bestätigenden Feststellungen. Benjamin reagiert eher mit persönlichen Assoziationen. So sagt er zum Beispiel, als es um den Teddy geht: „Manchmal glaube ich, meine Kuscheltiere sind doch lebendig." Auf Nachfrage erzählt er, daß er die Tiere abends schön ordentlich hinsetzt, und morgens sind sie irgendwo anders. Norbert bietet sofort die rationale Erklärung an, daß Benjamin sie wohl im Schlaf herumstößt. Die Erklärung erweist sich als plausibel, auch für Benjamin, und trotzdem ... sein Zögern, als er Norberts Erklärung akzeptiert, signalisiert seine Unsicherheit: ob sie nicht doch lebendig sind?*

**Was meinen Sie: welches Ihrer Kinder hält seine Kuscheltiere für lebendig?**

Schließlich haben die Stofftiere noch einen wesentlichen sozialen Lernprozeß erleichtert: die Fähigkeit, sich in ein anderes Wesen hineinzuversetzen.

Dies erfordert einen Perspektivwechsel, erfordert Empathie. Dazu ist es notwendig, daß Kinder sich selbst als von anderen getrennt erfassen können und daß sie lernen, sich auch aus dem Blickwinkel anderer zu sehen. Dieser Teil des sozialen Lernens ist deshalb so schwierig, weil ja – im Gegensatz zur Welt der Gegenstände und Zahlen – ein soziales Gegenüber nicht immer gleich reagiert. Einzelne Menschen reagieren anders, in verschiedenen Situationen reagieren Menschen verschieden. Durch das eigene Tun löst man Reaktionen aus, aber welche? Diese hochkomplexen sozialen Zusammenhänge müssen zudem im konkreten Tun erfaßt werden, das heißt, jedes Tun hat Folgen, und erst durch die Folgen lernt man. Aber die Folgen sind nicht immer gleich. Sicherheit muß immer neu hergestellt werden.

Die Grundschulzeit ist unter anderem die Zeit des Übergangs von einer egozentrischen Weltsicht zu einer empathischen Sicht des Denkens und Fühlens anderer Menschen.

In der folgenden Szene zeigt Özgül ihre Fähigkeit zur Empathie, die allerdings von Beginn an sehr ausgeprägt war:

### 01.03.1991

*Die Lehrerin liest aus dem Buch „Hanno malt sich einen Drachen". Als vom Aufstehen die Rede ist, gähnen einige und spielen das Aufstehen und Waschen andeutungsweise mit.*

*Hanno ist so dick. Özgül ist aufgeregt und wie zusammengepreßt. An einer Stelle heißt es sinngemäß von Hanno, daß er meint, immer alles nicht zu können. Markus guckt die Lehrerin an. Die sagt: „Da guck ich den Markus an, was hat der immer gesagt?" Markus: „Ich kann's nicht." Lehrerin: „Und jetzt?" Markus: „Ich kann's."*

*Der Drache ist entlaufen. Markus: „Er will einen Freund haben." Özgül: „In der Schule vielleicht umgekehrt, er – der Drache – ist dünner, und alle anderen sind dick."*

Özgül hatte die Pointe der Story vom Anfang her begriffen. Sie konnte sich in die Situation des kleinen Drachen hineinversetzen und erkannte die Parallelität von Situationen in der Geschichte zu Gegebenheiten in der Klasse.

> In welchen Situationen sind Ihre Kinder fähig, eine andere Perspektive einzunehmen? Woran erkennen Sie das?

## 4.4 Ein ganz normaler Schultag

Richard Mills führt sein Buch „Observing Children in the Primary Classroom all in a day" mit einer packenden Aufzählung all der Ereignisse ein, die sich an einem bestimmten Schultag in einer englischen Schule abgespielt haben. Am Ende dieser Einführung läßt er eine Mutter ihren Sohn John fragen, was sich denn in der Schule ereignet habe. Der antwortet: „Oh, nothing."[38]

Wahrscheinlich wollte John, wie viele Kinder, zu Hause nicht über die Schule sprechen, denn Mutters Frage ist natürlich auch immer eine Kontrollfrage: Ob er mitgearbeitet hat, ob er aufgepaßt hat, ob es Ärger gegeben hat usw. Denkbar ist auch, daß John nichts erzählen möchte, weil er weiß, daß das, was ihn in der Schule interessiert hat, nicht das ist, was die Mutter hören möchte. Während sie vermutlich mehr an dem offiziellen Teil, dem Unterricht, interessiert ist, dürfte John mehr von dem inoffiziellen Teil, den Gesprächen und Spielen mit den anderen Kindern, beeindruckt sein.

Man darf vermuten, daß die Schilderungen eines Schultages durch Lehrerin und Schülerinnen und Schüler sehr verschieden ausfallen.

Herbert Hagstedt beschreibt ein Projekt, in dem Schüler aufgefordert wurden, aus ihrer Sicht durch Photos, Aufsätze oder Unterrichtsprotokolle den Unterricht zu dokumentieren. Stundenprotokolle durch Schüler wie das folgende führten fast zum Abbruch des Projektes, da sich die Lehrer darin nicht mehr wiedererkannten.

„11.50 Uhr   S. ißt einen Apfel.
11.51 Uhr   C. benutzt einen Labello.
                    M. beantwortet die Fragen von Herrn X
                    Herr X beschreibt emsig die Tafel mit mathematischen Formeln.

---

38) Mills 1992, S. 2.

| 11.54 Uhr | Herr X beantwortet Fragen der Unverständlichkeit unsererseits. |
|---|---|
| | J. sagt die nächste Formel, die Herr X aufschreibt. |
| | A. schimpft, daß sie nichts lesen kann. |
| | D. und S. nehmen die Stunde auf Tonband auf. |
| 11.57 Uhr | S. sagt die nächste, für uns unverständliche Formel. |
| | Alle schreiben fleißig mit. |
| | A. wühlt im Etui von anderen Leuten rum. |
| 11.59 Uhr | Keiner kapiert etwas. |
| | A. ißt und schimpft, daß sie etwas falsch geschrieben hat. |
| | C. liegt fast auf ihrem Tisch, auf eine Hand gestützt, und hört sich Herrn X Erklärungen an. |
| 12.00 Uhr | P. kaut auf ihrem Finger. |
| | K. fragt jetzt schon, wie lange die Stunde noch dauert. |
| | Es tauchen immer wieder Fragen der Unverständlichkeit auf. |
| 12.02 Uhr | A. schimpft, daß alles zu schwer ist. |
| | D. erscheint es unmöglich, nächste Stunde einen Test zu schreiben. |
| | A. steht wieder im Stoff. |
| | C. liegt fast auf ihrem Heft und schreibt. |
| 12.04 Uhr | K. kann das alles und sagt das auch. |
| 12.05 Uhr | Herr X. will wieder etwas, was keiner kann. |
| | Er beantwortet Fragen zur Arbeit. |
| | Alle sind am Meutern, die Arbeit wird zu schwer. |
| 12.06 Uhr | A. weiß nicht, was sie jetzt machen soll. |
| | C. ist am Stöhnen. |
| | Die Luft wird beanstandet …"[39] |

Dieses Schülerprotokoll geht im gleichen Stil bis zum Ende der Unterrichtsstunde weiter. Sicherlich hat der unterrichtende Mathematiklehrer seinen Unterricht kaum darin wiedererkannt. Das Protokoll als nicht angemessene Beschreibung abzutun verbietet sich unseres Erachtens dennoch. Die Zähigkeit des Unterrichtsverlaufes und die herrschende Langeweile werden ebenso deutlich wie die verschiedenen Versuche der Schüler, doch noch zu verstehen, was der Lehrer eigentlich von ihnen will, was sie lernen sollen. Sichtbar wird wohl auch, daß der Lehrer so sehr mit der Organisation des offiziellen Unterrichtsverlaufs beschäftigt ist, damit, mit einigen Schülern von einem zum nächsten Schritt zu gelangen, daß er kaum merkt, was sich inoffiziell in der Klasse abspielt.

Schließlich: Selbst die Dürftigkeit der Sätze verweist darauf, daß in diesem inoffiziellen Bereich eine ganze Menge geschehen sein muß.

---

39) Hagstedt 1980, S. 77.

In unserem Forschungsansatz haben wir uns die Aufgabe gestellt, Schule und Unterricht aus der Perspektive von Schülern wahrzunehmen und zu beschreiben. Also das zu erfassen, was in dem obigen Schülerprotokoll gewissermaßen zwischen den Zeilen steht.

Das folgende Protokoll wurde nicht von Kindern verfaßt, sondern von zwei Forschern, die selbst nicht unterrichten mußten und deshalb die Möglichkeit hatten, intensiv zuzusehen und zuzuhören, was Kinder im Unterricht tun. Wir haben versucht, jeweils ein Kind und die mit diesem Kind interagierenden Kinder in unser Blickfeld zu nehmen. Insofern ist auch der lange Text über einen Schultag nur ein Ausschnitt. Er wird weiterhin eingeschränkt dadurch, daß wir nur bestimmte Ereignisse wahrnehmen konnten. Das Protokoll des Schultages bietet kaum mehr als Splitter aus einem chaotisch-mannigfaltigen Ganzen und nicht die Abbildung von Schulrealität.

Der folgende Text ist ein Kunstprodukt. Um ihn lesbar zu machen, haben wir ihn verändert und zwei Protokolle (eines von G. Beck und eines von G. Scholz) zu einem zusammengefaßt. Es geht uns darum, ihnen die Vielfalt an Ereignissen und die andere Perspektive der Kinder deutlich zu machen. Wir wollen am Beispiel dieses einen Schultages Aspekte ansprechen, von denen einige in weiteren Kapiteln intensiver betrachtet werden sollen.

> **Wenn Sie bei einer Kollegin hospitieren – achten Sie einmal nicht auf deren Handlungen, sondern auf die Kinder an dem Tisch, an dem Sie sitzen.**

## 26.10.1990

**1**

*Erster Besuch nach den Herbstferien. Der Mathelehrer hat mir seinen Schlüssel gegeben, damit ich schon in die Klasse gehen kann. An der Tafel steht „Schönschreiben" und eine Geheimschrift. Am Fenster (zum Hof) hängen Fotos vom Besuch im Vivarium kurz vor den Herbstferien. Auf den Fotos sind Katrin, Nina und der Mathelehrer zu erkennen. In der Leseecke hängen Zeitungsausschnitte über die Diskussion um die „betreuende Schule". Am Fenster (zum Teich) stehen viele Schuhkartons, Sammelbüchsen zum Thema „Wald". Einige enthalten Blätter, Früchte, Moos usw. Daneben steht der Sandkasten, er ist voll mit Blättern. In Schuhkartons sind sortiert Kastanien, Bucheckern und Kiefernzapfen gesammelt. Es gibt ein neues Kind in der Klasse: Asam. Sie kommt, wie mir der Mathelehrer schnell zwischendurch erklärt, aus Jordanien und spricht kein Wort deutsch.*

## 2

*Katrin kommt zu mir: „Hast du den Schlüssel vom Herrn Eilers?" Ich zeige ihn ihr. Sie erzählt, daß sie den Mathelehrer um den Schlüssel gebeten und er so getan hat, als ob er ihn ihr geben wolle, aber seine Hand war leer. Sie schwört ihm „Rache": „Gib ihn mir, dann muß er ihn suchen." Ich tue es. „Aber nicht verraten!" sagt sie und verschwindet mit dem Schlüssel.*

Die Schülerinnen und Schüler waren jetzt am Anfang ihres 2. Schuljahres. Die Herbstferien waren vorbei. Das Protokoll beschreibt einen Freitag, die Schule hatte am Montag nach den Herbstferien wieder begonnen. Die Materialsammlung verweist auf die Sachunterrichtsthemen und die Art der Vor- und Nachbereitung durch die Lehrerin. Katrin fühlte sich wohl sicher in der Schule wie in ihrer Beziehung zu dem Mathematiklehrer. Sie konnte den Scherz verstehen, den er gemacht hatte, und sie konnte scherzhaft darauf antworten. Sie hatte zu uns Beobachtern eine Beziehung, von der sie wußte, daß wir zwar Erwachsene, aber nicht Lehrer waren.

Der Schlüssel des Klassenraumes ist ein Stück Heiligtum in jeder Schule. Immer in der Gefahr, verlegt zu werden, wird sorgsam auf ihn geachtet. Der Schlüssel ist auch Symbol der Macht der Lehrer und Lehrerinnen. Sie sind im ,,Besitz" des Klassenraumes, sie schließen ihn auf und wieder zu. Viele Kinder versuchen in der Pause im Klassenraum zu bleiben, was wiederum Lehrer und Lehrerinnen dazu veranlaßt, sie hinauszukomplimentieren und den Klassenraum abzuschließen.

Der Schlüssel symbolisiert eine der tabubesetzten Machträume der Lehrer und Lehrerinnen. Dies führt unter anderem dazu, daß sich Schüler diesen Raum erobern möchten. Einer Schülerin oder einem Schüler den Klassenraumschlüssel zu geben, bedeutet auch, daß sich die Klasse, wenn auch nur für eine kurze Zeit, ohne Aufsicht im Raum aufhält. Abgesehen von den haftungsrechtlichen Fragen gibt das selbständige Aufschließen durch Schüler sowohl die Möglichkeit, daß in der Klasse Unfug gemacht wird, als auch die, daß die Schülerinnen und Schüler Selbstbestimmung lernen. Die ,,leere Hand" des Mathematiklehrers war von daher ein doppelbödiges Symbol. Sie war einerseits ein Spiel und andererseits auch Hinweis darauf, daß er den Schlüssel (noch) nicht an ein Kind weitergeben wollte. Katrin könnte es später noch einmal probieren. Es ist auch kein Zufall, daß es Katrin war, die sich um den Schlüssel bemühte. Sie war häufig gerne ,,Hilfslehrerin", und sie wurde öfter auch in dieser Rolle bestätigt. Aus ihrer Sicht war dieser Schultag ein ,,Schlüsseltag".

---

Welche Räume und Schränke werden bei Ihnen abgeschlossen und zu welchen haben Kinder Zugang? Wann und wo können sie unbeaufsichtigt sein?

**3**

*Ich sitze an Tisch 1 bei Benedikt, Frank, Asam und Anne. Alle Kinder setzen sich an ihren Platz. Sie holen sich aus einer flachen Plastikschale Pappstreifen und kleine Pappstückchen. Erstere sind offensichtlich „Zehner", letztere „Einer". Der Mathelehrer schreibt 47 an die Tafel. Alle legen die Zahl mit Hilfe des selbstgebastelten Materials. Der Lehrer geht herum und kontrolliert.*

**4**

*Benjamin, relativ laut: „Das ist gemein, der (gemeint ist Hannes) legt mir immer was dazu!"*

**5**

*Singh schreibt als neue Aufgabe 101 an die Tafel. Alle legen die Zahl. Dann schreibt ein anderes Kind die Zahl 49 an. Benedikt legt 69. Franki (so wird Frank an seinem Tisch von den anderen genannt) korrigiert ihn, greift 2 Streifen und nimmt sie weg. Der Mathelehrer kommt vorbei: „Benedikt, fertig?" fragt er in seinem sanften Ton. Benedikt: „Ja. Wann dürfen wir das Blatt (er deutet auf den Wochenplan) machen?" Benedikt spricht sehr babyhaft.*

**6**

*Nach 5 Legeaufgaben sagt der Mathelehrer: „Ihr könnt einpacken" (gemeint ist das selbstgebastelte Material). Sofort haben Benedikt und Frank das Material weggepackt und ihr Mathe-Arbeitsheft herausgeholt. Der Mathelehrer weist noch darauf hin, daß heute das letzte Blatt vom Wochenplan fertig sein muß. Wer schon fertig ist, kann noch ein Zusatzblatt bekommen (Hundertertafel mit den Ziffern von 1 bis 100 in Zehnerreihen als Puzzle, das ausgeschnitten und richtig zusammengesetzt werden muß).*

**7**

*Katrin kommt: „Soll ich Herrn Eilers fragen?" fragt sie verschwörerisch. „Frag ihn!" „Nein!" Sie will warten, bis er sie fragt, kann es aber offensichtlich vor Spannung kaum aushalten.*

**8**

*Anne stupst den Mathelehrer an, als er vorbeigeht: „Asam!" (Was offensichtlich meint: Du mußt dich noch um Asam kümmern und ihr eine spezielle Aufgabe geben.) Der gibt Asam das Zusatzblatt und zeigt ihr, wie man die Einzelteile ausschneiden soll. Asam begreift sofort und fängt an zu arbeiten.*

**9**

*Benedikt baut sein Mäppchen als Mäuerchen Richtung Frank auf. Der sagt: „Ich bin schon da und du erst da!" und deutet jeweils auf eine Stelle auf der zu bearbeitenden Seite im Arbeitsheft.*

Eine übliche Mathematikstunde in einer Grundschulklasse. Die Kinder waren bereits weitgehend an selbständiges Arbeiten gewöhnt, sie arbeiteten unter anderem mit einem Wochenplan und konnten damit umgehen.

Die Konkurrenz zwischen Benedikt und Frank war wohl eher spielerisch. Es war ein Wettkampf zwischen zwei Freunden. Die Bemerkung macht dennoch deutlich, daß die Beziehung zwischen beiden, hier in der Konkurrenz um die Frage, wer schon weiter war, während des Rechnens im Raum stand. Auch die Hinweise von Katrin und Anne machen deutlich, daß sich noch anderes neben dem Rechnen abgespielt hat. Für Anne war offensichtlich bedeutsam, daß ein neues Mädchen in der Klasse war, und für Katrin war die Geschichte mit dem Schlüssel wahrscheinlich wichtiger als alles andere. Ihr Umgang mit dem Mathematiklehrer stellt auch die Beziehung zwischen Lehrer und Schülerinnen heraus. Er ließ sich anstupsen und necken. Dies haben die beiden Mädchen bereits gelernt. In dieser Stunde, wie in vielen vorhergehenden, wurde die Art der Beziehung zwischen Lehrer und Kindern geklärt. Man kann sogar sagen, daß auch die Kinder den Lehrer erzogen.

## Versuchen Ihre Kinder Sie zu erziehen?

### 10

*Benedikt bearbeitet folgende Aufgabe: Zwischen zwei Zahlen steht ein leerer Kreis. In den Kreis soll das Zeichen für größer oder kleiner eingesetzt werden. Als erstes 44 O 44. Benedikt, verblüfft: „Sind ja gleich!" Frank macht ihm ein Gleichheitszeichen in den Kreis: „Weil beide gleich groß sind." Benedikt schaut ungläubig. „Doch", wiederholt Frank, „weil beide gleich groß sind!" Benedikt akzeptiert und arbeitet weiter.*

### 11

*Sandra kommt. Sie sagt: „Schreib mal: Katrin ist böse. Was steht da? Was steht da?" Sie traut mir offensichtlich nicht, daß ich ihren Auftrag auch ausführe. Ich lese, was ich geschrieben habe, sie lacht und geht an ihren Platz.*

### 12

*Benedikt arbeitet an Aufgaben wie in Szene 10. Dabei zählt er ab, indem er mit dem Stift auf die einzelnen schwarzen Striche und Punkte deutet. Wenn er eine 5 schreibt, malt er sie von unten nach oben. Wenn er eine 8 schreibt, sieht das ganz kompliziert aus. Seine Zeichen für „größer" und „kleiner" sind äußerst unregelmäßig, manchmal kaum zu erkennen. Ich frage, was das eine Zeichen heißen soll. (Es sind zwei fast parallele Striche entstanden.) Er fummelt einfach noch mal ein deutlicheres, aber extrem schief sitzendes Zeichen für „größer" darüber.*

*Dann kommt er an eine Zeile, in der immer Zahlen verglichen werden sollen, die spiegelbildlich die gleichen Ziffern enthalten: 17 – 71, 45 – 54. Benedikt macht in alle dazugehörigen Kästchen ein Gleichheitszeichen. Dann fängt er an, die folgende Kettenaufgabe zu lösen (eine Reihe von vorgegebenen Zahlen soll in Kästchen eingeordnet werden, so daß immer rechts die nächstgrößere Zahl steht). Zunächst weiß er nicht, was er machen soll. Frank hat diese Aufgabe schon fertig. Er will ihm helfen und deutet – etwas ungenau – auf eine Zahl (mit der man wohl nach seiner Meinung die Kette beginnen sollte). Benedikt schreibt: 17 8. Ich versuche, ihn auf das Relationszeichen aufmerksam zu machen: „Welche Zahl ist größer?" Er radiert weg und beginnt mit 8.*

Von dem Mathematiklehrer war in dem Abschnitt nicht die Rede. Wir haben nicht aufgeschrieben, was er getan hat. Jedenfalls waren Benedikt und Frank mit der Lösung ihrer Aufgaben auf sich selbst gestellt. Uns Beobachter hat in solchen Situationen vor allem interessiert, welche Strategien einzelne Kinder anwenden, um zu einer Lösung der gestellten Aufgabe zu gelangen. Eine Lösung besteht darin, seinen Nachbarn zu fragen. Eine andere, sich irgendwie durchzuschlagen, ohne genau die Aufgabenstellung verstanden haben zu müssen. Nebenbei – oder als „Hauptsache" – laufen die Beziehungsprobleme mit. Sandra und Katrin waren in Benjamin verliebt, konkurrierten also um ihn, und gleichzeitig waren sie Freundinnen. „Schreib mal: Katrin war böse" war insofern eine Neckerei unter Freundinnen als auch ein wenig ernst gemeint. Denn Katrin war häufig erfolgreicher in dem Versuch, sich in Szene zu setzen, als Sandra.

Das „Wer mit Wem", die Beziehungen zwischen Jungen und Mädchen waren ein Thema an diesen wie an anderen Tagen.

## 13

*Katrin kommt. „Wann ist dein Meerschweinchen geboren worden?" fragt sie Benedikt, „gestern?" Benedikt reagiert etwas unwirsch. Katrin geht weg, kommt aber gleich zurück: „Wie heißt das kleinste Meerschweinchen?" Benedikt zuckt mit den Schultern. Frank: „Du weißt nicht, wie dein Meerschweinchen heißt?" Katrin: „Egon und Saxi." Salia schaltet sich von Tisch 1 aus ein: „Saxi ist tot." Katrin und ich erklären ihr, daß Benedikt ein neues Meerschweinchen hat, das wieder Saxi heißt. Während dieses Gesprächs über seine Meerschweinchen sitzt Benedikt über sein Rechenheft gebeugt und arbeitet weiter.*

## 14

*Der Mathelehrer kommt vorbei. Ich weise ihn auf die „Fehler" hin. Er fordert Benedikt auf, die Zahlen, um die es geht, zu nennen. „Von hinten oder von vorne?" fragt Benedikt (meint: Wo fängt man an?). „Hinten", sagt der Mathelehrer, und Benedikt liest: „fünfundvierzig, vierundfünfzig." Er angelt nach einem Radiergummi*

*in Annes Mäppchen, radiert das Gleichheitszeichen weg. „Das auch noch mal", sagt*
*der Mathelehrer und deutet auf andere Aufgaben. Kommentarlos radiert Benedikt*
*auch dort das Gleichheitszeichen weg und macht dann allein die Aufgaben noch*
*einmal, diesmal „richtig".*

## 15

*Ich habe das „richtig" in Szene 14 deshalb in Anführungszeichen gesetzt, weil ich*
*einfach nicht verstehe, was hier eigentlich passiert ist. Wieso akzeptiert Benedikt*
*45 und 54 als gleich? Hat er nur nach dem äußeren Bild entschieden? Und wieso*
*ist das Sprechen für ihn deutlicher als das Bild, das er sieht? Deutet beides darauf*
*hin, daß er mit den Zahlen keine Größen verbindet, sondern nur Bilder und Wörter?*
*Und was hat er jetzt „richtig" gemacht? Was „versteht" er von dem, was er tut?*

Katzen, Meerschweinchen, Vögel, Hunde usw. bildeten den wesentlichen Inhalt der Gespräche der Kinder untereinander. Benedikt hatte eine Katze und
war als Katzenexperte bekannt. Alle Kinder wußten auch, daß er Meerschweinchen hat. Das wünschten sich viele. Benedikt reagierte hier eher abweisend,
wahrscheinlich, weil er zu sehr mit seinen Aufgaben beschäftigt war. Typisch
war, daß Salia sich in das Gespräch einschaltete. Immer wieder ließ sich
beobachten, wie ein Thema an einem Tisch von anderen Kindern aufgegriffen
wird, häufig auch über die Tischgruppen hinweg. Die Tatsache, daß Salia von
Saxis Tod wußte, bedeutet, daß sich die Kinder schon zuvor über Benedikts
Meerschweinchen unterhalten hatten.

Über Tiere haben die Schülerinnen und Schüler dieser Klasse häufiger gesprochen als über das Fernsehprogramm. Tiere waren auch nur ein Thema aus dem
Lebensalltag der Kinder. Dieser Alltag war in den Gesprächen und Handlungen
der Kinder im Unterricht immer mit präsent. In Malphasen oder anderen
Stillarbeitsphasen liefen Gespräche über Themen, die die Kinder interessierten,
parallel zu den Unterrichtsaufgaben. Es wäre unrichtig, davon zu sprechen, daß
sich zum Beispiel ,,rechnen" und ,,reden" abwechselten. Tatsächlich kann man
miteinander sprechen und gleichzeitig rechnen. Es sei denn, wie in dem obigen
Ausschnitt, daß man mit seinen Aufgaben nicht gut zurechtkommt.

Benedikts Strategie im Umgang mit den Rechenaufgaben soll hier nicht weiter
verfolgt werden. Die Frage, die sich hier Gertrud Beck stellt, nämlich, ob
Benedikt überhaupt verstanden hat, was er rechnet, dürfte für den Mathematiklehrer noch weitaus schwieriger zu beantworten gewesen sein. Denn er konnte
sich nicht auf ein Kind konzentrieren, sondern hatte mehr als zwanzig im Auge
zu behalten. An den Produkten, an den fertig gerechneten Aufgaben, läßt sich
der Rechenweg auch nicht mehr ablesen. Zu den – zumeist stillen – Ereignissen,
die sich auch in einer Schulklasse abspielen, gehört das Scheitern einzelner
Kinder an gestellten Aufgaben. Dieses Scheitern kann unbedeutend sein, auf
vorübergehende Schwierigkeiten oder Dispositionen des Kindes zurückzufüh-

ren sein. Es kann aber auch Schlüsselsituationen enthalten. Etwa eine Interpretation der eigenen Erfahrung durch das Kind im Sinne eines: Das lerne ich nie. Aus solchen, eher schwer bemerkbaren Situationen können sich verfestigende Haltungen zu einem Fach oder zu schulischen Anforderungen insgesamt entwickeln.

---

**Was sind die Themen Ihrer Kinder? Worüber sprechen sie am häufigsten?**

---

### 16

*Benedikt muß nun noch die zweite Kettenaufgabe lösen. Diesmal sollen die gleichen Zahlen so sortiert werden, daß die größte links und die kleinste rechts steht. Er fragt mich, wie die Aufgabe geht: „Was soll ich da machen?" Ich deute wieder nur auf das Relationszeichen. Er versteht nicht, was gemeint ist. Ich deute auf das Relationszeichen in der Zeile darüber. „Dieselben Zahlen?" fragt er. Und dann: „Soll ich da anfangen?" Er deutet ganz nach rechts, ich nicke, er schreibt die 8 in das äußerste rechte Kästchen. Das wiederum halte ich für eine tolle Leistung, nicht Zahl für Zahl noch einmal die Größer-kleiner-Relation durchzuspielen, sondern einfach die ganze Kette umzudrehen.*

### 17

*Özgül kommt zu Benedikt. Sie beugt sich vertraulich zu ihm. Beide sprechen miteinander. Ich verstehe nicht, worum es geht. Es wirkt insgesamt auf mich, als „werbe" Özgül um Benedikt (oder etwas, das sie von ihm will). Er reagiert eher unwirsch. Özgül geht wieder weg.*

### 18

*Katrin hat es offensichtlich nicht mehr ausgehalten. Sie geht zu dem Mathelehrer und fragt ihn: „Wo ist dein Schlüssel?" Der schaltet sofort: „Bei dir!" Katrin: „Gemein! Das hat die Frau Beck verraten!"*

### 19

*Benedikt packt ein. Seine Seite im Mathearbeitsheft ist ja fertig. Er schaut zunächst bei Frank zu, der konzentriert in dem Heft „Regenbogenspiele 1" malt, das er offensichtlich privat mitgebracht hat. Dann geht er zu dem kleinen Tisch neben dem Raumteilerregal und trifft sich dort mit Özgül. Beide beugen sich interessiert über ein Buch („über Katzen und Mäuse und so", erklärt mir Özgül später auf meine Frage). Umwirbt sie Benedikt als Tierexperte? Özgül packt das Buch in ihren Ranzen. Benedikt geht an seinen Platz zurück. Özgül kommt nach. Beide schauen Frank zu.*

*Inzwischen kommt die Lehrerin.*

Der Übergang vom Mathematikunterricht zu dem Unterricht durch die Klassenlehrerin war fließend. Die Lehrerin kam gegen Ende der Mathematikstunde in den Klassenraum, sprach häufig mit einzelnen Kindern und ließ ihnen Zeit, sich auf ein anderes Fach und auf eine andere Person einzustellen. Gegen Ende der Stunde liefen manche Fäden wieder zusammen. Benedikt hatte seine Aufgaben beendet, ebenso Katrin ihr Spiel um den Schlüssel, und im Gespräch zwischen Benedikt und Özgül spielten Katzen und Mäuse wieder eine Rolle. Jetzt war Benedikt auch eher offen für einen Austausch.

Unterrichtsstunden können jenseits des traditonellen Dreischritts – Einführung, Durchführung, Festigung – einen eigenen Rhythmus haben. In einem offenen Unterricht bekommen die Schülerinnen und Schüler die Möglichkeit zu einem Wechsel zwischen Anspannung und Entspannung. Entspannung heißt unter anderem, sich mit einem selbst mitgebrachten Buch zu beschäftigen (wie Frank) oder sich mit einem anderen Kind zu unterhalten, das heißt, Bedürfnisse im Klassenraum zu befriedigen, die während der Unterrichtzeit zurückgestellt werden müssen. Auf dem Schulhof bestehen wieder neue Anforderungen. Der abrupte Wechsel von Unterricht und Spielen auf dem Hof dürfte unseres Erachtens eher zu verstärkter Spannung führen als zu einer Beruhigung. Deshalb der fließende Übergang und deshalb auch das gemeinsame Frühstück, das vor Beginn der Hofpause in der Klasse eingenommen wurde.

> Welchen Wechsel von Spannung und Entspannung realisieren Sie in ihrem Unterricht? Wie gestalten Sie Ruhephasen, in denen die Kinder gewissermaßen „zu sich" kommen können?

**20**

*Markus jammert, seine im Wald gesammelten Blätter seien ganz verschimmelt. Die Lehrerin meint, dann müsse man sie wegtun. Ich gehe mit Markus zu seinem Schuhkarton. Er macht ihn auf. Tatsächlich zeigen einige Blätter leichte Weißfärbung. „Ih, das stinkt!" sagt Markus unglücklich. Ich versuche zu erklären, daß auch im Wald einige Teile Schimmel bekommen, und rate ihm, den Deckel von der Schachtel offen zu lassen. Er stellt fest, daß doch noch einiges „zu gebrauchen" ist, und sortiert Kastanien und einige Blätter, die kein Weiß zeigen, in den Sandkasten zur großen Sammlung.*

**21**

*Die Lehrerin ruft alle in den Kreis. Asam, Anne, Ayse, Sida, Hannes und Lukas arbeiten an ihrem Platz weiter. Im Kreis erinnert sie die Kinder daran, daß sie „viel Geld" bezahlt haben, 16,– DM. Ein Teil des Geldes war für den Besuch im Vivarium bestimmt, der andere Teil für ein neues Arbeitsheft, das heute ausgeteilt werden soll. In dieses Heft (Rechtschreibübungsheft) soll nicht mehr mit Bleistift, sondern erstmals mit Füller geschrieben werden. Katrin: „Oh", sie hält die Hände an den Mund. „Oh, oh, Sandra." Es handelt sich, wie die Lehrerin betont, um ein besonders schönes Heft. Heute erhalten die Kinder dieses Heft, damit sie es sich über das Wochenende bereits anschauen können. Am Montag soll dann das erste Mal mit Füller geschrieben werden, zunächst auf ein Blatt und dann in das Heft. Jetzt soll jeder einmal sein Heft durchblättern und sich eine Seite heraussuchen, zu der er etwas sagen möchte.*

Die beiden Szenen enthalten aus unserer Sicht zwei typische Unterrichtssituationen, die im Lehrplan nicht erwähnt sind: Hilfeersuchen von Kindern und organisatorische Angelegenheiten. Markus hatte Blätter gesammelt und war nun enttäuscht, daß sie zu verschimmeln drohten. Er tendierte dazu, das Interesse an dem ganzen Projekt aufzugeben, denn er hatte das Gefühl, selbst versagt zu haben. Die von ihm gesammelten Blätter – dies unterschätzen Erwachsene häufig – sind nicht irgendwelche Blätter, sondern seine. Ebenso, wie zwischen der eingepflanzten Bohne und dem Kind eine Beziehung besteht. Wenn die Bohne eingeht, so ist das Kind enttäuscht; vielleicht auch deshalb, weil es nun nichts zu dem Unterrichtsprojekt beitragen kann. Sicher gehen verschiedene Kinder unterschiedlich mit solchen negativen Erfahrungen um, einige verkraften Enttäuschungen locker, andere sind leicht frustriert. Diese Kinder benötigen einen Erwachsenen, der ihnen nicht nur über das sachliche Problem hinweghilft, sondern sie auch emotional stabilisiert. In der Grundschule ist dies eine der häufigen Aufgaben der Lehrerin. Die Voraussetzung dafür ist, daß sie die Situation des Kindes erkennt.

Es gibt eine Vielzahl organisatorischer Aufgaben im Unterricht: Geld einsammeln, Fahrten vorbereiten, Briefe an Eltern verteilen, Milchgeld einsammeln, neue Hefte austeilen usw. Auch dies gehört zu den wohl unterschätzten Tätigkeiten einer Lehrerin. An der Szene 21 läßt sich aber etwas anderes deutlich machen. Das neue Heft, in das nur mit einem Füller geschrieben werden darf, war eine neue Anforderung. Katrins Reaktion ,,*Oh, oh, Sandra*" ist wohl als eine Art ,,Angstlust" zu interpretieren. Es macht Spaß, sich einer neuen, schwierigen Aufgabe zu widmen, und man fürchtet sich auch ein wenig davor.

Die Lehrerin signalisierte auch, daß sie nun die Kinder für alt genug hielt, sich dieser neuen, schwierigen Anforderung zu unterziehen. Sie motivierte sie dadurch, daß sie ihre Lernfortschritte bestätigte. Dies war das eine Moment, mit dem sie die symbolische Bedeutung des neuen Heftes aufwertete. Zu dieser Aufwertung trug auch bei, daß sie darauf hinwies, daß dieses Heft schön ist, daß es teuer ist und daß die Kinder zunächst einmal auf einem Blatt üben sollten. Die Aufgabe, die sie dann stellte, sich eine Seite herauszusuchen, führte dazu, daß die einzelnen Kinder eine Beziehung zu dem neuen Buch aufbauen konnten. Die Lehrerin setzte hier eine Norm über den kulturellen Umgang mit

Gegenständen. Sie läßt sich etwa so formulieren: Mit wertvollen Dingen soll man auch sorgsam umgehen.

> **Welche Gegenstände sind Ihnen wichtig? In welchem Zusammenhang vermitteln Sie Ihren Kindern Normen des Umganges mit Dingen?**

### 22

*Sandra guckt sich das Heft an, Seite für Seite.*

*Im Heft ist ein Igel zu sehen. Das ist Anlaß für Said, eine Geschichte vom Igel zu erzählen: „Wo die Kinder immer sind, da hab ich einen Igel gesehen, den haben die zertreten." Die Lehrerin vermutet, daß der Igel von einem Auto überfahren wurde. „Nein, ein Mensch!" beharrt Said. Sandra sagt: „Baby-Igel."*

*Pit sieht im Lexikonteil des Heftes das Wort „Igel" und sagt vor sich hin: „Igel".*

### 23

*Die Lehrerin will leise bis 10 zählen und dann „Halt!" sagen. Dann soll jeder eine Seite ausgewählt haben und diese dann vorstellen. Sie zählt bis 10 und sagt dann: „Halt!" Die meisten halten sofort an, entweder bei einer Seite, die sie schon vorher ausgewählt haben, oder da, wo sie gerade beim Blättern sind. Nur Singh blättert und blättert und blättert ganz schnell weiter.*

### 24

*Norbert will etwas zu Seite 36 sagen. Es zeigt ein Baumhaus. „Wir haben auch mal so ein Baumhaus gebaut." Frank erzählt etwas zu Seite 40 (Igel): „Wegen Igel. Mein Papa hat den angegriffen und da ist das Ding in Finger gegangen." Singh (offensichtlich mit Rückbezug auf Saids Geschichte, es hört sich an, als sei die wirklich passiert): „Die haben mit dem Igel Fußball gespielt und die Dinger (Stacheln) rausgezogen, und dann ist ein Mann gekommen, der hat ihn mit nach Hause genommen." Said hat noch nachts einen Igel gesehen.*

*Katrin will etwas zu Seite 60 sagen: „Da sind ganz viele Wörter, da kann man so viel abschreiben, wie im ABC-Buch." Sie hat den Lexikonteil des Buches aufgeschlagen. Derzeit arbeitet Lukas hinter mir an einem Arbeitsblatt, bei dem es um „D" oder „T" als Anlaut geht. Dach scheint einfach, er schreibt sofort das „D" hin. Bei „Tafel" knobelt er lange. Er bewegt die Lippen, spricht das Wort lautlos und versucht herauszufinden, welchen Buchstaben er einsetzen muß.*

*Die Lehrerin sagt: „Da ist eine Schere, ihr sollt aber nicht schneiden." Pit macht die Handbewegung des Schneidens und sagt: „Doch schneide ich." Norbert und andere machen es ihm nach.*

*Auf Seite 23 ist ein Elefant abgebildet. Singh erzählt dann, daß auf der einen Seite ein indischer Elefant abgebildet ist. Wieso er weiß, daß das ein indischer Elefant ist, will die Lehrerin wissen. „Weil der kleine Ohren hat, der afrikanische Elefant hat große Ohren." Die Lehrerin ergänzt: „Und weil der aus Indien ist, wie der Singh."*

*Markus nennt die Seiten 18/19. Pit: „Wo ist 18?" Markus hat die Seite ausgesucht, weil „der Elefant so'n dicken Po hat". Pit findet hier, wie auf anderen Seiten, wieder die Maus und die Katze. Ayse: „Der Elefant hat Angst vor Mäusen, wegen der langen Nase, hat Angst, Maus läuft da rein." Pit findet „Schroedel" auf allen Seiten und sagt: „Das ist das gleiche."*

*Benjamin ruft dazwischen – um 9.04 Uhr – „Frühstückspause!"*

*Dann schickt die Lehrerin alle an den Platz: „Wer will, kann die Geschichte auf der Vorderseite leise (sie dämpft die Stimme) lesen und auswendig lernen. Wer sehr hungrig ist, kann aber auch erst frühstücken." Sie fragt, wer seine Mappe liegen gelassen hat. Pit: „Ich nicht."*

Was interessiert Zweitkläßler an einem Schulbuch? Zunächst waren die Tiere wichtig. Die Bilder veranlassen Assoziationen zu eigenen Erlebnissen. Bei der Igel-Geschichte waren es offenbar emotional beeindruckende Erfahrungen: der getötete Igel, die Stacheln, die in den Finger pieksten usw. Allgemeiner kann man sagen: Es sind Konflikte, vielfach wohl auch eigene Konflikte, die sie in die Tierbilder projizieren. Die Igel-Geschichten machen auch deutlich, daß die Inhalte, von denen Grundschulkinder erzählen, häufig Variationen eines Themas sind. Wenn ein Kind mit dem Thema ,,Igel" beginnt, so werden die danach erzählenden Kinder häufig angeregt, ebenfalls etwas über Igel zu berichten.

Ein anderes Moment, das Interesse hervorruft, sind – aus der Sicht von Kindern – Besonderheiten. So der ,,dicke Po", auf den Markus ansprach. Drittens ist ,,das haben wir auch" ein Standardsatz von Grundschulkindern. Viertens bringen die Kinder auch ihr Sachwissen mit ein. Hier war es Singh, der afrikanische von indischen Elefanten unterscheiden konnte. Daß er dies wußte, liegt sicher daran, daß Singh indische Eltern hat. Inder zu sein, war ihm wichtig. Die Lehrerin unterstützte ihn darin. Auch sein scheinbar von der Person losgelöstes Sachwissen erklärt sich aus der Beziehung der Person zu der Sache.

Bei Katrin läßt sich noch etwas anderes beobachten. Für die meisten Kinder war das Buch ein Buch zum Anschauen, das Assoziationen hervorruft. Für Katrin war es ein Schulbuch, das heißt ein Buch, aus dem man lernt und in das man schreibt. Das Sprachspiel der Lehrerin war doppeldeutig. Sie hatte das Buch sowohl als Schulbuch eingeführt wie auch einfach nur als ein spannendes Buch, das die Kinder interessieren soll. Diese Doppeldeutigkeit in Hinsicht darauf, als was das Buch zu verstehen ist, sollte die Schülerinnen und Schüler zur Arbeit mit dem Buch motivieren. Aus Katrins Bemerkungen könnte man schließen, daß ihr die Aussicht, mehr zu lernen, als Motivation ausgereicht hätte. Aber womöglich erwartete sie auch, daß man diese Art von Auffassung von ihr verlangt.

> **Was sind die Auswahlkriterien Ihrer Kinder, wenn sie erzählen? Wenn Sie mit einem neuen Buch, einem neuen Thema beginnen, wie führen Sie das Buch oder das Thema ein?**

## 25

*Frühstückspause. Jan beginnt zu essen. Er hat Salat, Saft und Brötchen. Pit hat nichts. Jan freut sich, weil der Saft im Strohhalm hochsteigt: „Zaubertrick". Pit macht sein Mäppchen auf und fummelt an den Sachen rum. Pit: „Ich habe Durst. Nächste Woche habe ich was zu trinken, wenn ich mein Geld mithabe." Nimmt Jans Brötchen und hält es zu mir: „Iß!" Ich: „Ist das deins?" Pit: „Nein, Jans."*

*Pit hat den Abakus. Er fährt mit der Hand und den Fingern die Kugeln lang. Verschiebt die Kugeln: „Guck, eine 6." Er schiebt ganz viele Kugeln rüber und läßt Jan rechnen: „Kannst du nicht rechnen, gell." Ole und Said basteln Flugzeuge. Pit: „Ich kann ja viel bessere Flugzeuge."*

*Pit geht an die Schreibmaschine. Tippt ein paar Buchstaben. Will für Ole Flugzeuge falten: „Mach dir nen geilen" und „mach viel besser." Darf dann und faltet ein Flugzeug, wobei er einen Knick mehr reinmacht als Said und Ole. Allerdings fliegt es deshalb nicht besser. Pit: „Draußen mit viel Luft fliegt er übers Dach." Markus freut sich: „Wie hat der Pit das gemacht?" Jan: „Der Pit kann's gut." Said: „Ich kann's besser." Ole: „Oh, oh." Markus läßt sich sein Flugzeug von Pit falten.*

*Said hat sein Flugzeug angemalt. Pit: „Ich male Fensterscheiben rein." Jan möchte ein Flugzeug von Pit. Pit, nachdem er die Fenster gemalt hat, simuliert mit dem Flugzeug in der Hand einen Flug und macht dazu Motorengeräusche.*

*Jan drängt: „Du bist doch mein Freund." Ole: „Pit ist tausendmal lieber als Said." Die Fliegergruppe geht auf den Schulhof.*

Pit hatte kein Frühstück mit. Gegenüber dem reichhaltigen Angebot, das Jan vorweisen konnte, kam so etwas wie Neid auf. Pit war zunächst unsicher und versuchte dann spielerisch damit umzugehen, indem er so tat, als ob er Jans Brötchen verschenken würde. Es half ihm, über die Situation hinwegzukommen. In einem weiteren Schritt versuchte er seine Unterlegenheit zu kompensieren – Jan hatte ja nicht auf die Bitte reagiert, ihm etwas von seinem Frühstück abzugeben –, indem er Jan zu seinem Schüler machte. Pit versuchte dabei, die

Konkurrenzsituation so zu gestalten, daß Jan als der Unterlegene erschien. *„Kannst du nicht rechnen, gell."*

Der nächste Schritt, das eigene Selbstwertgefühl aufzubessern, bestand darin, sich am Basteln der Flugzeuge zu beteiligen: *„Ich kann ja viel bessere Flugzeuge."* Auch wenn seine Flugzeuge objektiv gesehen nicht besser geflogen sein mögen als die der anderen Jungen, so gelang es ihm doch, sich das Image eines guten Flugzeugbastlers zu verschaffen. Selbst Jan wollte sich von Pit ein Flugzeug basteln lassen und drängte: *„Du bist doch mein Freund"*, was meint: Falte mir auch ein so schönes Flugzeug. Pit hatte nun die Anerkennung, die er sich ersehnte.

Wir denken, daß sich viele Aktivitäten der Kinder mit der Suche nach Anerkennung erklären lassen. Ein eigenes Selbstbewußtsein und ein Gefühl für den eigenen Wert zu entwickeln, bedarf der Bestätigung durch die anderen. Viele Handlungen und Botschaften haben auch die Funktion, sich den Mitschülerinnen und Mitschülern als kompetent und fähig darzustellen. Vielfach wird die eigene Kompetenz in Abgrenzung zu anderen gesucht, wird eine Konkurrenzsituation hergestellt. Zum Streit führen solche Anerkennungsversuche häufig dann, wenn ein Kind sich auf das Terrain eines anderen begibt. Kinder unterstellen und akzeptieren so etwas wie Expertentum. Ein Kind kann gut malen, das andere gut Flugzeuge bauen usw. So kann sich eine Vielfalt von Experten entwickeln, die jeweils für ihre Fähigkeiten von allen anerkannt werden.

Es kann sich aber auch ergeben, daß die Konkurrenzsituation andere diskriminiert. An anderen Tagen hätte Jan auf die Unterstellung, er könne nicht so gut rechnen, wohl mit Aggression reagiert. Daß dieses Konkurrieren um Anerkennung im großen und ganzen in dieser Klasse relativ friedlich verlief, ist auch darauf zurückzuführen, daß die Lehrerin Anerkennung nicht pauschalisierte, sondern differenzierte. Sie hat häufig Kinder gelobt und auch Kinder gedeckt, wenn sie den Eindruck bekam, diese würden sich auf Kosten anderer aufspielen. Sie hat in den ersten beiden Schuljahren keine direkten Leistungsvergleiche durchgeführt. Es gab keine Klassenarbeiten. Ihr Ziel war, daß jedes Kind in irgendeiner Form sich anerkannt fühlen konnte. Es gab – obwohl viele Kinder in der Schule mangelnde außerschulische Anerkennung zu kompensieren versuchten – in der Klasse keinen Außenseiter.

---

Welches Ihrer Kinder gilt unter den anderen Kinder als Experte wofür? Wofür loben Sie die einzelnen Kinder? Betrifft Ihr Lob nur unterrichtsrelevante Leistungen oder auch andere Fähigkeiten? Was verstehen Sie unter Gleichheit?

## 26

*Die Pause ist zu Ende, die Kinder kommen herein. Die Lehrerin holt alle in den Kreis. Hannes' Mutter will kommen und von ihrer Reise nach Südafrika erzählen. Frau K. kommt. Sie holt Asam zum Förderunterricht ab. Die Lehrerin läßt die Kinder raten, was die beiden wohl machen. Sida vermutet, daß sie in den Wald gehen. Andere vermuten, daß sie spazierengehen und Frau K. dabei Asam deutsche Wörter beibringt. Asam macht einen leicht gespannten, aber überhaupt nicht ängstlichen Eindruck. Özgül versucht sich neben Hannes zu setzen: „Kann ich?" Hannes: „Nein, hier sitzt meine Mutter." Özgül sucht sich einen anderen Platz.*

## 27

*Die Lehrerin will noch einiges „ansagen". Es sollen für Bastelarbeiten wie Papierflieger nicht die großen weißen Blätter verwandt werden, sondern das Computerpapier. Und die Flieger sollen nicht draußen auf dem Schulhof liegengelassen werden. Sie zeigt zerrissenes Papier: „So was find ich ganz schlimm." Lukas: „Ich hab doch hier gebaut!" (Er fühlt sich offensichtlich sofort persönlich angesprochen, auch wenn er gar nicht gemeint war.) Özgül findet den Kreis langweilig. Lehrerin: „Das ist gar nicht langweilig." (Gemeint ist wohl: Es ist wichtig.) Dann wird diskutiert, wer mit Drucken dran ist und wer am Montag drucken darf. Anne will drucken. Benjamin beschwert sich – er behandelt die Freinet-Druckerei als seine. Offensichtlich gibt es eine lange Warteliste. Lehrerin: „Özgül, ich denke, du willst zuhören?!"*

Auf die organisatorischen Seiten des Unterrichts haben wir schon hingewiesen. Die Lehrerin nutzte ein feststehendes Ritual zur Gliederung ihres Unterrichts. Nach der großen Pause gab es einen Sitzkreis, von dem aus der weitere Fortgang des Unterrichts organisiert wurde. Hier wurden auch Regeln vermittelt oder Konflikte in der Klasse angesprochen. Gerade der offene Unterricht braucht solche Rituale, denn eine Vielfalt von Aktionen und Personen müssen aufeinander bezogen werden. Hier waren es die Fördermaßnahme für Asam und der Besuch von Hannes' Mutter. In dieser Klasse gab es häufig Besuch. Eltern waren anwesend, erzählten auch oder erklärten etwas. Häufig kamen auch Studentinnen oder andere Lehrerinnen. Den Kindern der Klasse war dies geläufig. Manchmal haben sie kaum bemerkt, daß ein weiterer Erwachsener anwesend war. Die geschlossene Klassentür widersprach dem pädagogischen Konzept der Lehrerin. Offener Unterricht meinte hier tatsächliche ,,offene Türen" und die Integration vieler anderer Erwachsener in den Unterricht.

Daß dies nicht immer ganz einfach war, wird in den folgenden Szenen deutlich werden, in denen die Lehrerin die Fülle an Materialien und Informationen einer Mutter ein wenig steuern mußte. Für Hannes war die Anwesenheit der Mutter ein besonderes und herausgehobenes Ereignis. Daß sie seine Mutter war, versuchte er mehrfach deutlich zu machen. Frau S. dagegen war wohl eher unsicher und versuchte Hannes zu behandeln wie alle anderen Kinder auch.

---

**Wie fühlen Sie sich, wenn andere Erwachsene mit in der Klasse sind?**

---

## 28

---

*Hannes' Mutter kommt. Hannes: „Woher hast du den Speer?" Sie wird um etwas Geduld gebeten, bis die Lehrerin alle Ansagen gemacht hat. Die Lehrerin verweist darauf, daß sie kein „angeknabbertes" Papier sehen will (ganze Bogen, von denen ein kleines Eckchen für irgendwelche Zwecke herausgerissen wird). Und dann will sie noch jemanden loben. Es geht um Markus, der ein dickes Märchenbuch mitgebracht hat, in dem er Blätter gepreßt hat. Markus: „Sind 200 Märchen drin." Lehrerin: „Ihr wißt, daß Markus bisher nicht so gut lesen konnte. Jetzt kann er lesen. Markus, ich freue mich ganz doll, daß du es mit dem Lesen so weit geschafft hast." Er soll nachher in der Sitzecke den anderen zeigen, was er lesen kann. Dann zeigt die Lehrerin noch eine merkwürdig geformte Tomate, die eine Kollegin im Schulgarten gefunden hat. Sie wird gleich zur „Tomatenloni", weil sie fast wie eine kleine Ente geformt ist.*

*Hannes' Mutter war in Südafrika und hat eine Menge Sachen mitgebracht und breitet sie in der Mitte des Kreises aus. Hannes ist ganz schrecklich aufgeregt. Er tanzt mit Schild und Speer durch den Raum und singt rhythmisch: „Ga uga ga uaga …" Die Lehrerin bedeutet ihm, daß er ganz ruhig helfen soll. (Seine Mutter läßt nicht erkennen, daß Hannes ihr Sohn ist. Der möchte das bewiesen haben.) Am Boden liegen: Viele Bilder, ein Buch, ein Schild, Speere und geschnitzte Stöcke mit Fell verziert, eine größere und eine kleinere Trommel, Kalebassen, verschiedene Perlenketten (Özgül benutzt eine der Ketten gleich als Schamschürze), geschnitzte schwarze Elefanten, ein Straußenei, Bananen, Orangen, Ananas, eine Landkarte. Özgül stöhnt: „Gespannt bin ich!"*

*Jan: „Indianerspeer!" Hannes: „Ist nicht von Indianern!"*

*Singh: „Haben Sie das alles vom Dschungel?"*

*Lehrerin: „Ruhe, erst zuhören, dann anfassen."*

## 29

---

*Hannes' Mutter erzählt, daß sie in Südafrika war, „wo der Norbert her ist, ich glaub sogar in der Stadt, wo er geboren ist, gell, Kapstadt." Norbert bejaht. Sie zeigt auf der Landkarte, wo sie mit dem Flugzeug angekommen ist und wohin sie dann in einer langen Bahnreise kam. Sie zeigt, wo der Indische und der Atlantische Ozean sich treffen. Die Lehrerin fragt: „Wer weiß, was ein Ozean ist?" Kaum jemand meldet sich. Özgül: „Ich weiß es auch nicht." Sie fragt Singh, der antwortet nicht. Dann meldet sich Lukas: „Ein Meer." Singh: „Ich wollte sagen, aber ich dachte, es stimmt nicht."*

*Dann zeigt Frau S. eine getrocknete Protea und erzählt, daß diese Blumen dort wachsen. Die Blume wird herumgegeben. Als Trockenexemplar scheint sie nur bedingt bewunderungswürdig. Aber Pit tastet sie genau ab und hält sie behutsam an seine Wange, um zu spüren, wie sie sich anfühlt. Spannender wird es, als Hannes' Mutter von den Straußen erzählt. Frank weiß, daß der Strauß ein großer Vogel ist. Das Straußenei wird herumgegeben. Ayse riecht daran, Benedikt schaut in das Loch und riecht und klopft. Nina schaut sich das Ei, das ein Loch hat, genau an, versucht hineinzuschauen und riecht an dem Loch. „Wie kommt das da raus?" (Meint sie: Wie kommt das Ei aus dem Strauß? oder: Wie kommt der Eiinhalt heraus?) „Das riecht wie Ei."*

Was macht Unterricht spannend? Mehrere Momente lassen sich nennen. Da war zunächst die Authentizität: Frau S. war in Südafrika. Sie erzählte nicht von Büchern. Fast alles, was sie zeigte und erzählte, hatte sie selbst erlebt. Erst als sie „schulisch" wurde – hier treffen sich der Indische und der Atlantische Ozean –, als es um abstrakte Begriffe ging, über die ein Zweitkläßler nicht verfügen kann, flaute das Interesse ab. Kinder interessiert nicht das Abbild, nicht das, was ein Begriff repräsentiert, Kinder interessiert, was an einem Gegenstand lebt: seine Entstehung, seine Funktion, was sich damit machen läßt: Was das Loch in dem Ei bedeutet, wie das Ei riecht, wie es im Ei-Inneren aussieht, wie es sich anfühlt usw.

Grundschulkinder begegnen Gegenständen unmittelbar, ganzheitlich und mit allen Sinnen. Die zu verhandelnden Dinge müssen für diesen Umgang geeignet sein. Ebenso muß die Lehrerin es zulassen können, unmittelbar mit den Gegenständen umzugehen.

Spannend können Dinge und Sachverhalte auch aus einem weiteren Grund sein, wenn sie sich in das vorhandene Netz symbolischer Repräsentationen einfügen lassen. „Indianer", „Dschungel" waren hier keine Begriffe zur Unterscheidung von Rassen oder Vegetationszonen, sie waren Metaphern für eine Phantasiewelt, in die Kinder ihre eigenen Gedanken und Gefühle hineinprojizieren können: „Mutig sein wie ein Indianer, gefährliche Situationen bestehen wie im Dschungel." Hannes' Bemerkung: „*Ist nicht von Indianern*" markierte den Realitätsbezug, der sich auch in dieser Entwicklungsphase findet. Nebenbei profilierte er sich als Experte für die mitgebrachten Gegenstände seiner Mutter.

Südafrika, könnte man gegen diesen Unterricht einwenden, ist weit weg und gehört nicht zum Horizont von Zweitkläßlern. Diese und die folgenden Szenen zeigen jedoch, daß die traditionellen Vorstellungen von Nähe und Ferne sich in der heutigen Zeit überlebt haben. Durch Reisen und Fernsehen ist Südafrika in den Horizont der Kinder gerückt. Der Unterricht über das Land gründete nun einerseits auf Exotik, auf der Andersartigkeit, auf der Nähe der mitgebrachten Dinge zu dem bei den Kindern vorhandenen Bild. Andererseits trug er im weiteren Verlauf dazu bei, dieses durch die Medienindustrie produzierte Bild in Frage zu stellen und zu differenzieren. Der Unterricht veränderte das Bild, das die Kinder von diesem Land hatten.

Markus' Hinweis auf die 200 Märchen seines Buches oder das Interesse an der merkwürdig geformten Tomate machen deutlich: Spannend für Kinder ist das Außergewöhnliche. Vielleicht kann man sagen, daß dahinter der natürliche und notwendige Wunsch steht, die Grenzen der bekannten Welt der Erwachsenen zu sprengen. Der Dinosaurierboom unter Kindern hat unabhängig von seiner kommerziellen Steuerung darin vielleicht seinen Grund.

---

**Was sind die spannenden Themen in Ihrer Klasse?**

---

30

---

*Dann erklärt Hannes' Mutter die Bedeutung der Kalebassen: „Kürbis, ausgehöhlt, die braucht man für Wasser." Und sie zeigt zwei kleine halboffene Fruchtkapseln, die die Männer dort früher als Schutz für den Penis getragen haben. „Die sind früher nackt rumgelaufen, und weil der Penis so empfindlich ist, haben sie den damit geschützt." Die Lehrerin ergänzt: „Die Buben wissen ja, wie empfindlich der ist." Özgül: „Eine kleine Unterhose." Dann erzählt Hannes' Mutter, daß die Trommel mit Springbockfell bezogen ist, und sie demonstriert, wie die kleine trommelförmige Rassel funktioniert. Salia: „Sparbüchse." (Rasselt wie eine schlecht gefüllte Sparbüchse.) Hannes: „Da ist kein Geld drin, sondern Steine." Mit diesen Instrumenten macht man Musik, leise oder laut. Markus: „Wenn man es laut macht, dann ist das nicht so ein schöner Ton", was stimmt. Frau S. erzählt, daß die Ananas auf großen Feldern wachsen und daß die kleinere Perlenkette eine Art Liebesbrief ist, in den die jungen Mädchen Botschaften für die jungen Männer hineinknüpfen. Alle Farben und Formen haben eine besondere Bedeutung, eine Art Geheimschrift. Hannes hält sich den „Liebesbrief" wie einen Schamschutz vor den Bauch, bevor er ihn weiterreicht.*

*Hannes versucht seiner Mutter zu sagen, was sie erzählen soll: Daß die Kinder weit zur Schule laufen müssen, daß viele Kinder arm sind.*

Weiter oben hatten wir schon notiert: *„Özgül benutzt eine der Ketten gleich als Schamschürze."* Für manche Kinder war Sexualität das unterschwellig wichtigste Thema in dieser Zeit. Die Erzählungen von Frau S. gaben ausreichend Anlaß, sich damit zu beschäftigen.

Der Kontext läßt dennoch erkennen, daß es nicht zu einer Sexualisierung der Objekte kam. Andere Interessen blieben bestehen. Das Interesse an der Trommel etwa oder der Frage, wie weit die Kinder in Afrika zur Schule laufen müssen. Wir denken, daß die Normalität, in der hier sexuelle Zusammenhänge zur Sprache kamen und von den Kindern auch so wahrgenommen wurden, damit zusammenhängt, daß die Kinder in der Art der Erzählung durch Frau S. und die Bemerkungen der Lehrerin ernst genommen wurden. Ihnen wurde es so erzählt wie Erwachsenen vielleicht auch. Das führte zu einer Differenzierung. Für einige Kinder spielten die Liebesbriefe eine große Rolle, für andere eher die Trommel (vgl. die folgenden Szenen). Weil die beiden Frauen keine Angst vor dem Thema hatten, tabuisierten sie es nicht und machten es deshalb auch für die Kinder gerade so wichtig, wie dies normalerweise der Fall ist.

## 31

*Die Lehrerin gibt die Anweisung: Eine Tischgruppe darf die Gegenstände anschauen und anfassen, eine Tischgruppe darf sich von Frau S. noch Bilder zeigen lassen, die anderen arbeiten an ihren Tischen, später wird gewechselt, so daß jeder noch mal dran kommt.*

*Alles verkrümelt sich und sucht sich Beschäftigungen. Benedikt und Frank sitzen an der Trommel. Hannes erklärt Anne, daß die Elefanten, die Frau S. mitgebracht hat, aus Stein sind. Eine Kollegin kommt. Anne: „Guck mal, das ist ne Geheimsprache, ein Liebesbrief!" Sie hält ihr die Perlenkette hin.*

*Sandra trommelt, Pit versucht es mit der „Maultrommel".*

*Frau S. zeigt ein Photo: „Da werden Tiere gehetzt." Pit macht die Bewegung des Schießens mit den Händen nach. Überhaupt die Nachahmung. Norbert mit Speer und Schild ist ein echter Großwildjäger. Er piekst Lukas. Der spielt „umfallen".*

## 32

*Benedikt trommelt leise, Frank simuliert dazu kniend einen Tanz. Beim Trommeln schlägt Benedikt mit der linken Hand einen langsamen Rhythmus, mit der rechten einen schnelleren. Anne kommt mit der größeren Perlenkette, eher einem Gehänge. Benedikt hält sie sich als Schleier vor das Gesicht. Benedikt fragt Katrin: „Kannst du trommeln?" Katrin: „Mach mal!" Er trommelt gekonnt zweihändig, variiert unterschiedliche Rhythmen. Katrin bewegt sich dazu auf der Stelle. Frank klopft dazwischen mit dem Stock auf die Trommel. Benedikt hält den Stock fest und trommelt dann weiter.*

## 33

*Dann soll gewechselt werden. Zuerst probiert Benjamin die Trommel aus, dann Ayse, dann Özgül. Benedikt kommt zurück und schaut zu, macht Bauchtanzbewegungen. Ayse probiert verschiedene Verwendungsmöglichkeiten der Perlenkette (Gehänge) aus, an sich selbst und an mir. Özgül hat nach einigen ziellosen Trommelversuchen sich selbst einen Rhythmus geschaffen. Sie trommelt mit beiden Händen im regelmäßigen Wechsel:*

– – – –     – – – –     – – – –     – – – – – – –     – – – – – – –

*zunächst nur oben auf der Trommel, dann experimentiert sie: Die beiden letzten Schläge werden außen an die Trommel geschlagen, es wird an dieser Stelle in die Hände geklatscht oder die Hand in die Luft gestreckt. Ayse versucht sich einzuschalten, indem sie mit dem Stock auf die Trommel schlägt. Said rügt: „Man macht das nicht."*

*Anne hält sich eine Perlenkette, die auch aus dem Fundus stammt, vor den Bauch, vor den Kopf, vor die Augen. Benedikt schlägt auf die Trommel. Er hat – als einziger – wirklich einen Rhythmus, und es hört sich gut an. Er kann verschiedene Rhythmen. Ayse versucht auch einen Rhythmus. Benjamin mit Speer und Schild nimmt sich noch die Kalebasse, „geht auf Jagd". Anne schneidet – von allem unbeeindruckt – Buchstaben aus. Özgül trommelt nun – Nina und Ayse tanzen. Es geht um den Liebesbrief. Ayse: „Nina liebt Hannes und Benjamin." Hannes dazwischen: „Ein Tiger hat Angst vor Löwen." Norbert hängt sich die Perlenkette um und tanzt. Alle Gegenstände, die zu einer Bewegung auffordern, rufen sie auch hervor. Genauer: Gegenstände, die symbolisch mit bestimmten Bewegungen verbunden sind. Özgül „liest" den Liebesbrief: „Ich liebe dich, mein Schatz, ich heirate dich."*

*Hannes fällt seiner Mutter um den Hals: „Meine Mutti, meine Mutti." Frau S.: „Du bist nicht am Platz."*

Die Szenen beschreiben ca. 30 Minuten. Wir haben nur einen ganz kleinen Teil der Geschehnisse aufschreiben können. Das liegt einfach daran, daß verschiedene Kinder zur gleichen Zeit Unterschiedliches getan haben. Frau S. unterhielt sich jeweils mit einer Tischgruppe. Eine andere Tischgruppe konnte sich weiter mit den Gegenständen beschäftigen. Die Kinder an den übrigen drei Tischen – es waren insgesamt fünf Gruppentische – erledigten entweder Arbeiten aus dem Wochenplan, spielten oder gingen eigenen Beschäftigungen nach. So hatte Özgül einen Stern beziehungsweise eine Blume gebastelt. Unser Interesse galt dem Umgang der Klasse mit dem Thema Südafrika, deshalb haben wir andere Aspekte in dem Protokoll eher vernachlässigt.

Fasziniert hatte uns in dieser Situation vor allem der Umgang einiger Kinder mit den Trommeln. Es gab schon zuvor Musikinstrumente in der Klasse. Im Rahmen von Geburtstagsfeiern oder ähnlichen Anlässen bekamen die Kinder Orffsche Instrumente in die Hand, mit und auf denen sie spielen konnten. Die afrikanischen Trommeln waren in diesem Sinne nicht didaktisiert. Sie enthielten die Aufforderung, einen eigenen Rhythmus, eine eigene Weise des Schlagens zu finden. Özgül experimentierte so lange mit dem Instrument, bis sie einen geeigneten Rhythmus fand. Vor allem für Benedikt boten die Trommeln eine großartige Gelegenheit, ohne Streß, entspannt eigene Erfahrungen zu machen. Die musikalische Ausbildung, die er bereits besaß, erleichterte ihm wohl den Zugang zu dem neuen Musikinstrument. Er spielte lange und intensiv darauf – und er spielte gut. Dabei, das war offensichtlich, fühlte er sich wohl. In diesen Minuten waren die Mathematikaufgaben, die Katzen und die Auseinandersetzungen mit Mitschülerinnen und Mitschülern vergessen. Benedikt war in diesem Spiel „bei sich". Er ließ sich auch durch Frank nicht stören. Mit seinem Körper etwas erzeugen zu können, gewissermaßen Herrscher über die Töne zu sein, hat Benedikt und andere Kinder fasziniert. Man kann auch sagen: Die Möglichkeit kreativer Körperlichkeit war entscheidend.

Obwohl in dieser Klasse vermutlich sehr viel mehr Möglichkeiten zu Handlungen bestanden als in vielen anderen Grundschulklassen, war diese Situation doch eher eine Ausnahme. Vor allem Benedikts Begeisterung ließ bei uns Beobachtern die Frage aufkommen, wie eine Grundschule aussehen könnte, die das Schwergewicht auf die sensomotorischen vor den kognitiven Fähigkeiten von Kindern legt.

Wie sehr das Körperliche eine Rolle spielt, ist an vielen Einzelsequenzen in den Szenen erkennbar:

- Bewegungen oder nur vorgestellte Handlungen wurden imitiert,
- die Perlenkette wurde vor den Kopf gehalten, vor den Bauch, vor die Augen,
- Katrin und Ayse tanzten,
- Norbert war mit seinem ganzen Körper ein Großwildjäger,
- die fremde Sprache wurde nachgemacht,
- Kämpfen, Hetzen, Schießen wurde körperlich imitiert usw.

> Kinder setzen häufig Gedanken in körperliche Bewegungen um. Welche beobachten Sie? Wie würde ein Unterricht aussehen, der das Lernen durch Bewegung statt des Lernens im Stillsitzen zum Grundgedanken hat?

34

*Die Lehrerin ruft alle in die Leseecke. Es dauert nur ganze 7 Minuten, bis alles aufgeräumt und eingepackt ist und alle in der Ecke sitzen.*

35

*Hannes: „Mama, komm hierher." Frau S.: „Ich möchte mich dahin setzen, wo ich möchte."*

*Zunächst geht es um die Geheimschrift an der Tafel:*

*„Hvufo Npshfo*
*Gsbv Xbmufs*
*voe mjfcf 3 d*
*von Sandra, Salia und Herrn Scholz."*

*Ich selbst finde den Schlüssel durch die „3 d" und helfe Salia und Sandra beim Übersetzen. („Guten Morgen, Frau Walter und liebe 2c.") Das ist ein bißchen schwierig, weil in der Klasse zur Zeit das Alphabet über der Tafel mit dem Buchstaben „O" aufhört beziehungsweise das vollständige ABC von der Leseecke aus nicht zu sehen ist. Die Kinder ahnen, daß da etwas steht, bemühen sich auch, es herauszubekommen. Die Lehrerin hilft auch sehr schnell auf die Sprünge, weil sie noch anderes erledigen möchte. Dann darf Markus lesen. Markus liest vor. Leise und noch mühsam. Aber es geht. Pit: „Will auch vorlesen." Lehrerin: „Nicht, wenn du jetzt redest." (Das war schade. Denn Pit will lesen, hat sich nicht vorbereitet und zieht sofort zurück, wenn er Ärger bekommt.)*

*Said sitzt da und häkelt. Anschließend lesen Jan und Benjamin. Özgül zeigt ein Bild aus einem Buch. Sie hat in dem Buch „Baumuhr" entdeckt, daß man aus Blättern auch Bilder machen kann. Die Lehrerin lobt sie und fordert sie auf, das Buch aufgeschlagen auf die Fensterbank zu stellen, so daß alle, die Interesse haben, die Anregung sehen können. Ayse liest ein Rätsel vor: „Wenn man nichts sieht, kann man mich sehen. Sieht man mich nicht, so sieht man Licht." Benedikt: „Mond", außerdem werden genannt: Nacht, Eule, Sandmännchen, Hase, Sonne. Dunkelheit ist halt ein arg abstrakter Begriff. Trotzdem sind alle von dem Rätsel begeistert. Hannes tätschelt Ayse lobend auf den Po, als sie auf ihren Platz zurückgeht. Dann lesen noch Singh und Norbert, und Said setzt noch durch („Nur ein Rätsel!"), daß er auch noch dran kommt: „Was liegt zwischen Berg und Tal?" Alle raten daneben. Die Lehrerin hilft zum Schluß durch die richtige Betonung.*

*Es ist 11.25 Uhr, und der Schultag für heute beendet.*

Die Szene zeigt, wie wenig es den Zweitkläßlern möglich war, abstrakte Beziehungen herzustellen.

Selbst Sandra und Salia, die bei der Erstellung der Geheimschrift dabei waren, war das System nicht klar. (Die Buchstaben waren jeweils um einen im Alphabet weitergerückt worden.) Auch die Rätselaufgaben wurden eher wörtlich genommen als metaphorisch. Als im 4. Schuljahr Sprichwörter behandelt wurden und die Kinder Zeichnungen zu den Sprichwörtern anfertigen sollten, malten sie die wortwörtliche Situation. Da war auf der Zeichnung wirklich das Herz in die Hose gerutscht. Beobachtungen wie diese machen skeptisch, ob die frühe Beschäftigung mit abstrakten Symboliken, wie der Grammatik, etwas anderes sein kann als pure Beschäftigung. Verstanden werden symbolische Strukturen wahrscheinlich kaum, bestenfalls werden sie auswendig gelernt und die richtige Lösung erraten.

Zwischen den Zeilen ist wohl auch die Ermüdung der Kinder wie auch der Lehrerin erkennbar. Am Ende des Schultages versuchte sie wieder Ruhe und einen Abschluß in den Unterricht zu bekommen. Als festes Ritual diente dazu die Vorlesesituation in der Leseecke. Viele Kinder wollten lesen beziehungsweise ein Rätsel vortragen. Die Lehrerin balancierte hier zwischen den Ansprüchen einzelner Kinder und der Erschöpfung der anderen. Am Ende hatten wir alle einen aufregenden Schultag hinter uns.

> **Wie würden Sie diesen Schultag beschreiben? Einmal als Lehrerin, einmal aus der Sicht eines der beteiligten Kinder.**

# 5. Der Blick im Spiegel der Methode

Wir haben in dem vorigen Kapitel zwei Stunden eines Schultages protokolliert und interpretiert. In dem Kapitel davor standen die Stofftiere dieser Klasse im Mittelpunkt der Aufmerksamkeit. Sie wurden im Kontext der Planungsabsichten der Lehrerin und der Gefühle und Gedanken der Kinder beschrieben. Wir haben uns auch in anderen Kapiteln auf einen Aspekt der Schulklasse konzentriert und diesen in Beziehungen zu anderen gesetzt. Wir haben versucht, ein Thema zu diskutieren, ohne die komplexe Mannigfaltigkeit des Unterrichts zu vernachlässigen. Die Beobachtungs- und Darstellungsmethode, die uns dazu geeignet erscheint, ist die Fallbeobachtung und Falldarstellung.

## 5.1 Zum „Fall von", „Fall für" und „Fall mit"[40]

Der Fallbegriff, die Kasuistik, kommt aus der Rechtsprechung und findet Anwendung in einer Reihe anderer Wissenschaften, der Medizin, der Ethik, der Psychologie, der Sozialpädagogik usw. Wir versuchen ihn für pädagogische Prozesse nutzbar zu machen.[41]

,,Das Recht ging ursprünglich vom ‚casus' aus, vom Einzelfall, um an ihm eine Regel, das allgemeine Prinzip, zu gewinnen. Dieses gibt sodann einen Beurteilungsmaßstab für ähnlich gelagerte Fälle ab. Wie die Geschichte auch der Rechtskasuistik lehrt, darf sich das allgemeine Prinzip allerdings nicht beliebig weit von der konkreten Situation entfernen, sondern muß die Bezogenheit der gewonnenen Regel auf die gegebenen Lebensverhältnisse gewährleisten. Die Regel muß der sich wandelnden Lage folgen können, für die sie bestimmt ist."[42]

Karl Binneberg formuliert hier einen Anspruch an die Kasuistik, der im alltagssprachlichen Zusammenhang leicht verlorengeht. Wenn wir davon reden, daß etwas ,,ein Fall von" sei, so beziehen wir einen einzelnen Vorgang auf eine dafür geltende Norm. Der einzelne Fall ist in dieser Sicht nichts weiter als ein Beleg für eine allgemeine Regel. Im pädagogischen Alltag kennen wir eine Vielzahl solcher Formulierungen. ,,Dies ist ein Fall von Dummheit, Faulheit, Frechheit usw." Hier wird eine Schublade aufgezogen und ein komplexes

---

40) Wir entlehnen die Begriffe aus Müller 1993.
41) Zu verweisen ist für die Pädagogik vor allem auf Henningsen, Binneberg und Günter.
42) Binneberg 1985, S. 776.

Ereignis in diese Schublade gesteckt. „Ganz allgemein gesprochen geht es immer um das richtige, d. h. fachgerechte Herstellen einer ‚Wenn-Dann-Beziehung': Nämlich zwischen dem jeweiligen Fall und dem ‚anerkannten Allgemeinen', auf welches der Fall zu beziehen ist."[43] Eine Bestimmung dieser „Wenn-Dann-Beziehung" mag in einigen pädagogischen Situationen angebracht sein und ist sicher notwendig im sozialpädagogischen Arbeitsfeld. Der Sozialpädagoge muß klären, wofür etwas der Fall ist, weil die Antwort auf diese Frage entscheidet, wer weiterhin zuständig ist und in welcher Form. Aus diesem sozialpädagogischen Zusammenhang kommt auch der „Fall für". Hier wird entschieden, welche professionelle Instanz am ehesten mit der Betreuung des individuellen Falls zu beauftragen ist. In schulischen Zusammenhängen kann dies ein Fall sein, der mit den Eltern besprochen oder zu dem ein Erziehungsberater oder Schulpsychologe hinzugezogen werden soll. Überlegungen zum „Fall von" und „Fall für" regeln Zuständigkeiten. Insoweit Lehrerinnen auch sozialpädagogische Funktionen wahrnehmen, können sie mit dieser Art von „Fällen" konfrontiert sein.

Der eigentlich pädagogische Fall ist jedoch der „Fall mit". Burkhard Müller schildert auf dem Boden sozialpädagogischer Arbeit Aspekte des „Falles mit", die auch für Lehrerhandeln gelten:

„Pädagogisches Handeln – und jede Fallbearbeitung als ‚Fall mit' – unterscheidet sich ... von jeder Art der Fallbearbeitung, die als technische Anwendung eines ‚anerkannten Allgemeinen', als ‚Know-how' funktioniert. Erstens ist Arbeit am ‚Fall mit' prinzipiell ‚Bewältigung von Ungewißheit'. Denn das, was Grundlage und Gegenstand der Zusammenarbeit sein kann (nämlich das notwendige Stück gegenseitigen Vertrauens und die Sache, in der man sich traut), kann nicht im voraus festgestellt sein, sondern muß gemeinsam entdeckt werden. (…) Zweitens hat pädagogisches Handeln (und jede Bearbeitung als ‚Fall mit') grundsätzlich den Charakter eines (mindestens) bisubjektiven Handelns. Das heißt, zu dem, was da gehandelt beziehungsweise produziert wird, gehören immer mindestens zwei: Pädagoge und Adressat.

In gewisser Hinsicht kann man sagen: Was immer Sozialpädagogen im Blick auf die Dimension ‚Fall mit' tun, es bleibt bloßer Versuch, bloßes Angebot, ja bloße Geste, solange es nicht vom Gegenüber aufgegriffen und durch dessen Mithandeln zu einem Ganzen wird. Drittens muß pädagogische Arbeit diese Abhängigkeit nicht nur als Faktum akzeptieren, sondern selbst wollen. Denn wenn es auf dieser Ebene darum geht, das ‚anerkannte Allgemeine' eines ‚menschenwürdigen', ‚fairen' Umgangs im konkreten Fall praktisch werden zu lassen, dann muß die Abhängigkeit des pädagogischen Handelns vom Handeln

---

43) Müller 1993, S. 32.

seiner Adressaten mehr sein als ein bedauerliches Technologiedefizit; dann muß der Umgang mit ihr gewollt und Ausdruck fachlichen Könnens sein."[44] Der ,,Fall mit" ist der des täglichen Umgangs mit Schülern in der Schule. Der ,,Fall mit" knüpft an die positiven Aspekte der Rechtskasuistik an. Denn aus dem einzelnen Fall wird deduktiv jene Norm gewonnen, mit deren Hilfe dieser Fall schöpferisch gelöst werden kann und der als Präzendenzfall ein Denkmodell, nicht ein Denkraster, für die Frage bereitstellt, ob andere Fälle diesem Präzedenzfall ähnlich sind oder nicht.

Die Fallmethode interessiert sich für den Einzelfall und für die darin gestaltgewordene Geschichte und in bezug auf eine Serie von Fällen: für die darin enthaltenen strukturellen Ähnlichkeiten. Der Fall weist nicht Merkmale aus, sondern erzählt (eine) Geschichte. Denn eigentlich interessiert zum Beispiel ja nicht, daß ein bestimmtes Kind allein spielt, sondern die Gründe dafür. Diese mögen bei dem Kind zu suchen sein, sei es, daß es sich unsozial verhält, sei es, daß es allein sein möchte; sie können in der Gruppe liegen, oder bei einem oder mehreren Kindern, die gar nicht der Gruppe angehören; sie können auch durch eine Bemerkung der Lehrerin verursacht sein, und schließlich können mehrere dieser Faktoren zusammenwirken. Die Aussage ,,Dies Kind ist ein Einzelkind" erfüllt – bestenfalls – nur die methodischen Merkmale eines Kataloges. Sie bietet für sich genommen keine Erklärung.

Die Fallmethode bedeutet die Errichtung eines Netzwerkes. Sie geht von der chaotisch-mannigfaltigen Ganzheit einer Situation aus und dem Eindruck, den sie auf den Beobachter macht. Dieser Eindruck wird reflektiert, und mit den Ergebnissen der Reflexion wird die Situation neu zu verstehen versucht. Von dem einzelnen Fall wird auf ein (immer) vorläufig Allgemeines geschlossen, von dem aus zurück die Besonderheit des Einzelfalles gegenüber dem Allgemeinen sichtbar wird. Damit wiederum sind die Modifikationen dessen verbunden, was als (vorläufig) Allgemeines an dem Fall betrachtet wurde.

Der Fall in pädagogischen Situationen ist nicht nur davon bestimmt, daß er die Beziehung zwischen verschiedenen Interaktionspartnern beinhaltet, zum Beispiel zwischen Lehrerin und Schülern, sondern auch eine Gemeinsamkeit des Handelns voraussetzt. Zum bloßen Beobachten gehören zwei: einer, der beobachtet, und einer, der sich beobachten läßt. Die Fallbeobachtung setzt die Teilnahme an dem voraus, was sie beobachten will. Die Fallbeobachtung durch eine Glasscheibe mag eine psychologische Methode sein, für pädagogische Zusammenhänge ist sie nicht geeignet, weil sie Beobachtung und Handlung trennt.

---

44) Müller 1993, S. 48 f.

Teilnahme bedeutete in unserem Fall, daß wir mit der Klasse deren Geschichte erlebten, die auch Momente unserer eigenen Geschichte enthielt. Die Beobachtungen in der Schulklasse enthalten also ein biographisches Moment: Die Klasse veränderte sich und wir veränderten uns. Damit bekommen die beobachteten Situationen eine andere Bedeutung als in jenen Fällen, in denen ein Forscher für eine punktuelle Beobachtung in eine Klasse kommt. Jede einzelne Situation läßt sich horizontal und vertikal verfolgen. Sie steht im Zusammenhang mit anderen Ereignissen des gleichen Tages oder der gleichen Stunde, und sie hat einen von uns rekonstruierbaren Zusammenhang mit ähnlichen Ereignissen im Laufe der Zeit. Damit verschiebt sich auch das Erkenntnisinteresse. Wie eine Lehrerin suchen wir nicht nach den einem Ereignis immer wieder unterliegenden Gesetzen. Wir suchen nicht nach Thesen etwa über Kinder oder Schule an sich. Wir fragen nicht naturwissenschaftlich und auch nicht soziologisch, sondern pädagogisch.

Um es mit einer Metapher zu sagen: Uns interessiert nicht, wie hoch Kinder springen können, sondern welches die Bedingungen sind, die es ihnen ermöglichen, höher zu springen. An den einzelnen Situationen interessiert uns, was auf eine Entwicklung hinweist. Ob dies der Fall ist, ergibt sich erst aus der Kenntnis einer Kette von ähnlichen Situationen. Die Differenz zwischen zeitlich auseinanderliegenden Situationen, also das, was ähnlich macht, aber nicht gleich, gibt Hinweise auf den Gang der Entwicklung. Fälle sind insofern Ereignisse, die Teil einer Geschichte sind, einer Geschichte, die historisch ist, die stattgefunden hat, und einer Geschichte, die erzählt, somit konstruiert wird, die einen Anfang, einen Verlauf, ein Ende hat, an der nicht nur die Akteure der Geschichte, sondern auch der Erzähler Teil haben.

Eine weitere Abgrenzung ist notwendig. In der pädagogischen Literatur werden überwiegend Konfliktfälle dargestellt und diskutiert. „Das Alltägliche, Selbstverständliche, Wiederkehrende, immer schon Verstandene und Bewältigte wird selten als Fall vorgestellt, sondern das, was sich als Konflikt, als besonderes Ereignis, als Denkwürdiges und Merkwürdiges, als Unerwartetes und Unvorhergesehenes aus dem Geschehensablauf heraushebt."[45]

Die Fallmethode als Methode von Beobachtung und Selbstbeobachtung ist grundsätzlich auf den Alltag gerichtet und nicht auf die besondere Situation. Teilnahme meint hier eben nicht eine kurzfristige Teilnahme, sondern das langfristige Beteiligtsein an einer Gruppe, in einer Schulklasse. Es meint: das Miterleben des Alltages dieser Gruppe. In diesem Sinne ist die Methode für Lehrerinnen wie für Forschungen geeignet.

---

45) Günther 1978, S. 167.

## 5.2 Fallbeobachtung, Falldarstellung und Fallanalyse

Der Fall ist immer ein Ausschnitt aus einem umfassenden Zusammenhang. Dazu bedarf es einer Abgrenzung, die den Fall als sinnvolle Einheit ausweist. Diese Abgrenzung ist immer eine stilistische, das heißt, sie wird von den Notwendigkeiten der Darstellung bestimmt. Die drei Größen der Fallstudie: Beobachtung, Darstellung und Analyse sind von vornherein miteinander verbunden. Den „Fall" als Abbild einer Wirklichkeit gibt es nicht. Jeder „Fall", über den gesprochen oder geschrieben wird, ist eine Konstruktion der sozialen Wirklichkeit. Bei der Beobachtung geschieht notwendig eine unwillkürliche Auswahl; die Darstellung verlangt ein Nacheinander gleichzeitig ablaufender Prozesse und wiederum eine Auswahl; die Analyse vernachlässigt notwendig eine Reihe wesentlicher Ereignisse und enthält immer zugleich Vorannahmen und Theorien:

„Der Gedanke einer begriffslosen Basis von Wahrnehmung und Darstellung, die dann nachträglich theoretisch interpretiert wird, ist inzwischen ja als naiv aufgegeben worden. Es ist klar, daß wir auch in der Kasuistik wegen der Theoriegeladenheit aller Beobachtungen die Wirklichkeit nicht in einem Rohzustand betrachten können. Daraus folgt, daß selbst eine einzelne pädagogische Fallbeobachtung ohne einen jeweils schon vorausgesetzten Begriffsrahmen prinzipiell unmöglich ist."[46]

„Pädagogische Kasuistik", schreibt Binneberg, „ist die methodische Kunst, eine Fallbeobachtung in eine Falldarstellung zu überführen und sie mit einer Fallanalyse zu verbinden."[47]

Der „Fall" entsteht in der Interaktion zwischen Erzähler und Zuhörer, in unserem Fall zwischen uns als Autoren von Geschichten und Ihnen als Leserin dieser Geschichten. Unsere Geschichten werden zum Fall, indem Sie als Leserin Ihr Wissen, Ihre Gedanken und Assoziationen in die von uns vorgetragene Geschichte einbringen. Das Allgemeine in dem Besonderen der von uns erzählten Begebenheiten ist dann gegeben, wenn Sie Ihre je eigenen Erfahrungen in die von uns dargestellte Situation hineindenken können. Die Tatsache, daß sich Lebenswelten überschneiden, macht Fallgeschichten für den Zuhörer verstehbar. Die Fallgeschichte wiederum zeigt einen Ausschnitt aus einer gemeinsamen Lebenswelt gewissermaßen auf eine fremde Weise. Sie bietet ein anderes Raster an, eine andere Perspektive, die die eigene Erfahrung durchsichtig machen kann. Sie ist eine Folie, vor der die eigenen Erfahrungen, wie Jürgen

---

46) Binneberg 1985, S. 767 f.
47) Binneberg 1985, S. 775.

Henningsen schrieb, ,,traktabel" werden. Die Fallgeschichte eignet sich deshalb dazu, weil sie den Leser in gewisser Weise in sich hineinzieht. Nun ist man zweimal ,,vorhanden": Als derjenige, der seine Assoziationen, Wertungen etc. in die Geschichte einbringt, und als derjenige, der sich dabei beobachten kann. Gegenstand erziehungswissenschaftlicher Reflexion ist die pädagogische Erfahrung der miteinander Sprechenden.[48] Hier, zwischen Ihnen als Leserin und uns als Autoren.

Zum ,,Fall" wird ein Ereignis erst durch die Erzählung. Die Unterscheidung von Fallbeobachtung, Fallanalyse und ,,Falldarstellung" ist insofern mißverständlich. Es ist eine notwendige Unterscheidung in bezug auf die Reihenfolge des Vorgehens. Die Fallbeobachtung konzentriert die Wahrnehmung auf bestimmte Bereiche. Aber erst die Tatsache, daß darüber erzählt wird, hebt das Ereignis aus dem Meer der Gegebenheiten heraus. Die Zuhörerin der Erzählerin beziehungsweise die Leserin einer Falldarstellung erfährt von dem Fall nur deshalb, weil darüber berichtet wird. Was sie von dem Ereignis erfährt, bestimmt sich aus dem, was und wie es erzählt wird. Wenn es so erzählt wird, daß sich die Zuhörerin ein Bild von dem Ereignis machen kann, dann handelt es sich um eine dichte Beschreibung. Daß sie verstehbar, nacherlebbar wird, verlangt die Nähe der erzählenden Forscherin zu ihrem Gegenstand. Die ,,dichte Beschreibung"[49] setzt eine ,,dichte Erfahrung" voraus.

Erst aus diesem Verständnis heraus eignet sich die Fallmethode auch als Methode zum Selbstlernen. Denn in Frage stehen ja nicht einzelne Konfliktfälle, einzelne Besonderheiten, sondern insgesamt die durch das eigene Handeln mit verursachte Kultur der Klasse und die darin möglichen Entwicklungen von Kindern.

Fälle sind also Geschichten, die auf eine Geschichte verweisen.

Für die Fallmethode als Mittel des Selbstlernens bedeutet dies, daß die Lehrerin sich gewissermaßen teilen muß: in die Autorin einer Fallgeschichte und die Leserin dieser selbst verfaßten Geschichte. Es bedarf also eines Textes, den man vor sich hinlegen kann und mit dem man sich auseinanderzusetzen vermag. Die Produzentin ist die Lehrerin, die ihren Unterricht beobachtet, und zwar nicht unter einer bestimmten Frage, sondern fast absichtslos, wenn sie Zeit dazu hat. Leserin der so entstandenen Geschichten ist wiederum die Lehrerin, die sich nun erneut hineindenkt in die Geschichte, ihre Einmaligkeit und ihre Alltäglichkeit herausliest.

Die beobachtende Lehrerin nimmt die Haltung einer Forscherin in einer Feldforschung ein. Sie ist dem ,,Feld" – ihrer Klasse – gleichzeitig nah und fern. In

---

48) So ähnlich Henningsen 1967, S. 64.
49) Vgl. Geertz 1994.

der Feldforschung spricht man von der Notwendigkeit einer Balance zwischen Engagement und Distanz.[50] Ohne Distanz verliert man sich in der Handlung und kann nicht beobachten. Ohne Engagement, ohne Beteiligung an den Handlungen, kann man sie nicht verstehen.

Erst diese Balance läßt die Frage entstehen, ob das, was einem selbstverständlich erscheint, auch so sein muß. Wenn die Schulklingel läutet, so mag man dies wahrnehmen. Durch die Forscherhaltung jedoch kann die Frage entstehen, warum sie klingelt, ob dies so sein muß, wie man selbst und die Kinder darauf reagieren, ob das Klingeln dazu führt, alle Aktivitäten abzubrechen oder ob es eher ein Hinweis ist, der beachtet werden kann oder auch nicht.

## 5.3 Die vielen Geschichten eines Konfliktfalles

14.06.1991

*Die Klasse probt in der Aula das Theaterstück „Die Bremer Stadtmusikanten". Markus spielt in diesem Stück den Esel, der längere Zeit auf Knien rutschen muß. Singhs Aufgabe besteht darin, mit anderen Kindern für die Begleitmusik zu sorgen.*

*Die Probe wird von der Referendarin geleitet, da die Lehrerin mit einem anderen Problem beschäftigt ist. Beim zweiten Durchlauf spielt plötzlich Singh den Esel. Offensichtlich hat er sich mit Markus geeinigt, denn der protestiert nicht. Aber die Referendarin lehnt die Umbesetzung ab mit der Begründung, daß Singh den Text nicht gut genug beherrscht und deshalb diese Generalprobe mit einer weiteren Schwierigkeit belastet wird.*

*Während sich Singh schon fast mit der Ablehnung zurechtfindet, eröffnet Norbert einen Streit mit der Referendarin. Er sagt: „Frau Walter hat gesagt, daß wir tauschen können." Die Referendarin verteidigt ihre Entscheidung und sagt, daß sie – und nicht die Lehrerin – die Probe leitet und folglich zu bestimmen hätte. Norbert läßt nicht locker und argumentiert weiter. Die Referendarin bestimmt, daß die Probe noch einmal von vorne beginnt und daß Markus den Esel spielen soll. In diesem Moment kommt die Lehrerin in die Aula, und Norbert ruft ihr zu: „Frau Walter, warum macht der Singh das nicht?!" Die Lehrerin reagiert nicht, weil sie noch immer mit einem anderen Kind beschäftigt ist. Die Geduld der Referendarin ist erschöpft. Sie wird energisch und fordert Norbert auf, nun endlich den Mund zu halten, und erzwingt den Beginn der neuen Probe mit Markus als Esel.*

---

50) Vgl. Koepping 1987, S. 28 f. und Devereux 1967, S. 168. Merkens 1984 spricht von „Distanz und Vertrautheit" (S. 20).

Wir wollen an dieser kurzen Szene einige Fäden des Netzes zeigen, in die die Situation eingebunden ist. Bevor wir beginnen:

> Erzählen Sie die Situation aus den verschiedenen Perspektiven der beteiligten Personen: der Referendarin, der Lehrerin, von Singh, Norbert, Markus. Worin besteht Ihrer Meinung nach eigentlich der Konflikt?

## Fäden des Konfliktnetzes

*Erstens: Die unmittelbare Vorgeschichte*

Markus hatte Spaß daran, den Esel zu spielen, und spielte mit Hingabe, litt aber darunter, daß er sich sein Knie verletzt hatte und nun beim Rutschen Schmerzen bekam. Er wies deshalb beim zweiten Probendurchgang darauf hin, daß er gerne einmal aussetzen möchte, und einigte sich mit Singh, daß sie tauschen: Markus spielte ein Instrument und Singh den Esel. Singh war dieser Tausch recht. Denn das Instrument fand er inzwischen viel langweiliger, als er zuvor gedacht hatte. In der Vorbesprechung zu der Probe hatte er bereits gesagt: *,,Ich hab gedacht, die Musik macht Spaß, macht aber keinen Spaß."* Er fragte die Lehrerin, ob man auch einmal tauschen könne. Die Lehrerin unterstrich, daß ein Tausch möglich sei.

*Zweitens: Theaterstücke*

Es gehörte zu Gewohnheiten des Unterrichts in dieser Klasse, kleine und größere Theaterstücke aufzuführen. Im ersten Schuljahr hatten sie die ,,wilden Kerle" von Sendak gespielt und danach mehrere kleine Puppenspiele, Sketche und Tanzspiele aufgeführt. ,,Die Bremer Stadtmusikanten" wurden gegen Ende des zweiten Schuljahres geprobt und aufgeführt. Zu den Aufführungen waren die Eltern und andere Kinder und Kolleginnen in der Schule eingeladen. Ein großer Teil dieser Aufführungen wurde von der Referendarin geleitet. Sie hatte schon als Studentin in der Klasse mitgeabeitet und dort dann auch ihr Referendariat begonnen. Sie war auch privat am Theaterspiel interessiert und arbeitete in einer Laienspielgruppe für Erwachsene mit. Von daher übernahm sie gern die Proben für die Aufführungen der Klasse.

> Welche Erwartungen mag die Referendarin an die Aufführung geknüpft haben? Aus welcher Bemerkung läßt sich die Erwartung entnehmen?

*Drittens: Singh*

Singh fragte häufig: ,,Was sollen wir machen?'' oder ,,Was jetzt ...?'' Dabei konnte man leicht den Eindruck gewinnen, daß es ihm auch darum ging, ungeliebte Tätigkeiten auf diese Weise los zu werden, um sich angenehmeren Beschäftigungen zuwenden zu können. Singh galt als nicht sehr ausdauernd und häufig auf der Suche nach Situationen, die es ihm ermöglichten, als ,,gut'' oder als ,,Gewinner'' dazustehen. Singh konnte schlecht verlieren und konkurrierte häufig mit anderen Kindern darum, der ,,Erste'' zu sein beziehungsweise etwas sehr Attraktives zu tun oder zu besitzen.

> **Welche Erwartungen mag Singh daran geknüpft haben, den Esel zu spielen? Warum gab er sich mit der Ablehnung schnell zufrieden?**

*Viertens: Regeln der Klasse*

Sie kennen ja bereits viele Regeln der Klasse. Eine Grundregel hieß: Was man versprochen hat, das muß man halten. Eine andere: Was man angefangen hat, soll man zu Ende führen.

> **Auf welche Regeln beruft sich Norbert? Warum mischt er sich als gewissermaßen Unbeteiligter ein und ist so hartnäckig?**

*Fünftens: Über Gerechtigkeit – Anmerkungen der Beobachter*

Gerechtigkeit spielt im Laufe der Entwicklung von Kindern zunehmend eine Rolle. Zunächst wird diese moralische Kategorie auf den Umgang mit anderen Kindern bezogen. Die Idee, daß alle Kinder gleich sind, bringt die moralische Vorstellung mit sich, daß auch alle gleich behandelt werden müssen. Im Laufe der Grundschulzeit lernen Kinder, diesen Anspruch auch auf den Umgang von Erwachsenen mit Kindern zu übertragen. Sie lernen, das eigene Recht gegenüber Erwachsenen zu vertreten oder für das Recht eines anderen zu kämpfen. In diesen Auseinandersetzungen müssen sich Kinder behaupten, sie müssen sich rechtfertigen und eigene Positionen finden und formulieren. Sie erfahren sich dabei auch als selbständige Menschen. Diese Auseinandersetzung gerade mit Erwachsenen, die den Kindern ja sowohl körperlich wie intellektuell überlegen sind, ist wichtig für ihre Entwicklung.

Moralische Auseinandersetzungen von Kindern mit Erwachsenen, so wie hier zwischen Norbert und der Referendarin, sind als Entwicklungsfortschritt in Richtung auf Gleichheit und Selbstverantwortung zu sehen, auch wenn dies den in diese Machtkämpfe verwickelten Erwachsenen nicht so vorkommt. So wurde auch die hier wiedergegebene Situation von der handelnden Referendarin und den Forschern durchaus unterschiedlich eingeschätzt. Während wir Forscher die Stärke und Standfestigkeit von Norbert anerkannten (er war sehr ernst, machte keinen Quatsch, sondern ,,verteidigte das Recht"), formulierte die Referendarin ihre Bedenken, daß solche Verhaltensweisen, wenn sie sich häufig wiederholen, den Gesamtverlauf des Unterrichts unterbrechen und stören. Hier stehen also die Interessen der Erwachsenen an einem reibungslosen Ablauf des Unterrichts den Interessen der Kinder gegenüber, die ihre Auseinandersetzungen um Gerechtigkeit und Gleichheit führen wollen und die den Machtkampf mit den Erwachsenen suchen, weil sie sich von ihnen lösen und selbständig werden wollen. Diese Entwicklung ist direkt verbunden mit einer stärker werdenden Bedeutung der Kindergruppe für das einzelne Kind. Zunehmend werden die Normen und Regeln der Kindergruppe bedeutsam, handeln einzelne Kinder, um von anderen oder einer Gruppe von anderen anerkannt zu werden. Aus dieser Sicht schildert die Szene einen notwendigen Entwicklungsschritt sozialen Lernens in der Grundschule.

**Können Sie sich eine andere Konfliktlösung denken als die oben beschriebene?**

*Sechstens: Zum Referendariat*

In ihrer Schulrechtskunde schreiben Heckl/Seipp in bezug auf Studienreferendare an Gymnasien, was im Kern für alle Lehrämter zutrifft: ,,Nach der wissenschaftlichen Prüfung wird der Bewerber als Studienreferendar für die Dauer seines in der Regel zweijährigen Vorbereitungsdienstes einem Studienseminar und einem Gymnasium zugewiesen, wo er seine wissenschaftliche Ausbildung vertieft und eine schulpraktische Ausbildung erfährt. Während des Vorbereitungsdienstes ist der Referendar verpflichtet, einige Stunden wöchentlich unter Anleitung zu unterrichten."[51]

Das ,,Stundenhalten", das dann auch durch Benotung zu einer Existenzfrage wird (bekomme ich mit dieser Note eine Stelle im Schuldienst oder nicht), setzt unter Druck, läßt Gelassenheit verschwinden, konzentriert die Aufmerksamkeit auf den Erfolg. Insofern sind Referendarin und Lehrerin in einer höchst unterschiedlichen Situation.

**Worin sehen Sie den Konflikt zwischen der Referendarin und der Lehrerin?**

---

51) Heckel/Seipp 1976, S. 183 f.

*Siebtens: Das Netz*

Wir haben einige Beziehungen zu anderen Ereignissen oder Erwartungen angedeutet, die aus unserer Sicht in dem Konflikt aktualisiert werden:

- die Erwartungen Singhs,
- die Erwartungen der Referendarin in bezug auf Singhs Verhalten,
- die Erwartungen von Norbert an die Lehrerin,
- die Erwartungen von Norbert an sich selbst,
- die Erwartung von Norbert an die Referendarin,
- die Erwartungen der Referendarin an sich selbst,
- die Erwartung der Lehrerin an die Referendarin,
- die Erwartung der Referendarin an die Lehrerin.

> **Sehen Sie weitere Konstellationen? Versuchen Sie diese in einer Zeichnung darzustellen.**

Der Schlüsselbegriff lautete hier: „Erwartungen". Die Referendarin hatte sicher die Erwartung, daß die Aufführung des Stückes ein Erfolg sein sollte. Zusätzlich beeinflußte die Vorstellung von dem, was in der Zukunft von ihr erwartet würde, ihre gegenwärtige Handlungsweise. Sie erwartete auch, daß Singhs Beteiligung das Üben des Stückes eher erschweren würde. Zwischen beiden Erwartungen bestand eine Beziehung. Hätte die Referendarin Singh mehr zugetraut, hätte sie ihn den Esel spielen lassen. Und wäre sie gelassener gewesen, was die Qualität der Aufführung betrifft, so wäre sie wohl auch gelassener gewesen in der Handhabung der Konfliktsituation. Die konkrete Situation wurde von der Referendarin – weitgehend unbewußt und notwendig blitzschnell – vor dem Hintergrund einer Reihe von Erwartungen entschieden.

Deutlich wird dieses Ineinander verschiedener Stränge auch an einem anderen Aspekt der Szene. Als Norbert versuchte, die Lehrerin ins Spiel zu bringen und auf seine Seite zu ziehen, machte die Situation auch eine Klärung zwischen der Referendarin und der Lehrerin nötig. Ihr Satz, daß sie die Probe leite und folglich bestimme, war nicht nur an die Kinder gerichtet, sondern auch an sich selbst und an die (nicht anwesende) Lehrerin. Das Ineinander mehrerer Konfliktebenen, die jeweils ihre eigene Geschichte haben, mag ein Grund für die Eskalation der Interaktion gewesen sein. Dabei haben wir die Geschichte der Beziehung zwischen Norbert und der Referendarin bisher ebensowenig in Betracht gezogen wie die zwischen Norbert und Singh.

Betrachtet man die Szene noch einmal unter pädagogischen Gesichtspunkten, dann irritiert die Zwangsläufigkeit, mit der der Konflikt eskalierte. Die beteiligten Personen handelten unter dem Eindruck der gegenseitigen Erwartungen.

Für die Referendarin war dies etwa die Erwartung eines Autoritätsverlustes, wenn sie nachgeben würde. Anders formuliert: Nicht die Referendarin, sondern die Situation bestimmte das Handeln der beteiligten Personen. Professionelles pädagogisches Handeln könnte dagegen darin bestehen, sich der drohenden Zwangsläufigkeit der Situation zu entziehen, indem man sich die Struktur der Erwartungen bewußt macht und gezielt handelt.

**Wie hätten Sie als Referendarin gehandelt?**

# 5.4 Zur Methode der Interpretation

In dem vorigen Text stehen eine Reihe von interpretativen Aussagen, die wir nicht belegt haben. Wir haben diesen Konflikt zwischen einzelnen Kindern und der Referendarin als ein Beispiel für ähnlich gelagerte Konflikte herangezogen. Wir könnten, um unsere Interpretation zu belegen, diese ähnlichen Fälle dokumentieren. Gleiches gilt etwa für die Aussagen über Singh. Seine in vielen anderen Situationen gezeigten Verhaltensweisen haben wir als einen Aspekt der Interpretation dieser Szene zugrunde gelegt. Auch der latente Konflikt zwischen Referendarin und Lehrerin ließe sich an vielen anderen Situationen zeigen. Wir könnten also, allein um diese eine Szene zu interpretieren, ein dickes Buch schreiben.

Auch wenn wir aus Platzgründen auf die Dokumentation all dieser Situationen verzichten, so sind sie doch Voraussetzung unserer Interpretation. Die Interpretation dieser einen Szene lebt von der Ähnlichkeit – nicht Gleichheit – mit anderen Szenen. Sie basiert, was das Handeln von Norbert betrifft, zudem auf einer zentralen Annahme. Wir unterstellen den Veränderungen von Situationen eine Entwicklung. Hier, in bezug auf Norbert, eine Entwicklung zu einem autonomen moralischen Urteil. Wir vergleichen also Situationen miteinander. Dazu ist es freilich auch notwendig, die einzelne Situation zu interpretieren. Denn ob eine Situation einer anderen ähnlich ist oder nicht, ergibt sich erst aus der Interpretation. Eigentlich sind nicht die Situationen, sondern die Interpretationen ähnlich. Der Vorteil dieser Methode gegenüber anderen Verfahren besteht darin, daß wir Veränderungen beschreiben können und nicht bloß Zustände.

Die Besonderheit dieser Methode läßt sich im Vergleich zu der der „objektiven Hermeneutik" beschreiben.[52]

52) Vgl. Oevermann 1983.

Die „objektive Hermeneutik" analysiert Wortprotokolle, die sie so exakt wie möglich notiert. Dazu gehören Pausen, Räuspern, Auslassungen usw. Sie unterstellt dann für jedes einzelne Wort, daß es Ergebnis einer (unbewußten) Entscheidung des Sprechenden ist. Man kann bei einer Begrüßung etwa wählen, ob man „Hallo" sagt oder „Guten Tag". Keine dieser Entscheidungen ist zufällig. Sie sind vielmehr Ausdruck der Deutungen eines Regelsystems durch den Sprechenden. Die „objektive Hermeneutik" beansprucht, durch ihre Interpretation latente Sinnstrukturen der Situation herauszuarbeiten, indem sie diese rekonstruiert. Unterstellt wird dabei eine intuitive Regelkenntnis der Beteiligten. Durch bestimmte methodische Verfahren, durch eine Art Kunstlehre, wird das Intuitive bewußt und sprachlich faßbar gemacht.

Die „objektive Hermeneutik" beansprucht also, aus einer einzelnen Szene die Struktur einer Situation zu erkennen, zum Beispiel die latenten Regeln in einer Klasse oder den latenten Konflikt zwischen Referendarin und Lehrerin.

Diesen Anspruch erheben wir nicht. Unsere Protokolle sind auch nicht so abgefaßt, daß sie den Transkriptionskriterien der „objektiven Hermeneutik" genügen. Statt der einen Situation verfügen wir dafür über eine Vielzahl von protokollierten Szenen. Dies erlaubt uns, die einzelnen Szenen eher allgemeiner zu interpretieren, das heißt, eine Tendenz und nicht einen Zustand darin zu sehen. Um diese Tendenz erkennen zu können, interpretieren wir allerdings auch die von uns protokollierten Sätze der beteiligten Personen sowie – und dies im Unterschied zur „objektiven Hermeneutik" – auch deren Handlungen. In den Sätzen und Handlungen suchen wir dabei nach Handlungs- und Deutungsmustern. Wir versuchen, die Situationen aus der Sicht beziehungsweise den Sinninterpretationen der Personen heraus zu verstehen. Handlungen und Äußerungen der Personen werden dabei von uns als Interpretationen der Situation aufgefaßt. Die Analyse solcher Interpretation bezieht sich auf Regeln der semantischen Analyse und überträgt diese auf die Interpretation von Handlungen.

Wir wollen dies an einem Beispiel veranschaulichen. Wir haben aus unseren Protokollen einige Szenen herausgezogen, in denen sich jemand entschuldigt.

26.01.1990

*Jenni kommt mit ihrem kleinen Bruder. Die Lehrerin fragt: „Wie heißt er?" Özgül: „James, James, James Bond, James Bond."*

*Die Lehrerin fordert dann zur Ruhe auf und sagt zu Hannes: „Nicht wahr, Hannes?" Der versteht dies als Ermahnung und sagt: „Was denn?", weil er bereits still war. Die Lehrerin entschuldigt sich.*

,,Sich entschuldigen" ist zunächst eine Handlung. Die Worte werden von einer entsprechenden Körperhaltung begleitet. Als Handlung verändert sie die bestehende Situation. Man kann unterstellen, daß Hannes irritiert bis ärgerlich war, daß er ermahnt wurde, obwohl er gar nicht geredet hatte, und daß er nach der Entschuldigung der Lehrerin ihr nicht mehr böse war.

Die Veränderung der Situation (Hannes ist ärgerlich) geschieht durch einen symbolischen Akt, nämlich die gesprochene Entschuldigung. Sowohl die Lehrerin als auch Hannes wußten um die symbolische Bedeutung der Wörter als Handlungsersatz. Die Lehrerin hätte Hannes auch in den Arm nehmen können, oder Hannes hätte sagen können: ,,Die Entschuldigung reicht mir nicht, ich möchte einen Bonbon." Das Symbol wird hier als gleichwertig mit einer Handlung akzeptiert.

In der Szene ist auch eine Deutung der Handlung durch die Lehrerin angelegt, die auch von Hannes akzeptiert wurde. Sie lautete etwa: Ich entschuldige mich, weil ich einen Fehler gemacht habe.

Aus der Sicht eines unbeteiligten Beobachters war der Lehrerin allerdings gar kein Fehler unterlaufen. Sie hatte vielmehr Hannes zur Bestätigung ihrer Anordnung um Ruhe aufgefordert. Hannes als ein Kind, das bereits still war, sollte ihren Wunsch nach Ruhe unterstützen. Hannes hatte dies als Ermahnung verstanden. Es handelte sich also um keinen Fehler der Lehrerin, sondern um ein Mißverständnis: Hannes hat ihre Worte anders aufgefaßt, als sie von ihr gemeint waren. Dennoch entschuldigte sich die Lehrerin. Unabhängig davon, ob sie dies bewußt oder unbewußt getan hat, was sich nicht sagen läßt, verweist diese Handlung auf ein (latentes) Regelsystem der Lehrerin. Ausformuliert könnte es etwa so lauten: ,,Für Mißverständnisse sind nicht die Schüler, sondern ich verantwortlich, und wenn ich so gesprochen habe, daß dies mißverstanden werden kann, dann habe ich einen Fehler gemacht."

Die Lehrerin verband weiterhin mit ihrer Handlung eine Prognose über die Wirkung der Handlung. Sie unterstellte, vermutlich mit Erfolg, daß Hannes sein Verhalten auf ihre Entschuldigung hin ausrichten wird; daß er sie akzeptieren wird, daß er ihr nicht mehr böse sein würde und daß er unbelastet von dem Mißverständnis am Unterricht teilnehmen würde.

Dieser Prognose unterlag eine Interpretation der Situation. Die Situation wurde von der Lehrerin in der Weise interpretiert, daß sie es für notwendig ansah, sich zu entschuldigen, um die Atmosphäre nicht zu belasten.

Die Lehrerin, so läßt sich weiterhin unterstellen, hat die Kompetenz erworben, sich zu entschuldigen, das heißt zum Beispiel auch: einen Fehler öffentlich zuzugeben, den sie gemacht hat.

Eine besondere Bedeutung gewinnt diese Entschuldigung daraus, daß sie sich zwischen einer erwachsenen Person und einem Kind in einer Schulklasse abgespielt hat. Die Hierarchie zwischen Lehrerin und Kind wurde hier in einer bestimmten Weise interpretiert. Die in der Hierarchie höher stehende Person hat sich bei einem in der Hierarchie viel niedriger stehenden Menschen entschuldigt. Die latente Regel dazu kann man so formulieren: Für Fehler gelten keine Hierarchien. Diese Auffassung läßt sich als Konkretion einer allgemeineren Vorstellung interpretieren. Diese lautet etwa: In vielen Beziehungen sind Kinder und Erwachsene gleich zu behandeln.

Die Lehrerin setzte hier ein Beispiel für prinzipielle Gleichheit. Noch einmal anders formuliert weist die Szene auf folgenden Zusammenhang hin: Die Entschuldigung drückte ein bestimmtes Verständnis über die Regeln des Zusammenlebens von Kindern und Lehrerin in einer Schulklasse aus. Man kann diese Regel als Reversibilitätsregel fassen, das heißt: Vereinbarte Regeln gelten für alle, gleich, ob groß oder klein. Die Entschuldigung war also einerseits Ausdruck einer prinzipiellen Einstellung der Lehrerin zu Kindern wie zu ihrem Beruf. Sie war andererseits aber auch Beispiel für die Kinder der Klasse und enthielt die Aufforderung an die Kinder, sich in Zukunft auch zu entschuldigen, wenn sie einen Fehler gemacht haben.

Die symbolische Handlung artikuliert und konstituiert also gleichzeitig eine bestimmte Auffassung über die Regeln des Zusammenlebens. Es war dies übrigens die erste Szene, die sich unter dem Stichwort „entschuldigen" finden ließ, die Lehrerin setzte also diese soziale Norm.

Schließlich ist noch folgendes zu beachten. Die Entschuldigung der Lehrerin war ernst gemeint und nicht zum Beispiel ironisch. Nur als ernst gemeinte Entschuldigung konnte sie auch von Hannes akzeptiert werden. Damit soll gesagt werden: In einer Interaktion, in einem Gespräch, gibt es eine Ebene, die darüber Auskunft gibt, wie die Wörter oder die Handlung aufzufassen ist, die gerade geschieht. So wird aus der Gesamtsituation durchaus deutlich, ob die Entschuldigung ernst oder ironisch zu verstehen ist. In der Situation erkennen die betroffenen Personen dies in der Regel intuitiv an der Wortwahl, der Gestik oder Mimik oder der Betonung des Satzes.

Zusammenfassend läßt sich folgendes festhalten:

- Die Interaktion enthält eine Handlungsaufforderung (sei mir nicht mehr böse).

- Sie enthält eine Beziehungsaussage.

- Sie enthält eine Botschaft darüber, wie das, was gesagt oder getan wird, zu verstehen ist.

- Da sich diese Interaktionen in einer Schule abspielen, also in einem Bereich, in dem es unter anderem um die Entwicklung von Normen geht, enthält die Interaktion eine Botschaft darüber, was als Norm zu betrachten ist.

In den folgenden Szenen geht es um die verschiedenen Möglichkeiten „sich zu entschuldigen".

### 21.08.1992

*Die Lehrerin entschuldigt die Referendarin und stellt eine Studentin vor. Zwei Kinder sagen: „Wir können jetzt ja eine Runde machen." Gemeint ist eine Vorstellrunde. Die Lehrerin will dies aber nicht.*

Hier entschuldigt sich die Lehrerin nicht selbst. Was wir protokolliert haben, war eine Konvention. Die Referendarin war krank oder anderweitig verhindert, und die Lehrerin teilt den Kindern mit, daß sie nicht zum Unterricht kommen wird. Was sie genau gesagt hat, haben wir nicht aufgeschrieben. Wir haben es vielmehr so aufgeschrieben, wie wir es aufgefaßt haben, eben als Einhaltung einer Konvention. Die Tatsache allerdings, daß sich die Lehrerin an Konventionen im Umgang mit Menschen auch im Umgang mit Kindern hielt, läßt sich als latente Regel interpretieren. Kinder verdienen dann, wenn etwas nicht so wird, wie sie es mit Recht erwarten können, eine Erklärung.

### 30.04.1993

*Hannes sucht sein Heft: „Wo ist mein Heft?" Lukas hat seines vergessen. Benjamin liest vor. Er liest alles richtig, aber er nennt ein Wort zuviel. Benjamin entschuldigt sich und redet dabei sehr schnell.*

Benjamins Entschuldigung galt zum einen auch der Einhaltung einer Konvention. Darüber hinaus war damit noch eine Botschaft verbunden. Sie läßt sich so umschreiben: Ich bin ein so guter Leser, daß mir solch ein Fehler eigentlich nicht passiert.

### 01.06.1990

*Die Lehrerin geht zum Pult, entschuldigt sich bei Nina, daß sie warten mußte, und arbeitet dann längere Zeit mit ihr.*

Die Lehrerin entschuldigte sich nicht für einen Fehler. Was sie Nina eigentlich mitteilte, war: Du bist mir wichtig.

### 17.09.1990

*Die Lehrerin erzählt, daß sie neulich „ausgerastet" sei und getobt habe, sie habe sich anschließend entschuldigt, so schlimm sei sie gewesen. Aber sie bringe es einfach nicht fertig, nicht zu reagieren, wenn Said nichts oder schlampig arbeite.*

Zitiert wird aus einem Gespräch der Lehrerin mit uns Forschern. Die Botschaft bezog sich zum einen auf Said und dessen Arbeitsweise und zum anderen darauf, daß er seine Lehrerin dazu bringen konnte „auszurasten". Daß die Lehrerin uns erzählte, daß sie sich entschuldigte, sollte auch heißen, daß es ihr im Umgang mit Said schwerfiel, sich so zu verhalten, wie sie es selbst wollte. Die Erzählung enthielt also den Hinweis auf ein Problem der Lehrerin. Gleichzeitig enthielt die Erzählung auch uns gegenüber eine Entschuldigung für von uns beobachtete Spannungen in dem Verhältnis zwischen Said und Lehrerin. Said, so läßt sich die Aussage paraphrasieren, ist so unmöglich, daß es mir kaum gelingt, mich professionell zu verhalten.

---

**Versuchen Sie bitte selbst, die folgenden Szenen zu interpretieren. Die Szenen lassen sich bestimmten Schuljahren zuordnen. Welche Begründung könnte es dafür geben?**

---

### 20.09.1991

*Ein Als-ob-Spiel.*

*Eine Gruppe (nicht mehr als 4 Kinder) darf Post spielen. Sofort melden sich Hannes, Sandra, Salia. Benjamin will „Briefe für die Post schreiben", hat also einen Arbeitsplatz außerhalb der Poststelle. Deshalb läßt die Lehrerin noch Said in die Postgruppe, obwohl die anderen ihn eigentlich nicht haben wollen. Die Lehrerin sagt zu Said: „Aber keinen Quatsch machen!" Said nickt. Benjamin will Said schlagen, trifft aber nicht ihn, sondern Norbert, und er versetzt Norbert einen Schlag in den Magen. Der sinkt mit schmerzverzerrtem Gesicht in sich zusammen. Hannes zu Benjamin: „Guck, du hast ihn verwechselt!" Benjamin kniet sich sofort zu Norbert und entschuldigt sich mit fast zärtlicher Stimme: „Entschuldigung! Ich hab dich verwechselt!" Norbert beruhigt sich. Benjamin spielt mit Sandra weiter Hund.*

### 20.03.1992

*Es gab Konflikte auf dem Schulhof. Zunächst geht es um den Konflikt zwischen Kindern der 3c und Sonderschülern. Özgül: „Die haben uns auch ein bißchen geärgert, und dann haben wir auch geärgert." Die Lehrerin und ein Kollege bestehen darauf, daß die Kinder der 3c provoziert haben. Die Lehrerin empfiehlt, sich nicht provozieren zu lassen, sondern wegzugehen, am besten in Richtung Pausenaufsicht. Dann geht es um einen Konflikt auf dem Heimweg. Die Lehrerin fordert die Kinder, die dabei waren, auf, zu erzählen. Frank meldet sich: „Der Gerd von der 2c hat so Steine gekickt, und dann habe ich ihn geschubst, und dann hat er Hurenbock gesagt (andere bestätigen), und dann habe ich ihn ein bißchen (er zeigt mit den Händen, daß er ihn offensichtlich „ein bißchen" am Hals) gekriegt, und dann ... "*

Der Kollege sagt, daß Gerds Mutter ihn angerufen hat und ganz aufgeregt war und daß andere Kinder, die dabei waren, Angst gekriegt haben und davongelaufen sind. Der Kollege schlägt vor, daß die Beteiligten Gerd die Hand geben und sich vertragen. Die Lehrerin meint, es wäre eigentlich besser, wenn die Großen von der 3c Beschützer für die Kleinen seien. Jan: „Ich will Beschützer sein!" Norbert besteht aber darauf, daß ein anderes Kind, Giacomo, der Bösewicht sei: „Wir haben ihn schon der Lehrerin gemeldet!" Frank: „Ich habe mich in der ersten Pause schon entschuldigt!" Der Kollege nimmt das wohlwollend zur Kenntnis.

### 28.08.1992

Auf dem Weg ruft Özgül plötzlich: „Ein großes Spinnennetz! Frau Walter! Ein großes Spinnennetz!" Einige Kinder bleiben stehen und bewundern mit der Lehrerin das Spinnennetz. Andere gehen weiter, ich gehe hinter der Spitzengruppe her. Eine Frau schaut aus dem Fenster, ihr Hund bellt wütend. Die Frau sagt: „Könnt ihr das nicht lassen?!" Ich frage, was los ist. Einige haben Klingelstreiche gemacht.

Als die Lehrerin kommt, informiere ich sie, sie ruft zum Stehenbleiben und fragt: „Wer hat geklingelt?" Sofort schreien viele (vor allem Mädchen): „Ich nicht!" Lehrerin: „Ich will nicht wissen, wer nicht geklingelt hat, ich will wissen, wer geklingelt hat!" Es melden sich sofort Frank, Norbert und Hannes. Die Lehrerin schickt sie, sich zu entschuldigen. Die drei sagen, daß Jan auch geklingelt habe. Jan: „Aber nur einmal!" Trotzdem zuckelt er hinterher. Markus: „Wegen denen verlieren wir Zeit!" Die Lehrerin bleibt mit zurück, um die Entschuldigung zu überwachen(?).

### 28.08.1992

Besuch beim Bürgermeister. Die Lehrerin sagt, daß die Kinder aus ganz vielen Ländern kommen und „Frau Prof. Beck von der Universität Frankfurt" die Klasse seit vier Jahren begleitet. Der Bürgermeister entschuldigt sich, daß er mich nicht gleich gesehen hat, kommt mir um den halben Tisch entgegen, um mich mit Handschlag zu begrüßen.

### 12.02.1993

Benjamin schaut und spricht mich an: „Frau Beck, ich möchte mich entschuldigen!" Ich sage: „Okay, erledigt!" Sandra und Rebecca: „Was hat er gemacht?" Ich sage, daß das jetzt erledigt sei. Sandra: „Ach so, wegen dem Stuhl!"

Weil kein Stuhl mehr frei war, hatte ich mir eine Woche vorher Benjamins Stuhl genommen, denn Benjamin war mit anderen Kindern auf dem Teppich in der Spielecke beschäftigt. Dann kam Benjamin und versuchte mir wortlos den Stuhl unter dem Hintern wegzuziehen. Ich setzte mich fester drauf. Er kämpfte weiter. Ich sagte: „Du könntest ja auch darum bitten!" Er ging zu seinem Platz, ließ sich ostentativ hinfallen.

**Wann und wie entschuldigen Sie sich oder ihre Kinder?**

# 5.5 Eine Falldarstellung: Der Kleinste in der Klasse

Im folgenden Beispiel geht es um den Umgang mit Differenzen. An Benjamin, dem kleinsten Schüler in der Klasse, läßt sich ein wenig von der Kultur dieser Klasse demonstrieren.

Benjamin war erheblich kleiner als der Durchschnitt, so daß sich vermuten läßt, daß seine geringe Körpergröße eine Bedeutung für seine Entwicklung hatte. Dabei stellen sich zwei Fragen:

Wie gingen die Lehrerin und die anderen Schüler damit um, und was bedeutete die geringe Körpergröße für Benjamin?

Die Analyse des Falles „Der Kleinste der Klasse" wird zeigen, daß in einem Fall sowohl das Normale wie das Besondere enthalten sein kann. Zunächst ist in jeder Klasse ein Kind das Kleinste. Erst dann, wenn die Differenz zwischen diesem einen Kind und der Durchschnittsgröße der anderen Kinder zu groß wird, bekommt diese Abweichung von der Norm eine Bedeutung. Dies war in Benjamins Fall gegeben. Gleichzeitig wird in der Analyse deutlich werden, daß nicht jede „Abweichung" auch ein Defizit darstellen muß. Sie kann als „Defizit" oder als „Differenz" interpretiert werden. Ob die geringe Körpergröße von der Lehrerin, den anderen Kindern und von Benjamin selbst als Differenz oder als Defizit aufgefaßt wird, ist wohl entscheidend für die Entwicklung des Selbstbildes bei Benjamin.

Benjamin gab in seinem Klassenbuch eine Körpergröße von 128,0 cm an. Bei den Jungen lag die Durchschnittsgröße bei ca. 147 cm und bei den Mädchen bei ca. 142 cm. Mit 26,6 kg Körpergewicht lag Benjamin 9,5 kg unter dem Durchschnittsgewicht der Klasse.

In einem ersten Schritt sollen zu jedem Schuljahr Szenen aus den Unterrichtsprotokollen belegen, daß Benjamin die ganzen vier Schuljahre lang durch seine Kleinheit auffiel.

23.11.1989

*Benjamin realisiert, daß er mit Abstand der Kleinste der Klasse ist.*

**01.03.1991**

*Die Kinder dürfen ihre ausgewählten Bücher untereinander vorstellen. Gemeinsam sitzen sie vor dem „Lesetisch". Die Tafel soll zugeklappt werden, Benjamin soll den Kopf runternehmen, damit er nicht die zuklappende Tafel an den Kopf bekommt. Ayse: „Braucht der nicht, der ist eh so klein!"*

**28.02.1992**

*Die Mutter einer ehemaligen Schülerin aus Australien besucht die Klasse. Sie richtet an Benjamin die Worte: „What's the girl's name?"*

**Spielsituationen**

**08.09.1989**

*Diese Szene spielt sich am Tag der Exkursion zu den Wohnungen der einzelnen Schüler ab. Die Klasse machte eine Pause an einem größeren Spielplatz. Benjamin versucht sich an den Wippen, hat aber Schwierigkeiten, weil die Mitspieler ihn aufgrund seiner Größe leicht „verhungern lassen" können.*

**02.03.1990**

*Benjamin reitet auf Hannes Rücken.*

Benjamin hatte beim Spielen einen Sonderstatus, den körperlich größere Schüler nie erfahren. Beim Spiel auf der Wippe geriet er in eine Abhängigkeit, da er keinen Einfluß auf die Position der Wippe nehmen konnte. Seine Mitspieler konnten Benjamin *„verhungern lassen"*, wann immer sie Lust dazu hatten. Erinnert man sich an seine eigene Kindheit zurück, wird man sicherlich nicht vergessen haben, wie wütend einen dieses Unterlegenheitsgefühl gemacht hat. Benjamin erlebte hier eine „Machtdifferenz". Er geriet in eine unterlegene Spielposition und war der Gutmütigkeit der anderen Kinder ausgeliefert.

In der zweiten Szene ritt Benjamin auf Hannes' Rücken. Dieses Reiterspiel wiederholte sich im Laufe der vier Grundschuljahre sehr häufig mit verschiedenen Schülern. Die Rollenverteilung blieb immer unverändert. Benjamin nahm mit seiner Rolle als „Reiter" auf der einen Seite eine sehr beliebte Position ein. Er ritt auf dem Rücken, mußte aufpassen, daß er nicht hinunterfiel, und konnte sich amüsieren. Seine Kleinheit brachte aus diesem Blickwinkel einen Vorteil mit sich. Es war ihm selbst andererseits nicht möglich, einen Mitschüler auf seinem Rücken reiten zu lassen.

Obwohl die Rolle des Reiters vorrangig die beliebtere Rolle ist, hat die Rolle des Pferdes ebenfalls einen nicht unbeachtlichen, wenn auch zweitrangigen Stellenwert in der Beliebtheit der Kinder. Man trägt als Pferd den Reiter und beweist damit seine Stärke. Das Spiel aus der Sicht des Pferdes kulminiert in dem Versuch, den Reiter abzuwerfen. Dieser Teil der Spielwelt blieb Benjamin verschlossen. Er hatte eben einen Sonderstatus. Einerseits geriet er in die Situation des abhängigen und verhätschelten Spielers, andererseits brachte seine Kleinheit auch den Vorteil mit sich, daß ihn die anderen Kinder verwöhnten.

Benjamin saß im Klassenraum häufig unter dem Tisch oder in der Plastikkiste, in der sonst die Teppichfliesen lagen. In der Plastikkiste sitzend, kam Benjamin häufig in den Genuß, durch das Klassenzimmer gezogen zu werden. Er war das einzige Kind, das in die Kiste paßte, die nur 40 x 30 cm groß war.

**Leistungsanstrengungen**

27.04.1990

*Die Lehrerin läßt vorlesen. Benjamin liest gut. Dabei passiert ihm ein Überfliegerfehler. Er möchte besonders gut lesen und zeigen, daß er den ganzen Text auf einen Schlag überblicken kann. Dabei versieht er sich. Die Lehrerin: „Das steht da nicht." Benjamin liest nun richtig und vor allem mit deutlicher Betonung.*

Benjamin war ein leistungsstarker Schüler über die ganzen vier Grundschuljahre hinweg, besonders in Mathematik. Aber auch im Deutschunterricht, auf den sich die Szene bezieht, war Benjamin leistungsorientiert.

Benjamin gehörte zu den guten Lesern. Deutlich werden in den Szenen Benjamins schulischer Ehrgeiz, seine hohen Leistungsansprüche und sein Streben nach Perfektionismus. Er gab sich nicht damit zufrieden, Wort für Wort oder Satz für Satz lesen zu können, er suchte sich als Anforderung den nächsten Schwierigkeitsgrad, indem er den Text „auf einen Schlag" erfassen wollte. Seinen Fehler versuchte er durch einen neuen Anfang, fehlerfreies Vorlesen und besonders gute Betonung vergessen zu machen.

Benjamin strengte sich an, die ihm gestellten Aufgaben „gut" zu erledigen, und diese Leistungsanstrengungen wurden überwiegend mit Erfolg belohnt.

### 01.06.1990

*Beginn der ersten Schulstunde des heutigen Tages. Die Lehrerin ruft die Kinder in die Sitzecke. Benjamin hat sich in die Ecke zwischen Benedikt und das Pult verkrochen und sitzt ganz am Boden, so daß ich ihn zunächst gar nicht sehe. Ich höre Teile einer Unterhaltung zwischen Frank und Benedikt: „Der Benjamin ist ein Experte … "*

*Etwas später sagt die Lehrerin, daß alle mit Schreiben anfangen sollen: „Ich möchte sehen, wie weit ihr seid." Dann sagt Anne zu Singh: „Du bist so weit wie der Benjamin." (Der scheint der absolute Crack zu sein!)*

### 28.09.1990

*Heute morgen hat die Lehrerin Stifte auf den Tischen verteilt. Es soll gemalt werden. Ayse kommt wieder und bettelt um einen blauen Stift. Said: „Nein, die gehört dem Benjamintisch."*

Benjamin war es gelungen, die Aufmerksamkeit der Mitschüler von seinem „Kleinsein" auf seine guten Leistungen in der Schule zu lenken. Er war ein guter Mathematikschüler, er konnte gut vorlesen, und er wurde häufig als Vortänzer oder Vorleser in Theaterstücken akzeptiert.

Man kann seine Leistungsanstrengungen nicht direkt als Kompensation seiner Kleinheit interpretieren. Möglich wäre auch, daß Benjamin von seinen Eltern leistungsorientiert erzogen worden ist oder daß er mit seinen älteren Geschwistern mithalten wollte. Wir stellen keine Hyptohesen über Ursache-Wirkungs-Beziehungen auf, die sich aus Motiven der Personen ergeben. Wir beschreiben vielmehr mögliche Beziehungen – und zwar in dem Raum, den wir beobachten konnten, im Klassenraum. Nicht beobachten ließ sich seine Erziehung in der Familie oder sein Verhalten im Zusammenleben mit seinen Geschwistern. An den Stellen, an denen er zum Beispiel über die familiäre Situation spricht, ist uns wichtig, daß er in der Schule darüber redet.

Ebenfalls problematisch erscheint uns eine alltägliche Vorstellung, nach der bestimmte Unterschiede, wenn sie als Mängel erscheinen, „auf jeden Fall" kompensiert werden müssen. Aus dieser Sicht gibt es nur zwei Arten von Kompensation, nämlich entweder positives Verhalten oder negatives Verhalten. Danach hätte Benjamin seine Kleinheit entweder durch gute Leistungen oder durch große Frechheit kompensieren müssen.

Gegen diese Vorstellung läßt sich einwenden, daß es eine dritte Möglichkeit gibt. Auf der Grundlage der Erfahrung, daß sich irgendwie alle Menschen voneinander unterscheiden, ist die Unterscheidung eines einzelnen nicht als Defizit, sondern als Differenz zu betrachten. Unterschiede werden aus dieser Sicht auf der Basis eines „generalisierten Unterschiedes" konstruiert. Wenn sich alle Menschen voneinander unterscheiden, dann muß der eigene Unterschied nicht kompensiert werden. In Benjamins Fall hieße dies: Die Leistungsanstrengungen dienten nicht der Kompensation der Kleinheit. Das eine wäre so selbstverständlich wie das andere. Kleinheit oder Leistungsfähigkeit würde nicht als Defizit beziehungsweise Vorsprung verstanden, sondern als eine von vielen möglichen Differenzen.

Entscheidend für die Bedeutung der Beurteilung seiner Körpergröße ist also nicht, ob Benjamin leistungsorientiert war oder nicht. Entscheidend ist, ob seine Leistungsanstrengungen als Kompensation gemeint waren oder nicht. Anders formuliert: Ob er sowohl seine Kleinheit wie seine Leistungen als Differenz oder Defizit betrachtete. Die Konstruktion von Leistung und Kleinheit als Differenz würde bedeuten, daß Benjamin mit beidem gleichermaßen zufrieden war und nicht das eine brauchte, um das andere damit zuzudecken.

In der weiteren Analyse gilt dieser Frage die Aufmerksamkeit.

### Benjamins Bild von der Schule

15.09.1989

*Die Kinder sind beim Waffelbacken. Benjamin haut eine Holzschale auf den Werktisch und spielt Schlagzeuger. Die Referendarin sagt ihm, daß der Lärm sie nervt. Sie ruft die Kinder zum Zuschauen, wie sie den Teig macht, und läßt sich durch Handreichungen (zwei Eier) helfen.*

*Später läßt sich die Lehrerin erzählen, wie die Gruppe gebacken hat. Sie schreibt einzelne Wörter dieses Berichtes an die Tafel. Benjamin schreibt alles fehlerfrei und schnell ab. Die Verhaltensänderung gegenüber der Situation beim Backen ist auffällig.*

13.10.1989

*Benjamin sitzt mit anderen Kindern am Tisch 3 und macht Rechenaufgaben. Sie malen Kreise an, deren Menge gleich ist. Die Referendarin holt die Kinder in den Kreis. Benjamin will nicht und sagt: „Ich laß mich nicht von meiner Arbeit stören."*

*Benjamin rechnet noch eine Weile weiter, während die anderen im Kreis sitzen.*

Benjamin zeigte deutliches Desinteresse, sich am Backen zu beteiligen. Die zwei anderen Schüler in seiner Gruppe bemühten sich eifrig, aus den einzelnen Zutaten einen Teig entstehen zu lassen.

Anders beim Abschreiben: Benjamin erledigte diese Aufgabe konzentriert und ohne Fehler. Schule bedeutete für Benjamin, Rechenaufgaben zu lösen, Wörter von der Tafel abzuschreiben, Texte auswendig zu lernen usw. Er war orientiert an Anforderungen, die dem „klassischen" Bild von Schule entsprechen. Die Lehrerin hingegen versuchte, Schule möglichst so zu gestalten, daß Lern- und Lebensraum integriert wurden. Benjamins Vorstellung von Schule wich in mancher Hinsicht von dieser Vorstellung ab. Er akzentuierte in seinem Schulbild den formellen Bereich und hatte häufig Schwierigkeiten, den informellen Bereich als Teil von Schule zu akzeptieren.

Am Beginn des 2. Schuljahres sollte Benjamin wie die anderen Kinder die neuen Erstkläßler begrüßen. Jedes Kind sollte zu seinem Buchstaben und dem entsprechenden Tier einen passenden Vers auswendig lernen. Diese wurden dann bei der Aufnahmefeier für die neuen Erstkläßler aufgesagt und die zuvor angefertigten Buchstabenbilder zur Veranschaulichung hochgehalten. Wir hatten an diesem Tag (20.8.1990) notiert: *„Bis Montag sollen die Verschen auswendig gelernt werden, damit bei der Einschulung alles klappt. Benjamin: ‚Ich freue mich so!' (Scheinbar freut er sich auf das zweite Schuljahr, vielleicht darauf, nicht mehr der Kleinste zu sein?)."*

Einen Tag später findet sich in den Protokollen die Notiz:

*„Ich habe gestern und heute Benjamin als sehr viel entspannter erlebt als bisher im ersten Schuljahr. Ob er es genießt, daß es nun endlich Kinder gibt, die kleiner sind als er?"*

In einer Schule, die nach sogenannten Jahrgangsklassen sortiert, ist die Erfahrung, nicht mehr der Jüngste oder der Kleinste zu sein, nur in einem abstrakten Vergleich mit den anderen Klassen möglich. In einer altersgemischten Klasse hätte Benjamin durchgängig verschiedene Situationen erleben können. Er hätte eher lernen können, daß Alter, Leistung oder die eigene Körperlänge relative Größen sind. Wie Kinder den Unterschied zwischen sich und anderen Kindern auffassen, hängt auch davon ab, welche Möglichkeit ihnen ihre Umgebung gibt, diesen Unterschied zu deuten.

08.02.1991

*Ich setze mich zur Spielecke und werde auch geduldet. Offensichtlich ist ein Familienspiel im Gang. Salia spielt die Mutter, Katrin und Sandra sind die Babys, Benjamin der Hund Chico. Chico darf zu Katrin ins Bett, und beide werden von Salia mit der roten Decke zugedeckt. Benjamin kuschelt sich zwischen die Babys.*

Die Szene macht auf einen Zusammenhang aufmerksam, der weiter oben schon angedeutet wurde. Es ist für Kinder wohl erstrebenswert, groß, größer und schließlich erwachsen zu werden. Es ist aber auch angenehm, klein zu sein, gekuschelt zu werden, vorgelesen zu bekommen usw. Hier wird die Ambivalenz deutlich, in der Kinder leben. Am liebsten möchten sie die logische Unmöglichkeit leben, nämlich gleichzeitig groß und klein sein. Aus dieser Sicht sind die oben zitierten Vermutungen nicht falsch, beschreiben aber nur die eine Seite der Medaille.

Benjamin war ein leistungsstarkes und emotionales Kind. Vielleicht war es seine geringe Körpergröße, die es ihm erlaubte, beide Momente zusammen zu leben.

**Benjamin und seine Lehrerin**

26.10.1990

*Die Lehrerin aus der Parallelklasse kommt, sie sucht Experten, die ihrer Klasse erklären können, wie die Freinet-Druckerei funktioniert. 6 bis 8 Kinder melden sich. Die Klassenlehrerin bestimmt Benjamin zum Experten.*

14.06.1991

*Said meldet und meldet sich und kommt nicht dran. Jedesmal, wenn er dazwischen reden will, wird er diszipliniert, während andere, vor allem Benjamin und Hannes, dazwischenreden dürfen.*

Die Lehrerin spricht Benjamin in den vier Grundschuljahren nicht ein einziges Mal direkt auf seine Körpergröße an. Dieses „Nichtbeachten" der Abweichung konnte ihm vermutlich zeigen, daß sein Kleinsein keine Behinderung darstellte. Der Lehrerin gelang es mit ihrer Verhaltensweise, keine Außenseiter entstehen zu lassen. Benjamin gehörte mit seinen individuellen Eigenschaften genauso zur Gruppe wie jedes andere Kind. Diese Grundhaltung der Lehrerin gab ihm die Chance, seine Körpergrenze als Differenz und nicht als Abweichung zu begreifen. Andererseits bestärkte sie Benjamin in seinem Status als guter Schüler.

Auch hier wären zwei grundsätzlich verschiedene Haltungen möglich gewesen. Die eine läßt sich umschreiben mit: ,,Du bist zwar klein, aber dennoch ein guter Schüler." Dies hätte für Benjamin bedeutet, seine Leistungen als Kompensation seiner Körpergröße zu verstehen. Die andere Grundhaltung lautet: ,,Du bist einerseits klein und andererseits ein guter Schüler. Zwischen beidem besteht kein Zusammenhang, du mußt dich mit beidem abfinden." Diese Einstellung legt die Konstruktion des Differenzmodells nahe. Dies war die Einstellung der Lehrerin, auch wenn sie sie nicht immer realisierte.

Benjamin war von der Lehrerin als Experte der Freinet-Druckerei ausgewählt worden. Es wären auch andere Schüler imstande gewesen, die Handhabung der Freinet-Druckerei plausibel zu erklären. Sie hat vermutlich Benjamin gewählt, nicht weil er inhaltlich besser über das Thema informiert war, sondern weil er sich gut ausdrücken konnte. Seine Reaktionen in vergleichbaren Situationen waren überwiegend von besonderer Freude und erkennbarem Stolz geprägt.

Die Lehrerin signalisierte also Benjamin durchaus, daß sie ihn für einen guten Schüler hielt, und das war Benjamin auch wichtig. Er rannte schließlich voller Freude aus der Klasse, um der anderen Klasse die Freinet-Druckerei zu erklären.

An verschiedenen Szenen wird deutlich, daß die Lehrerin Benjamin in einer Weise aufrief, die ihm signalisierte, daß sie eine richtige Antwort von ihm erwartete. Dieses Bild, das die Lehrerin von Benjamin hatte, gab ihm auch einen größeren Verhaltensspielraum. Benjamin hatte bis zum dritten Schuljahr einen ,,Bonus" für regelwidriges Verhalten. Er konnte häufiger dazwischenrufen und wurde dennoch nicht zurechtgewiesen. Als er allerdings begann, den Bogen zu überspannen, und sich die Lehrerin dieser Situation bewußt wurde, achtete sie darauf und versuchte Benjamins Störungen des Unterrichts ebenso wahrzunehmen wie die der anderen Kinder.

### Benjamins Umgang mit anderen Kindern

**16.03.1990**

*Die Schüler haben von 8.30 Uhr bis 9 Uhr Zeit für den Wochenplan. Die meisten schreiben im Entengrützenheft III.*

*Im Entengrützenheft III sind Katrin bei „g", Benjamin bei „w", Hannes bei „e", Nina bei „s". Benjamin: „Ich bin weiter als du. Ich bin fast besser als die ganze Klasse."*

**02.11.1990**

*Norbert und Singh wollen Theater spielen. Benjamin: „Bestimmt wieder so 'n Quatsch. Ich spiele mit Hannes Reversi, das heißt bringe es ihm erst bei. Er lernt schnell."*

08.03.1991

*Singh schreit dazwischen: „12 : 2 = 6." Hannes: „Singh!" Benjamin kommt an den Tisch und sagt zu Singh: „Angeber. Das wußtest du noch nicht so lange."*

Benjamins Statuserwerb als Primus hat massive Auswirkungen auf sein Verhalten den Mitschülern gegenüber.

In der ersten Szene hatten die Schüler eine halbe Stunde Zeit, um in dem Entengrützenheft voranzukommen. Benjamin war eindeutig am weitesten.

Die Arbeitsatmosphäre in der Szene wirkte hektisch und arbeitsorientiert. Die Kinder schienen danach zu streben, ihre Aufgaben schnell zu erledigen. Häufig verglichen die Kinder ihre Arbeitsergebnisse. Benjamin legte ein besonders starkes Konkurrenzdenken an den Tag. Obgleich aus dem Kontext nicht eindeutig hervorgeht, wer sein Ansprechpartner tatsächlich war, kann man annehmen, daß Benjamin sich auf Katrin bezog. Diese bearbeitete erst den fünften Buchstaben des Alphabets im Entengrützenheft. Benjamins Vorsprung zu Katrin war demnach besonders groß.

*„Ich bin fast besser als die ganze Klasse."* Bei dieser Aussage hat das Wort ,,fast" eine entscheidende Bedeutung. Denkt man es sich weg, wäre die Aussage extrem selbstbewußt, prahlerisch und angeberisch. Dieser Satz drückt einerseits den Wunsch aus, besser als der Rest der Klasse zu sein. Andererseits impliziert ,,fast" in diesem Zusammenhang eine gewisse Unsicherheit. Benjamin hatte gelernt, daß er a) nicht in allen Bereichen der Beste war und b) daß man dies eigentlich nicht sagen sollte. Er spürte, daß sein Versuch, seine Leistung als Kompensation zu begreifen, nicht der von der Lehrerin gesetzten Kultur der Klasse entsprach.

Während Benjamin in der ersten Szene seine Leistungen nur herauszustellen versuchte, ging er in der zweiten Szene einen Schritt weiter. Er betonte hier nicht nur seine überlegene Beherrschung der Spielstrategien von ,,Reversi", sondern wertete seine Mitschüler in zweifacher Weise ab. Zum einen etikettierte er das Vorhaben von Norbert und Singh, Theater zu spielen, als *,,Quatsch".* Zum anderen maßte sich Benjamin an, ,,Reversi-Experte" zu sein und es Hannes zeigen zu können. Er formulierte für sich die Rolle eines Lehrers, der Hannes als lernfähig und besonders lernschnell zu beurteilen berechtigt ist. In der Beziehung zu ihm schien er sich sehr sicher und dominant zu fühlen. Benjamins Bestimmerrolle wurde von Hannes jedoch keinesfalls einengend aufgefaßt, da es weder zu einer Auseinandersetzung noch zu einer Diskussion kam. Benjamin schien in der Zeit als Könner akzeptiert zu werden.

Die dritte Szene ereignete sich in Benjamins ,,Spezialgebiet". Singh rief das richtige Ergebnis einer Divisionsaufgabe in die Klasse hinein. Er verstieß mit seinem Zwischenruf gegen die Regeln, da er sich nicht gemeldet hatte. Ein Schüler wies ihn auf den Regelverstoß hin, indem er betont „Singh" sagte. Danach schien der Fall geklärt zu sein. Benjamin beschäftigte sich noch längere Zeit damit. Ihm ging es nicht um den Regelverstoß selbst, sondern vielmehr um die Abwertung von Singhs guter Mathematikleistung. Benjamin konnte positive Ergebnisse anderer Schüler, vor allen Dingen in Mathematik, nur selten anerkennen. Er fühlte sich durch den Zwischenruf von Singh veranlaßt, zu einer anderen Tischgruppe zu gehen und zu sagen: „Angeber. Das wußtest du noch nicht so lange". Damit wollte Benjamin herausstellen, daß er schneller und besser rechnen kann, obwohl die richtige Lösung von Singh kam.

Benjamin war gegen Ende des 2. Schuljahres ein leistungsstarker und leistungsorientierter Schüler. Es fiel ihm schwer, die Leistungen anderer zu akzeptieren. Dennoch war er in der Klasse akzeptiert, und er begann, sich mit seiner Körpergröße zu arrangieren. Eine Rolle dabei spielte unter anderem die Freundschaft mit Hannes.

## 29.11.1991

*Benjamin erzählt, daß sein Bruder ihn immer Benjamina nennt, wenn er ihn ärgern will, und daß er dann immer Ariane zu ihm sagt. Hannes meint, aus Adrian (so heißt sein Bruder) könne man gut Adriane machen. Benjamin findet die Idee gut.*

Die Szene zeigt, daß Benjamin mit seinem Freund Hannes offen über die Auseinandersetzung mit seinem älteren Bruder reden konnte. Er hatte keine Angst, daß Hannes den Namen „Benjamina" übernehmen und gegen ihn verwenden könnte. Das Vertrauen, das Benjamin in Hannes hatte, wurde auch nicht enttäuscht. Hannes solidarisierte sich mit Benjamin gegen den älteren Bruder. Benjamin hatte einen Ansprechpartner in seiner Klasse gefunden, der sein Kleinsein akzeptierte und sich nicht veranlaßt fühlte, ihn deswegen zu hänseln.

Dies spricht für Hannes, aber auch für die Kultur der Klasse. Dies wird auch in der folgenden Szene deutlich:

## 30.08.1991

*Der Riese Timpetu soll vorgespielt werden. Anne darf anfangen. Sie bestimmt Benjamin zum Vorleser. Benjamin: „Ich wollt' der Riese sein, naja." Jemand (wer?) sagt: „Der ist doch zu klein."*

Die Kinder sollten das Gedicht vom „Riesen Timpetu" in eine Szene umsetzen. Anne durfte die Rollen verteilen. Die erste Rolle vergab sie an Benjamin und bestimmte ihn zum Vorleser. In der zweiten Klasse war Benjamin bei der

Aufführung der „Bremer Stadtmusikanten" ebenfalls der Vorleser. Dies war eine Auszeichnung. In Theaterstücken übernimmt der Vorleser eine im Vergleich zu den Schauspielern nicht zu unterschätzende Verantwortung, weil er sich an den Schauspielern orientieren, die Handlungen auf der Bühne verfolgen und zum Beispiel das Tempo steuern muß, um einen möglichst einwandfreien Ablauf des Theaterspiels zu garantieren. Der Vorleser übernimmt letztendlich die Regie über das Theaterstück. Dennoch zeigte sich Benjamin im ersten Augenblick nicht sehr erfreut über die ihm zugeteilte Rolle. Er wünschte sich, der „Riese Timpetu" zu sein.

Die kleine Szene erhellt blitzartig, wie sehr sich Benjamin seiner Körpergröße bewußt war und wie sehr er sich wünschte, einmal ein anderer zu sein. Sie zeigt aber auch, daß er die Unmöglichkeit seines Wunsches vor Augen hatte. Er war innerlich nicht überzeugt, ein passendes Bild für den Riesen abzugeben.

Am Schluß der Szene, nachdem Benjamin sich mit der Rolle des Vorlesers zufriedengegeben hatte, sagte einer seiner Mitschüler, daß Benjamin „*doch zu klein*" sei. Damit gab er eindeutig zu verstehen, wahrscheinlich repräsentativ für weitere Mitschüler, daß Benjamin aus seiner Sicht mit der Kleinheit ein unpassendes Bild als Riese abgibt. Aber auch dies war nicht abschätzig formuliert, sondern als Sachverhalt. Seine Kleinheit wurde nicht als Defizit aufgefaßt. Benjamin war nicht überhaupt zu klein, sondern nur zu klein, um den Riesen zu spielen.

**Veränderungen**

08.12.1992

*Lehrerin: „ Rebecca ist heute das letzte Mal da."*

*Benjamin: „Wir singen ‚hoch soll sie leben' – aber hochheben können wir sie nicht."*
*Sandra stumpt Benjamin. Benjamin: „War ja nur ein Witz."*

Rebecca war ein relativ korpulentes Kind.

Man kann sagen: Benjamin nutzte die Situation aus, daß es neben ihm in der Klasse eine Schülerin gab, die mit ihrer körperlichen Abweichung auffiel. Durch seine Bemerkung, die einen für Rebecca extrem verletzenden, doch zugleich für die Nichtbetroffenen witzigen Aussagegehalt hat, versuchte Benjamin, die Aufmerksamkeit der Klasse auf Rebeccas Körperabweichung zu lenken.

Benjamins unsensibler Beitrag fand keine Anerkennung seitens der Mitschüler. Keiner lachte, die einzige Reaktion, die er bekam, war eine sanftmütige Zurechtweisung von Sandra. Toleranz und gegenseitige Akzeptanz im Umgang miteinander stellten einen wichtigen Grundsatz der Klasse dar. Sandra vertrat mit der Zurechtweisung die Norm der Nicht-Diskriminierung, und das, obwohl oder gerade weil sie seit Beginn der Schulzeit versucht hatte, eine besondere Beziehung zu Benjamin aufzubauen, gleichzeitig aber auch Rebecca zu ihren Freundinnen rechnete. Benjamin spürte daraufhin, daß seine Bemerkung nicht ankam, und schwächte sie umgehend mit dem Kommentar „*War ja nur ein Witz*" ab.

Benjamin war immer sehr schnell bereit, sich zu entschuldigen, vielleicht, weil das ein Mittel ist, zu harten Angriffen zu entgehen. Vielleicht stellte dies auch eine soziale Entsprechung zu seiner Suche nach körperlichem Schutz dar.

Die Szene zeigt so etwas wie einen Schwebezustand zwischen Akzeptanz und Diskriminierung.

### 07.08.1992

*Die Lehrerin steht mit dem Schild „Ruhe" vor der Klasse.*

*Benjamin redet dazwischen und ist zappelig. Die Lehrerin: „Benjamin, ist ja ein richtiger Zirkus, den du hier veranstaltest." Die Kinder sollen sich einen Namen für die neue Wochenzeitung überlegen und ihre Vorschläge auf einen Zettel schreiben. Diese werden danach in eine Kiste getan und mit in den Kreis genommen.*

*Benjamin: „Langweilig!" Die Lehrerin schimpft, weil Benjamin öfter dazwischenruft.*

*Jedes Kind soll in der vierten Klasse ein selbstgewähltes Sachthema ausarbeiten. Die Lehrerin lobt jedes ausgesuchte Thema. Benjamin zur Lehrerin: „Du machst immer hui." Die Lehrerin erklärt, warum sie lobt.*

Benjamins häufiges Schwätzen fällt seit dem Beginn der dritten Klasse auf. In der vierten Klasse werden Disziplinierungsmaßnahmen der Lehrerin aufgrund von Benjamins regelwidrigem Verhalten 14mal in den Protokollen festgehalten. Damit geht eine Veränderung in der Beziehung zwischen Benjamin und der Lehrerin einher.

Ab dem Ende des dritten Schuljahres wurde er für sein störendes Verhalten zur Verantwortung gezogen.

Benjamin erhob nun den Anspruch, von der Lehrerin als einziger gelobt zu werden. Es fiel ihm nun schwer zu akzeptieren, daß seine Mitschüler im gleichen Maße wie er für gute Ideen, Beiträge und ähnliches Lob verdienen. Lob sollte aus Benjamins Sicht Hierarchien deutlich machen. Diese Auffassung stand im Widerspruch zu der der Lehrerin. Sie versuchte ihm zu erklären, warum sie die anderen Kindern lobte. Sie versuchte ihm die Berechtigung einer anderen Einstellung deutlich zu machen. Im dritten Schuljahr sagte er einmal maulend über seine Lehrerin: ,,Die ist wie mein Vater." Das hieß: Sie läßt sich auch nicht so schnell ,,erweichen".

Es stellt sich die Frage, worin sein häufiges Stören begründet war. Seine schulischen Leistungen waren gleichbleibend gut bis sehr gut. Ein Grund kann darin gesehen werden, daß Benjamin sich in dem Unterricht unterfordert fühlte. Das ,,langweilig" spricht dafür.

### 13.11.1992

*Ayse ist mittlerweile in der Spielecke gelandet. Dort wird „Firma Adler" gepielt, es werden – wie Funda mir sagt – Geschäfte gemacht. Sie fliegen nach Mallorca. Am Spiel beteiligt sind Özgül, Funda, Ayse, Benjamin, Hannes, Norbert, gelegentlich kommt Frank dazu. Hannes zu Norbert: „Du denkst hier, du bist der Chef. Sie (gemeint ist Funda) kann dich rausschmeißen." Norbert entschuldigt sich und sagt, Hannes sei der Hausmeister. Hannes zu Norbert: „Ich bin nicht Hausmeister, ich habe einen höheren Rang als du." Norbert soll gehen; er versucht sich dann als Postbote. Hannes: „Du bringst gleich tausend Briefe." Benjamin, der offenbar Chef ist, kommt und sagt: „Euer Gehalt wird verdoppelt: 4 000 statt 2 000 DM."*

*Benjamin kommt und sagt zu Hannes: „Ich ernenne Sie zum Bankdirektor; ne, jetzt ernenne ich dich zum Bankier. Das ist einer unter Bankdirektor."*

*Benjamin ist, wie gesagt, der höchste Boß. Hannes: „Mr. President, wann werde ich das nächste Mal befördert?" Benjamin: „Weiß ich noch nicht."*

*Ayse versucht, das Spiel neu zu organisieren. Sie fragt: „Was möchtest du sein?" Dann sollen sich die Kinder anstellen. Benjamin: „Norbert, der Bodyguard, soll vor der Tür stehen."*

Die Welt im Als-ob-Spiel wird in Auseinandersetzung der einzelnen Spieler ausgehandelt. Benjamin durfte die Spielwelt mit ausgestalten, wobei es ihm gelang, von den anderen als Boß bestätigt zu werden. Die Verdopplung des Gehaltes mag man als Versuch werten, die Rolle des Bankdirektors zu behalten. Des weiteren hatte Benjamin sich die passende Konstellation an Mitspielern ausgesucht. Er war zwar oberster Boß, das heißt Boß von insgesamt sechs Angestellten, jedoch trat er während des Spiels nur mit zwei Angestellten in Interaktion. Hannes war ein friedfertiges und sozial reifes Kind. Norbert strebte eine Freundschaft mit Benjamin an. Außerdem stieg er später ein und durfte sich überhaupt glücklich schätzen, am Spiel teilnehmen zu dürfen.

Man kann sagen, daß Benjamin sich in dieser Spielwelt die Chefrolle reservierte, weil sie ihm nun wichtig geworden war.

Das ,,Boß-Spielen" in der Firma Adler kann als Probehandeln betrachtet werden. Benjamin konnte die Realität ohne Risiko in einem Raum üben, der ihn wenig gefährdete. Er konnte die Rolle des Bosses ausprobieren, ohne für die Folgen geradestehen zu müssen. Man bekommt den Eindruck, daß Benjamin im Spiel realisieren wollte, was in der Realität des Zusammenlebens in der Klasse zunehmend schwierig geworden war.

## 15.05.1992

*Die Kinder bekommen ein Diktat zurück.*

*Benjamin: „Scheiße, ich habe einen großen Fehler gemacht!"*

*Benjamin: „Ich geniere mich, ich geniere mich total, ich hab' 2 Fehler."*

*Benjamin: „Beschissen!"*

Benjamins Leistungsvorstellungen haben sich verändert. Was in den ersten Schuljahren als Wunsch deutlich wurde, etwas zu können, wird nun vor dem Hintergrund der Erwartungen der anderen gesehen. „Ich geniere mich" heißt: Ich bin nicht so, wie ich denke, daß die anderen denken, wie ich sein soll. Nicht die Leistung, sondern der Vergleich ist ihm nun wichtig, was auch schon weiter oben angedeutet wurde.

Zu vermuten ist, daß er sich nicht vor seiner Lehrerin oder vor seinen Mitschülern und Mitschülerinnen genierte, sondern vor sich selbst.

**Fazit**

Die Lehrerin faßte die geringe Körpergröße als Differenz und nicht als Defizit auf. Sie versuchte in ihrer Klasse keine Außenseiter entstehen zu lassen. In den vier Grundschuljahren sprach sie Benjamin kein einziges Mal auf seine Kleinheit an. Mit dieser Haltung vermittelte sie ihm, daß er mit seiner Abweichung genauso akzeptiert wird wie die anderen Mitschüler mit ihren individuellen Eigenschaften.

Im ersten und zweiten Schuljahr lernte Benjamin, seine Kleinheit nicht mehr als Defizit zu empfinden. Die Strategie, die geringe Körpergröße mit Leistung zu kompensieren, hatte vorübergehend positive Auswirkungen auf sein Selbstverständnis. Durch seine Leistungen wurde er von der Lehrerin und den anderen Kindern als Experte anerkannt und konnte sich in seinem sozialen Umfeld behaupten.

Benjamin war schließlich selbstbewußt und wollte als der anerkannt werden, für den er sich hielt.

Dies änderte sich offenbar ab dem dritten Schuljahr. Benjamin verhielt sich nun seinen Mitschülern gegenüber zunehmend unsensibel und provokativ. Er fiel durch Herabsetzung der Leistungen anderer und Prahlerei mit seinen guten

Leistungen auf. Benjamin gab sich selbst nur mit perfekten Leistungen zufrieden und wollte als derjenige anerkannt werden, der nicht bloß gut ist, sondern besser als die anderen. Viele Unterrichtsaktivitäten erschienen ihm zu simpel, des öfteren hatte er keine Beschäftigung und beklagte sich über Langeweile.

Obwohl Toleranz, gegenseitige Akzeptanz sowie Nicht-Diskriminierung im Umgang miteinander einen wichtigen Grundsatz der Lehrerin und der Klasse darstellten, läßt sich sagen, daß Benjamin am Ende der Grundschulzeit über andere Selbst- und Fremdvorstellungen verfügte. Das macht zunächst deutlich: Die Schule ist nur ein Bereich im Leben eines Kindes. Es wäre auch fahrlässig, hier etwa eine Gegenstellung von Schule und Familie zu konstruieren. Auch innerhalb der Schule hat sich die Bedeutung von Leistungen und Leistungsunterschieden im Laufe der Grundschulzeit verändert. Je näher der Übergang in die weiterführende Schule rückte, desto stärker wurden diese Aspekte betont, spielten faktisch Vergleiche und Zensuren eine Rolle. Unabhängig davon, wie die Lehrerin mit den Leistungserwartungen der Kinder umging: Diese wußten, daß Schule eine Selektionsfunktion hat, und diese Funktion war ein wichtiger Faktor in der Kultur dieser Klasse.

> Versuchen Sie eine Geschichte der Veränderungen eines Ihrer Kinder im Laufe der Schulzeit zu schreiben. Wie gehen Sie und Ihre Kinder mit den jeweiligen Unterschieden zwischen den Kindern um? Welche Bedeutung haben Noten und Zensuren?

## 5.6 Kultur einer Klasse

Um latente Regeln nicht nur als Zustand, sondern einerseits als Prozeß einer Entwicklung und andererseits auch als bewußt gestaltete Normen, das heißt, als ein Ergebnis von Erziehung und Unterricht wahrnehmen und verstehen zu können, betrachten wir eine Schulklasse wie eine Kultur. Der Kulturbegriff ist so vielschichtig, daß es hier nur darum gehen kann, eine Bestimmung dieses Begriffes zu finden, die die weitere Arbeit und das weitere Nachdenken ermöglicht, also eine heuristische Bestimmung.

Wenn wir von einer andereren Kultur reden – den Indianern oder dem Mittelalter in Europa –, so unterstellen wir so etwas wie eine verschiedene Grundauffassung des Lebens. Dies betrifft unter anderem die Religion, die Sprache, die Kunst, die Ökonomie, die Regeln des Zusammenlebens und die Gestaltung des Alltags. Wir treffen nicht Kultur an sich an, sondern Lebensformen, in denen sich eine bestimmte Kultur ausdrückt.

Die ethnologische Forschung versteht unter Kultur ein Set von Verhaltensmodalitäten und Orientierungsmustern in einer Gemeinschaft. Sie bestimmen die Standards dessen, was ist, was erlaubt ist, was legitimerweise gedacht werden kann, wie jemand etwas bewertet, wie er sich fühlt und wie er mit den Gefühlen und Handlungen anderer umzugehen hat. Dazu gehören auch die Standards dessen, was zu tun ist und wie das gemacht wird, was da zu tun ist.

Kultur umfaßt aber nicht nur diese auf zwischenmenschliche Beziehungen abstellenden Aspekte. Kultur umfaßt auch die ,,Objektivationen" einer Gemeinschaft, die von dieser Gemeinschaft hergestellten oder von ihr genutzten Gegenstände: Gebäude gehören dazu, Kunstwerke, aber auch Schultaschen, Schulbänke, Bücher und Aquarien.

Der Ansatz erlaubt es uns, auch eine kleinere Personengruppe wie eine Schulklasse als von einer selbständigen Kultur geprägt zu begreifen. Wenn man annimmt, daß jede Kultur auch Ausdruck eines Gemeinschaftsverständnisses ist und Gemeinschaften so definiert sind, daß sich mehrere Personen im Hinblick auf spezifische Handlungen für bestimmte Zeiten in bestimmten Räumen zusammenfinden, so trifft dies für eine Schulklasse zu. Denn eine Schulklasse ist eine Organisation, die sich von anderen unterscheidet. Sie verfügt über spezifische Kennzeichen der Zugehörigkeit, und sie vermittelt so etwas wie Identität. Sie verpflichtet die Mitglieder auf einen bestimmten Habitus und ein Weltbild, das alle Aspekte des Zusammenlebens betrifft.

Eine Kultur kann man erschließen, wenn man die Perspektiven der Mitglieder der Kultur in den Mittelpunkt der eigenen Beobachtungen stellt. Ihr Verhalten, ihre Einstellungen und Orientierungen sollen aus ihrer Sicht erklärt werden.

Dieser ethnologische Ansatz arbeitet mit dem Konzept ,,multipler Realitäten" und versucht vor allem Differenzen zu erklären. Differenzen etwa zwischen den einzelnen Mitgliedern und zwischen Handlungen und Deutungen; Differenzen etwa zwischen dem, was Menschen tun, und dem, was sie sagen, was sie tun oder dem, was sie tun, und dem, was sie sagen, was sie tun sollen. Auf dieser Basis wird hier versucht, Orientierungs- und Verhaltensmuster sichtbar zu machen. Wir sprachen oben von Habitualisierungen.

Der moderne ethnologische Ansatz, die andere Kultur als fremde Kultur zu begreifen, bedeutet, nichts als trivial, nichts als gegeben anzunehmen. Ob etwas bedeutungsvoll war oder nicht, ergibt sich erst aus der Rekonstruktion.

Die traditionelle Ethnologie operierte eher mit einem statischen Kulturmodell. Das lag nahe, weil sie in der Regel Gesellschaften betrachtet hat, denen sie Statik unterstellte – im Gegensatz zur Dynamik der entwickelten Gesellschaften, aus der die Forscher kamen. Die tatsächliche Veränderung der sogenannten traditionalen Kulturen hat hier zu einer anderen Auffassung geführt. Mit Clifford Geertz läßt sich Kultur eben nicht als Produkt, sondern als Prozeß begreifen. Geertz versteht Kultur nicht als einen Bestand, dem sich Ereignisse, Verhalten oder Prozesse zuordnen lassen, sondern als ein System erarbeiteter konstruierter Symbole, die den Kontext bilden für Handlungen:

„Als ineinandergreifende Systeme auslegbarer Zeichen (wie ich unter Nichtbeachtung landläufiger Verwendungen Symbole bezeichnen würde) ist Kultur keine Instanz, der gesellschaftliche Ereignisse, Verhaltensweisen, Institutionen oder Prozesse kausal zugeordnet werden konnten. Sie ist ein Kontext, ein Rahmen, in dem sie verständlich – nämlich dicht – beschreibbar sind."[53]

Der gängige und vielfach mißverstandene Begriff „dichte Beschreibung" formuliert die Aufgabe, eine Handlung, zum Beispiel das Zwinkern mit einem Auge, in seinem kulturellen Kontext zu beschreiben.

Augenzwinkern kann bedeuten, daß der zwinkernde Mensch einen organischen Fehler hat. Es kann bedeuten, daß jemand dabei ist, zu lernen, wie man mit den Augen zwinkert. Das beobachtete Augenzwinkern kann auch die Ursache darin haben, daß jemand einem anderen gewissermaßen mit den Augen winkt. Übersetzt hieße das: „Du weißt schon …" Es könnte auch sein, daß derjenige nur so tut, als ob er dem anderen mitteilen würde „Du weißt schon." Tatsächlich gibt er einem dritten die Botschaft: „Ich lasse ihn glauben, daß ich eine besondere Verbindung zu ihm habe". Es könnte auch ein religiöses Ritual sein. Welche Interpretation des Augenzwinkerns in einer Situation angemessen ist – selbst wenn es der organische Fehler wäre –, kann nur von demjenigen beurteilt werden, der mit dem kulturellen Kontext vertraut ist.[54]

Wenn diese Handlung des Augenzwinkerns einerseits interpretierbar ist im Kontext einer bestimmten Kultur, so produziert sie andererseits eine bestimmte Gewohnheit des Umgehens miteinander.

Demnach ist Kultur ein Kontext, der durch symbolische Bedeutungen von Handlungen hervorgerufen wird und der symbolische Handlungen hervorruft. Kultur als Prozeß und nicht als Produkt zu verstehen ist aus zwei Gründen entscheidend für den Versuch einer Übertragung des ethnologischen Ansatzes auf Schule und Unterricht.

**Erstens: Schule und Unterricht haben einen Anfang.**

Wenn die Ethnologie eine traditionale Kultur untersucht, so antizipiert sie ihren Gegenstand als eine Ordnung, die lange Zeit bestanden hat, relativ unveränderlich ist und die im Zuge der Enkulturation der Kinder wiederholt wird. Der Anfang dieser Kultur ist dem Feldforscher nicht zugänglich. Anders ist dies für die Lehrerin einer Schulklasse – und zum Teil auch noch für forschende Gäste.

---

53) Vgl. Geertz 1994, S. 21.
54) Vgl. Geertz 1994, S. 10 ff.

In einer Schulklasse ist der Anfang ein Datum, von dem aus sich ein Prozeß entfaltet. Der erste gemeinsame Schultag läßt nicht nur zu Beginn des 1. Schuljahres die Möglichkeit offen, eine ganz neue und andere Kultur zu beginnen. Mit dem ersten Tag beginnt ein Prozeß der Konstruktion der Kultur der Klasse als Ergebnis gemeinsamer handfester und symbolischer Arbeit.

Der Unterricht läßt sich vom ersten Tag an als eine Folge von Situationen oder Episoden begreifen, in denen Lehrerin und Kinder Bedeutungen schaffen. Das bedeutet auch, daß die Schulklasse als Klasse eine Geschichte hat, gewissermaßen wie eine Person über eine Biographie verfügt. Die Biographie der Klasse ist auch ein Stück der Biographie der Lehrerin. Wenn sich beobachtende Gäste als „teilnehmende Beobachter" verstehen, also auf ein Engagement einlassen, so ist die Biographie der Klasse auch ein Stück ihrer Biographie.

**Zweitens: Schule und Unterricht haben ein Ende.**

Die Lehrerin handelt im Kontext eines pädagogischen Entwicklungskonzepts, das schon am Beginn der Grundschulzeit das pädagogische Handeln als ein zu Ende kommendes begreift. Auch die Kinder deuten die jeweils aktuelle Situation vor dem Hintergrund dieses Entwicklungsparadigmas. Für sie ist Schule ein Teil einer vor ihnen liegenden Biographie. In der Differenz zu den Erwachsenen wissen sie, daß sie erwachsen werden und erwachsen werden wollen. Kinder verstehen sich selbst als „in Entwicklung begriffen".

Die Deutungen aller Handlungen stehen also unter der grundsätzlichen Deutung der Situation als Teil eines zu Ende kommenden Prozesses. Das zeichnet ihn als pädagogischen aus, denn pädagogisches Handeln ist vom Anfang her auf sein Ende gerichtet.

Zwei weitere Modifikationen gegenüber dem traditionellen ethnologischen Ansatz sind bei der Übertragung auf die Schule zu beachten – und eigentlich auch Thema innerhalb der Ethnologie.

Es ist in jeder Kultur nicht nur entscheidend, welche Perspektiven eingenommen werden, sondern wer diese einnimmt. Deutungen und Deutungsmacht hängen zusammen.

Die schulische Besonderheit des Handelns ist geprägt durch die Differenz zwischen den Deutungen der Lehrerin und der Kinder im Hinblick auf die zur Verfügung stehende Deutungsmacht. Das betrifft die Deutung von Handlungen, von Beziehungen und die Deutung der Kultur im Hinblick auf den zwischenmenschlichen Bereich wie im Hinblick auf die kulturellen Objektivationen.

Wir denken Macht nicht linear: Auch wenn es der Lehrerin möglich sein mag, bestimmte Handlungen durchzusetzen – eine bestimmte Deutung der Handlungen durch ein Kind ist nur möglich als Ergebnis eines Vermittlungs- oder Aushandlungsprozesses. Dabei stoßen zwei deutungsfähige Individuen mit verschiedenen Biographien aufeinander.

Die Deutungen der Lehrerin sind persönliche, biographisch geprägte Deutungen, und sie sind stellvertretend in bezug auf die Schule als Institution einer bestimmten Gesellschaft. Sie sind ein – wenn auch mit Macht vorgetragenes – Angebot an das einzelne Kind, Deutungen als die für die aktuelle kulturelle Verfaßtheit der Gemeinschaft angemessenen anzunehmen. Sie sind ein Angebot, sich auf einen Prozeß einzulassen, in dem das Schulkind seine Enkulturation in Form der Herausbildung einer Schulklassenkultur betreibt.

So wie die Lehrerin als Person Mitglied einer Kultur der Erwachsenen ist und als Lehrerin Mitglied einer Schulkultur, so sind ihre Schülerinnen und Schüler Mitglieder einer Kultur der Kinder, einer Kinderkultur. Vom einzelnen Kind aus gesehen treffen in der Schulklasse die Kultur der Erwachsenen und die der Kinder aufeinander.

Es ist uns wichtig, diese beiden Kulturen zu unterscheiden. Kinder verstehen heißt, die Andersartigkeit dieser Kultur zu verstehen.

Von hier aus zeigt sich eine weitere Schwäche des bislang diskutierten Kulturbegriffes. „Kultur", so wie es weitgehend in der Ethnologie verstanden wird, ist ein Harmonisierungsbegriff.

Wir haben bisher danach gefragt, welche Vorstellungen von Menschen bewußt oder unbewußt in einer Gemeinschaft geteilt werden. Der klassische Kulturbegriff rekurriert gewissermaßen auf einen Kern solcher Gemeinsamkeiten. Kultur läßt sich aber auch anders verstehen: Nämlich als ein Kontext, der es Mitgliedern einer Gemeinschaft erlaubt, in ihrer Unterschiedlichkeit miteinander zu leben. Kultur ist so gesehen eine Lebensform, die einen Ausgleich zwischen den je eigenen Perspektiven anbietet. Nicht die Harmonie ist dann Gegenstand der Aufmerksamkeit, sondern jene Habitualisierungen, die Differenzen überbrückbar machen.

Kultur kann dann verstanden werden als ein Komplex von Bedingungen, die die pädagogisch begründete Entwicklung der Kinder der Klasse ermöglichen.

# 6. Über Authentizität oder: Was heißt „verstehen"?

Combe/Helsper beschreiben als wichtigstes Ergebnis ihrer Untersuchungen:

„Auffällig ist nun in den rekonstruierten Fällen, in welch hohem Maße Unterrichtsabläufe und erzieherische Interaktionen von einem Modell kalkulierten zweckrationalen Handelns und Planens bestimmt sind. (…) Was den zweckrationalen Einstellungs- und Handlungstypus im Bereich der Schule jedoch problematisch macht, sind jene schon erwähnten Tendenzen zur Erstarrung in Formalismus, Schematismus und didaktischen Konventionen."[55]

Die Beschreibung des Mathematikunterrichts aus der Sicht eines Schülers (siehe S. 136) war solch ein Beispiel zweckrationalen Verhaltens des Lehrers. Er achtete auf den Fortgang seines geplanten Unterrichtsverlaufes, aber kaum auf die Schülerinnen und Schüler. Auch die Orientierung daran, daß die Theaterprobe (siehe S. 170) der gelungenen Aufführung dient und nicht primär den sozialen und sprachlichen Lernprozessen der Kinder, läßt sich als Zweckorientierung bezeichnen.

Nun unterliegt dieser Zweckorientierung, abgesehen davon, daß sie noch immer Inhalt eines Teils der Lehrerausbildung ist, keine Absicht, sondern eher eine Not. Der nach Minuten geplante Unterrichtsablauf, die Planung und Einhaltung einzelner Unterrichtsschritte usw. sind auch so etwas wie ein Gerüst, an das sich Lehrende klammern. Es gibt ihnen Halt für einen anderen Konflikt, den zwischen sich und den Kindern. Lehrerinnen sind nicht nur, wie sie selbst beteuern, auch Menschen: Sie waren auch Kinder. Der Beruf konfrontiert sie mit dem, was man „das Kind in sich selbst" nennen kann.

Horst Brück schreibt:

„Die Erwachsenheit des Lehrers kann aber nur insofern als gesichert gelten, als sie nicht auf Dauer dem permanenten Ansturm von Kindlichkeit erliegt, was für den Lehrer Handlungsunfähigkeit bedeutet. Der allergische Punkt der Erwachsenheit des Lehrers ist seine eigene verbliebene Kindlichkeit; an diesem Punkt ist er selber eben nur bedingt erwachsen.

Zugleich ist dies der Punkt, der ihn in doppelter Weise an seine Schüler bindet. Dieser Punkt ist die Stelle des gegenseitigen Zugangs. Der Lehrer ist hier dem Schüler zugänglich und der Schüler dem Lehrer. Hier kann sich die Möglichkeit gegenseitigen Verständnisses und Verstehens herstellen. Zugleich aber ist der

---

55) Combe/Helsper 1994, S. 212.

Lehrer auch an dieser Stelle gefährdet in seiner Identität als Erwachsener mit pädagogischem Auftrag. Diese Gefährdung bewirkt seine Angst."[56] Horst Brück untersucht die „Angst des Lehrers vor seinem Schüler", so der Titel des Buches. Angst habe der Lehrer, so Brück, etwa davor, etwas falsch zu machen, die Zuneigung der Kinder zu verlieren, die Autorität zu verlieren.

Wenn vieles von dem, was Kinder tun, lustvoll ist, so sind Lehrerinnen in der Situation, daß sie häufig Kindern etwas verbieten müssen, was sie selbst gern tun würden: einmal faulenzen, frech sein, mit anderen Quatsch machen usw.

Die Begegnung mit den fremden Kindern aktualisiert die Wünsche des nie ganz verdrängten Kindes in einem selbst. Das Verbot, dem fremden Kind gegenüber ausgesprochen, gilt auch dem „eigenen" in sich selbst.

Das dem fremden Kind gegenüber ausgesprochene Verbot wird häufig von der Mühe bestimmt, es gegenüber dem Kind in sich durchzusetzen. Je schwerer diese innere Durchsetzung erscheint, um so weniger gelassen fällt das Verbot gegenüber dem fremden Kind aus. Der Mangel an Gelassenheit ist eine Ursache für Konflikte oder führt in der Erstarrung zu zweckrationalen Verhaltensweisen zur Mißachtung des fremden wie des „eigenen" Kindes.

Nun hat die Lehrerin die Aufgabe, Grenzen zu setzen, Hürden aufzurichten und Verbote und Gebote auszusprechen und durchzusetzen. Damit markiert die Lehrerin auch den Unterschied zwischen sich als erwachsener Erzieherin und den Kindern. Die Betonung dieser Unterscheidung kann nun von der Angst begleitet sein, in die eigene Kindheit zurückzufallen, oder sie kann aus Einsicht erfolgen, das heißt, aus einem aus persönlichem Wissen heraus gestalteten pädagogischen Konzept.

Es gibt kein pädagogisches Konzept, das für alle Lehrerinnen Geltung beanspruchen kann, und es läßt sich keines leben, das man sich nur angelesen hat. Einsicht meint den (auch körperlichen) Besitz pädagogischer Einstellungen. Einsicht meint Postulate, die man auch leben kann. Anders formuliert, läßt sich Authentizität beschreiben als eine Lebensform, in der das, was man tut, mit dem übereinstimmt, was man sagt, was man tut. Authentizität ist das Ergebnis eines Lernprozesses, in dem man zugleich Subjekt und Objekt ist. In diesem Lernprozeß, der nie abgeschlossen ist, verändern sich nicht nur die Ideen oder die Wortwahl, es ändern sich auch Gestik, Mimik, Körperhaltungen und Wahrnehmungen. Es entwickelt und verändert sich das, was wir „Persönlichkeit" nennen. Diese „Persönlichkeit" mit ihren Stärken und Schwächen ist auch das, was die anderen von uns wahrnehmen. Kinder sind in dieser Hinsicht mindestens ebenso sensibel wie Erwachsene.

---

56) Brück 1978, S. 41.

Armin Krenz zitiert den Sozialpsychologen Argyle mit folgendem Untersuchungsergebnis:

„Wahrgenommene Einstellungen zu sich selbst, zu anderen Personen, Situationen oder Handlungen werden zu 7 Prozent durch verbale Äußerungen, zu 38 Prozent durch den Tonfall und zu 55 Prozent durch das Gesicht (mimischer Ausdruck) vermittelt."[57]

> Machen Sie bitte den folgenden Versuch. Überlegen Sie Ihre Sätze und Ihre Körperhaltung, mit der Sie zum erstenmal eine neue Klasse begrüßen. Welche Botschaft über sich selbst, Ihren Unterricht und Ihre Erwartungen an die Klasse wollen Sie deutlich werden lassen?

Erwachsene wie Grundschulkinder sind in einer Interaktion durchaus in der Lage, Übereinstimmung oder Nicht-Übereinstimmung von Einstellungen und Worten, Tonfall oder Mimik wahrzunehmen. Authentizität läßt sich in diesem Sinne beschreiben als Übereinstimmung von Einstellung und den verbalen und körperlichen Zeichen dieser Einstellung.

Das Konstrukt des „geborenen Lehrers" ist problematisch, weil es eine bestimmte Art von Persönlichkeit festschreibt. Beobachtung und Selbstbeobachtung haben die Funktion, einen Zugang zu dem allein durch Selbstreflexion nicht erkennbaren „blinden Fleck" zu ermöglichen. Durch Beobachtung und Selbstbeobachtung wird das „naive" eigene Verhalten zu einem gewußten Verhalten. Man weiß nun, wie man ist und was man will. Dieses Wissen bedroht die eigene Authentizität, weil man – zumindest zeitweilig – etwas anderes tun will, als man kann.

> Vielleicht ist Ihnen bei dem oben vorgeschlagenen Versuch diese Bedrohung des eigenen „naiven" Verhaltens durch Beobachtung und Selbstbeobachtung aufgefallen. Auch wenn Sie schon oft vor einer neuen Klasse gestanden haben, wird Ihnen die nun bewußt gestellte Aufgabe vermutlich nicht leicht gefallen sein.

Daraus folgt Arbeit, nämlich die Abarbeitung der Beobachtungen und Reflexionen und damit der eigenen Handlungen und Einstellungen. Der Gewinn dieser Arbeit besteht unseres Erachtens darin, sich selbst besser kennen- und verstehen zu lernen.

---

57) Krenz 1994, S. 176.

Ein Teil dieser Arbeit betrifft das Kind in einem selbst. Sich selbst besser zu verstehen meint auch, das Kind in einem selbst besser zu verstehen, wenn man so will: sich mit ihm versöhnen. Dies meint nicht, zur Kindheit zurückzukehren und die Erwachsenenposition zu verlassen. Es meint vielmehr, die Differenz zwischen beiden Positionen verstehen zu können.

Das Verstehen des „eigenen" Kindes ist im Lehrerinnenberuf gekoppelt an das Verstehen des fremden Kindes. Verstehen laßt sich dieses Kind durch teilnehmende Beobachtung. Daß mit dem Terminus „teilnehmende Beobachtung" mehr verbunden ist als eine Forschungstechnik, macht Koepping deutlich:

„Das Zwitterwort von der teilnehmenden Beobachtung hat also seine tiefere Berechtigung; Teilnahme als Engagiertsein und Sich-zur-Verfügung-Stellen bewahrt uns davor, den anderen zum Forschungsobjekt zu erniedrigen und damit auch uns selbst und den anderen zum ‚Unmenschen' zu deklarieren, was reine Beobachtung, abgesehen von dabei wirklich vorkommenden kognitiven Verzerrungen, als Resultat zeitigen würde."[58]

Teilnahme meint also Anteilnahme.

Einem weinenden Kind gegenüber wird man als Erwachsener zwei Empfindungen haben können. Mit der einen leidet man mit dem Kind mit, die andere Empfindung resultiert aus dem Wissen eines Erwachsenen: Der momentane Schmerz wird vorbeigehen, und er ist – für die Entwicklung des Kindes – vielleicht auch notwendig. Teilnehmende Beobachtung hält beide Empfindungen in der Schwebe, läßt sie beide zu. Die Beobachtung, die ja schon immer aus einer bestimmten Perspektive geschieht, in dem Beispiel aus der Perspektive von Erwachsenheit, objektiviert die Situation. Sie garantiert, wie Koepping schreibt, „die Vergleichbarkeit der Weltsichten und kulturellen Horizonte."[59]

Die teilnehmende Beobachtung läßt also andere Menschen, Kulturen verstehen, ohne die eigene aufzugeben. Das heißt auch, Kinder zu verstehen, ohne das eigene Erwachsensein abzustreifen.

Wenn die Teilnahme das Verstehen der Kinder sichert, so die Beobachtung die Mitteilbarkeit der Situationen, den Vergleich mit ähnlichen Situationen beziehungsweise den Erfahrungen und Theorien anderer Erwachsener.[60]

---

58) Koepping 1987, S. 29.

59) Ebd.

60) Für Forscher bedeutet diese Argumentation folgendes: Im Beobachtungsaspekt unterliegt jeder Forschende bereits bei seinen Wahrnehmungen den Anforderungen der sogenannten „scientific community". Die veröffentlichte Falldarstellung muß sich vor dem Hintergrund der jeweils geltenden Regeln bewähren. Ihre Authentizität beruht also auf einer doppelten Anerkennung: auf der Anerkennung der Forschergemeinschaft und der der erforschten Subjekte.

Verstehen von Kindern, so möchten wir in Anlehnung an Micha Brumlik sagen, bedeutet, mit ihnen vertraut zu sein, sich in ihren Lebensvollzügen auszukennen. Da uns Erwachsenen diese Welt der Kinder fremd ist, müssen wir uns ihr nähern, um sie verstehen zu können. Indem wir Kindern nahekommen, werden auch wir ihnen vertrauter. Verstehen ist ein Wechselprozeß. Unser Verständnis von Kindern und deren Verständnis von uns bedingen sich gegenseitig. So gesehen geht es für Kinder wie Erwachsene darum, „... aus der Vertrautheit des Bekannten auf unterschiedlichen Wegen zu neuen Horizonten aufzubrechen – Wege, die voller Unwägbarkeiten sind."[61]

---

61) Brumlik 1983, S. 45.

# Literatur

Altrichter, Herbert/Posch, Peter: Lehrer erforschen ihren Unterricht. Eine Einführung in die Methoden der Aktionsforschung, Bad Heilbrunn 1994 (2. durchges. und bearbeitete Auflage)

Anderson, Lorin W./Burns, Benjamin B.: Research in Classrooms, Oxford/New York/Beijing/Frankfurt/Sao Paulo/Sydney/Tokyo/Toronto 1989

Aster, Reiner/Merkens, Hans (Hrsg.): Teilnehmende Beobachtung. Werkstattberichte und methodologische Reflexionen, Frankfurt/M. 1989

Baacke, Dieter/Schulze Theodor (Hrsg.): Aus Geschichten lernen. Zur Einübung pädagogischen Verstehens, München 1979

Beck, Gertrud/Bergmann, Elisabeth/Helldörfer, Claudia/Scholz, Gerold: Soziales Lernen im Landschulheim. Über den Umgang mit dem anderen Geschlecht in einer 4. Grundschulklasse. In: Eberwein, Hans/Mand, Markus (Hrsg.): Forschen für die Schulpraxis. Was Lehrer über Erkenntnisse qualitativer Sozialforschung wissen sollten, Weinheim 1995, S. 155–170

Beck, Gertrud/Scholz, Gerold: Kinder brauchen informelle Gespräche. In: Die Grundschulzeitschrift Heft 81/1995 (9. Jg.), S. 12–14

Beck, Gertrud/Scholz Gerold: Soziales Lernen – Kinder in der Grundschule, Reinbek 1995

Beck, Gertrud/Scholz, Gerold/Walter, Christina: Szenen – Absichten – Deutungen. Zwei Jahre Auseinandersetzung mit moralischen Fragen. In: Die Grundschulzeitschrift Heft 50/1991 (5. Jg.), S. 14–19

Benner, Dietrich: Auf dem Weg zur Öffnung von Unterricht und Schule. Theoretische Grundlagen zur Weiterentwicklung der Schulpädagogik. In: Die Grundschulzeitschrift 27/1989 (3. Jg.), S. 46–55

Berger, Peter L./Luckmann, Thomas: Die gesellschaftliche Konstruktion der Wirklichkeit. Eine Theorie der Wissenssoziologie, Frankfurt/M. 1972

Binneberg, Karl: Grundlagen der pädagogischen Kasuistik. In: Zeitschrift für Pädagogik 6/1985 (31. Jg.), S. 773–788

Bogdan, Benjamin C./Biklen, Sari Knopp: Qualitative Research for Education: An Introduction to Theory and Methods, Boston/London/Sydney/Toronto 1982

Brumlik, Micha: Ist das Verstehen die Methode der Pädagogik? In: Garz, Detlef/Kraimer, Klaus (Hrsg.): Brauchen wir andere Forschungsmethoden? Frankfurt/M. 1983, S. 31–47

Brunkhorst, Hauke: Unterrichtsforschung als Textinterpretation. In: Garz, Detlef/Kraimer, Klaus (Hrsg.): Brauchen wir andere Forschungsmethoden? Frankfurt/M. 1983, S. 48–52

Buer, Jürgen van: ,,Quantitative" oder ,,qualitative" Unterrichtsbeobachtung? – Eine falsche Alternative. In: Unterrichtswissenschaft 3/1984, S. 252–267

Combe, Arno: Wie tragfähig ist der Rekurs auf Rituale? In: Pädagogik 1/1994, S. 22–25

Combe, Arno/Helsper, Werner: Was geschieht im Klassenzimmer? Perspektiven einer hermeneutischen Schul- und Unterrichtsforschung. Zur Konzeptualisierung der Pädagogik als Handlungstheorie, Weinheim 1994

Devereux, Georges: Angst und Methode in den Verhaltenswissenschaften, München 1967

Die Praktikumsschule, Universität Regensburg, unveröffentlichtes Manuskript, o. J., o. O.

Eberwein, Hans/Mand, Markus (Hrsg.): Forschen für die Schulpraxis. Was Lehrer über Erkenntnisse qualitativer Sozialforschung wissen sollten, Weinheim 1995

Ertle, Christoph/Möckel, Andreas (Hrsg.): Fälle und Unfälle der Erziehung, Stuttgart 1981

Fetterman, David: Ethnography. Step by Step, Newbury Park et. al. 1989

Fischer, Dietlind (Hrsg.): Fallstudien in der Pädagogik, Konstanz 1982

Fischer, Dietlind: Lernen am Fall, Konstanz 1983

Fromm, Martin: Selbsttäuschung und Täuschung als Methodenprobleme pädagogischer Forschung. In: Bildung und Erziehung 2/1987, S. 227–238

Garz, Detlef/Kraimer, Klaus (Hrsg.): Brauchen wir andere Forschungsmethoden? Beiträge zur Diskussion interpretativer Verfahren, Frankfurt/M. 1983

Garz, Detlef/Kraimer, Klaus (Hrsg.): Die Welt als Text. Theorie, Kritik und Praxis der objektiven Hermeneutik, Frankfurt/M. 1994

Geertz, Clifford: The Interpretation of Culture, New York 1973

Geertz, Clifford: Dichte Beschreibung. Beiträge zum Verstehen kultureller Systeme, Frankfurt/M. 1994 (3. Aufl.)

Günther, Karl Heinz: Pädagogische Kasuistik in der Lehrerausbildung. Vorbemerkungen zum Diskussionsstand. In: Zeitschrift für Pädagogik, 15. Beiheft, Weinheim und Basel 1978, S. 165–174

Hagemann, Wilhelm: Paradigmatische Probleme der experimentellen Unterrichtsforschung. In: Zeitschrift für Erziehungswissenschaftliche Forschung 10/1976, S. 127–144

Hagstedt, Herbert: Unterrichtsdokumentation als fortbildungsdidaktisches Prinzip (D.I.P. – Diskussion Nr. 6 – September 1980), Münster 1980

Heckel, Hans/Seipp, Paul: Schulrechtskunde, Neuwied/Darmstadt 1976

Henningsen, Jürgen: Peter stört. Analyse einer pädagogischen Situation. In: Flitner, Andreas/Scheuerl, Hans (Hrsg.): Einführung in pädagogisches Sehen und Denken, München 1993, S. 51–71

Kippenberg, Hans G./Luchesi, Brigitte (Hrsg.): Magie. Die sozialwissenschaftliche Kontroverse über das Verstehen fremden Denkens, Frankfurt/M. 1978

Koch-Priewe, Barbara: Subjektive didaktische Theorien von Lehrern, Frankfurt/M. 1986

Koepping, Klaus-Peter: Authentizität als Selbstfindung durch den anderen: Ethnologie zwischen Engagement und Reflexion, zwischen Leben und Wissenschaft. In: Duerr, Hans Peter (Hrsg.): Authentizität und Betrug in der Ethnologie, Frankfurt/M. 1987, S. 7–37

Koring, Bernhard: Eine Theorie pädagogischen Handelns. Theoretische und empirisch-hermeneutische Untersuchungen zur Professionalisierung der Pädagogik, Weinheim 1989

Koring, Bernhard. Grundprobleme pädagogischer Berufstätigkeit. Eine Einführung für Studierende, Bad Heilbrunn/Obb. 1992

Krenz, Armin: Kompendium zur Beobachtung und Beurteilung von Kindern und Jugendlichen, Heidelberg 1994 (6. Aufl.)

Krieg, Bernhard: Eingehüllte Rationalität und Pädagogische Praxis. Eine Studie zu Gegenstand und Methode erziehungswissenschaftlicher Unterrichtsforschung. Karlsruhe o. J.

Kurth, Sandra: Kinder lernen handelnd – Dokumentation und Interpretation ausgewählter Situationen aus der Anfangsphase eines 1. Schuljahres, Wiss. Hausarbeit, Universität Frankfurt/M. 1990

Langeveld, Martinus J.: Voraussage und Erfolg. Über die Bedeutung von Tests als Voraussage kindlicher Entwicklung, Braunschweig 1973

Lee, Dorothy: Lineare und nicht-lineare Wirklichkeits-Kodierungen. In: Schöfthaler, Traugott/Goldschmidt, Dietrich (Hrsg.): Soziale Struktur und Vernunft, Frankfurt/M. 1984, S. 169–187

Lehmann, Rainer H./Vogel, Dankwart: Einzelfallstudie. Stichwort in: Lenzen, Dieter (Hrsg.): Enzyklopädie Erziehungswissenschaft, Bd. 2, Stuttgart 1984

Leiris, Michel: Das Auge des Ethnographen. Ethnologische Schriften, Bd. 2, Frankfurt/M. 1985

Lorenz, Jens Holger: Unterricht ist, was wir für Unterricht halten. In: Grundschule 10/92, S. 33–34

Lorenzer, Alfred: Sprachspiel und Interaktionsformen. Vorträge und Aufsätze zur Psychoanalyse, Sprache und Praxis, Frankfurt/M. 1977

Maier, Hermann/Voigt, Jörg (Hrsg.): Interpretative Unterrichtsforschung, Köln 1991

Manen, Max van: Researching Lived Experience. Human Science for an Action Sensitive Pedagogy, London/Ontario 1989

Manen, Max van: The Tact of Teaching. The Meaning of Pedagogical Thoughtfulness, New York 1991

Martin, Ernst/Wawrinowski, Uwe: Beobachtungslehre. Theorie und Praxis reflektierter Beobachtung und Beurteilung, Weinheim/München 1991

Mayring, Phillipp: Qualitative Inhaltsanalyse. Grundlagen und Techniken, Weinheim 1991 (4., erweiterte Aufl.)

McLaren, Peter: Schooling as a ritual performance, London 1993

McNiff, Jean: Teaching als learning. An action research approach, London 1993

Menck, Peter: Unterrichtsinhalt oder ein Versuch über die Konstruktion der Wirklichkeit im Unterricht, Frankfurt/M./Bern/New York 1986

Merkens, Hans: Teilnehmende Beobachtung und Inhaltsanalyse in der erziehungswissenschaftlichen Forschung, Weinheim/Basel 1984

Mills, Richard W.: Observing Children in the Primary Classroom. All in a day, London/New York 1992 (2. Aufl.)

Müller, Burkhard: Sozialpädagogisches Können. Ein Lehrbuch zur multiperspektivischen Fallarbeit, Freiburg 1993

Müller, Klaus E.: Das magische Universum der Identität. Elementarformen sozialen Verhaltens. Ein ethnologischer Grundriß, Frankfurt/M./New York 1987

Muchow, Martha/Muchow, Hans Heinrich: Der Lebensraum des Großstadtkindes, Bensheim 1978 (Reprint)

Oerter, Rolf: Welche Realität erfaßt Unterrichtsforschung? In: Unterrichtswissenschaft 1/1979, S. 24–43

Oevermann, Ulrich: Hermeneutische Sinnkonstruktion: Als Therapie und Pädagogik mißverstanden, oder: Das notorische strukturtheoretische Defizit pädagogischer Wissenschaft. In: Garz, Detlef/Kraimer, Klaus (Hrsg.): Brauchen wir andere Forschungsmethoden? Frankfurt/M. 1983, S. 86–112

Oswald, Hans/Krappmann, Lothar: Soziale Beziehung und Interaktionen unter Grundschulkindern. Methoden und ausgewählte Ergebnisse eines qualitativen Forschungsprojektes, Berlin 1988 (Materialien aus der Bildungsforschung Nr. 33, hrsg. vom Max-Planck-Institut für Bildungsforschung; unter Mitarbeit von Christa Fricke)

Parmentier, Lukas: Frühe Bildungsprozesse. Zur Struktur der kindlichen Interaktion, München 1979

Petersen, Peter/Petersen, Else: Die pädagogische Tatsachenforschung, Paderborn 1965 (Besorgt von Theodor Rutt)

Piaget, Jean: Das Weltbild des Kindes, Stuttgart 1981

Piaget, Jean: Das moralische Urteil beim Kinde, Stuttgart 1990

Roth, Leo/Petrat, Gerhardt: Beiträge zur empirischen Unterrichtsforschung, Hannover/Dortmund/Darmstadt/Berlin 1974

Röbe, Edeltraud: Rituale – ein ABC sozialer Formsprache in der Schule. In: Die Grundschulzeitschrift Heft 33/1990 (4. Jg.), S. 6–11

Rumpf, Horst: Sachneutrale Unterrichtsbeobachtung. Einige Fragen zu empirischen Forschungsansätzen. In: Zeitschrift für Pädagogik 3/1969, S. 293–314

Schäfer, Gerd E.: Spiel, Spielraum und Verständigung. Untersuchungen zur Entwicklung von Spiel und Phantasie im Kindes- und Jugendalter, Weinheim/München 1986

Schmitz, Hermann: Neue Phänomenologie, Bonn 1980

Schmitz, Hermann: Situationen oder Sinnesdaten – Was wird wahrgenommen? In: Allgemeine Zeitschrift für Philosophie 19 (1994) Heft 2, S. 1–21

Spindler, George/Spindler, Louise: Interpretive Ethnography of Education. At Home and Abroad, Hillsdale, New Jersey/London 1987

Terhart, Ewald: Schwierigkeiten mit der objektiven Hermeneutik. Eine Antwort auf Ulrich Oevermann. In: Garz, Detlef/Kraimer, Klaus (Hrsg.): Brauchen wir andere Forschungsmethoden? Frankfurt/M. 1983, S. 156–177

Van Gennep, Arnold: Übergangsriten, Frankfurt/M. 1986

Warren, Richard L.: Education in Rebhausen, New York et. al 1961
Warren, Richard L.: Die Einführung in die Schulwelt. In: päd. extra Heft 9/1977, S. 33–42 (übersetzt von G. Scholz und H. Speichert)
Weigert, Hildegund/Weigert, Edgar: Schülerbeobachtung. Ein pädagogischer Auftrag, Weinheim und Basel 1993
Werres, Walter: Innovationsmodelle für Schule und Unterricht, Saarbrücken 1976
Wolf-Marsilius: Wie ist Said? Unveröffentlichtes Manuskript, Frankfurt/M. 1990
Wragg, Edward Conrad: An introduction to classroom observation, London 1994

Zedler, Peter: Zur Aktualität geisteswissenschaftlicher Pädagogik. In: Garz, Detlef/Kraimer, Klaus (Hrsg.): Brauchen wir andere Forschungsmethoden? Frankfurt/M. 1983, S. 63–85
Zinnecker, Jürgen (Hrsg.): Der heimliche Lehrplan, Weinheim/Basel 1975

# Fundgruben
# für Ihren Unterricht

Gerd Brenner (Hrsg.)
**Die Fundgrube für den Deutsch-
Unterricht ab Klasse 5**
1995. 304 Seiten, Abbildungen,
Paperback
**3-589-21054-0**

Neben Aufwärmübungen für die ersten
Unterrichtsminuten gibt es kreative
Ideen zum Lesen und Schreiben. Dazu
gehören Vorschläge zum Umgang mit
Klassenarbeiten und Noten, hilfreicher
Rat z.B. für Konferenzen und Eltern-
sprechtage, außerdem Tips für „Litera-
Touren", Feste und Projekte.

Jamie Walker
**Gewaltfreier Umgang mit Konflikten
in der Sekundarstufe I**
Spiele und Übungen
1995. Ca. 192 Seiten, Abbildungen,
Paperback
**3-589-21059-1**

Im Mittelpunkt stehen Spiele und Übungen, die Schülern die Fähigkeit vermitteln, mit Konflikten umzugehen, ohne

gleich auszurasten. Wichtige Themen
sind z.B. aktuelle Konflikte in der Klasse,
Förderung des Selbstwertgefühls, Kommunikation und Kooperation. Ein Praxis-
Handbuch zur Prävention von Gewalt.

Harald Parigger
**Geschichte erzählt**
Von der Antike bis zum 20. Jahrhundert
1994. 368 Seiten, gebunden
**3-589-20940-2**

In den rund 100 spannenden Erzählungen
finden Sie für Ihren Geschichtsunterricht
jede Menge Vorlesestoff für die Klassen
5 bis 8: von der „rätselhaften Mumie" in
Ägypten bis zum „Dienstmädchen Anna"
im späten 19. Jahrhundert.

Petra Hölscher (Hrsg.)
**Interkulturelles Lernen**
Projekte und Materialien für die
Sekundarstufe I
1994. 192 Seiten, Abbildungen und
Kopiervorlagen, Paperback
**3-589-21050-8**

Dieser Band bietet ausführliche Projekt-
beschreibungen und hilfreiche Tips zum
interkulturellen Lernen. Themen sind u.a.
Einander besser verstehen - Ein Blick in
andere Länder und Kulturen; Vom Leben
in fremden Kulturen - Ausländer bei uns.

Peter Sehrbrock
**Freiarbeit in der Sekundarstufe I**
1993. 144 Seiten, Abbildungen,
Paperback
**3-589-21045-1**

**Cornelsen Verlag
Scriptor**

Fragen Sie
in Ihrer Buchhandlung.